中國語

ZHONGGUOYU XINQIANZIWEN

新千字文

王振禮 북경어언대학 교수 편저

정진출판사

중국 역대 언어문자 학습교재 집필 경험과 함께 논함

장청상

반고의 《한서·예문지》와 허신의 《설문해자·서》에는 우리 나라의 진·한 두 시대 4~500년 간의 언어문자 학습의 초급교재 편찬에 관련된 내용이 기재되어 있는데① 진시황이 천하를 평정한 초기에는 승상 이사의 《창힐편》, 중서령 조고의《원력편》, 태사령 호무경②의《박학편》이 있었고 한무제 때에는 사마상여의 《범장편》, 원제때에는 황문령 사유의 《급취편》, 성제 때에는 장작대장 이장의 《원상편》, 평제 때에는 양웅③의 《훈찬편》이 있었다. 청나라 사람 단옥재가 주석을 단 《설문》에서는 동한 시대의 반고가 쓴 《13장》, 가방의 《방희편》, 최원의 《비룡편》, 채옹의 《성황편》, 《황초편》, 《오장편》 등을 언급하고 있다.

문헌 자료들이 제공하는 진·한 양대의 어문교재 집필에 관한 내용들은 비록 매우 단편적이지만 우리는 그 가운데에서 세 가지 주요한 경험들을 받아들일 수 있다.

첫째, 이사(?-B.C.208), 조고(?-B.C.207), 호무경, 사유, 이장, 가방, 최원은 승상이거나 혹은 권력에 가까운 명사들이었으며 매우 높거나 혹은 비교적 높은 정치적 지위를 가지고 있었다. 사마상여(B.C.179-B.C.117)와 양웅(B.C.53-A.D.18)은 서한 당시에 매우 유명하였을 뿐 아니라 중국문학사에서도 중요한 위치를 차지하는 작가들이다. 반고(32-92)와 채옹(133-193)은 동한 시대의 저명한 사학자와 문학가였다. 그들은 모두 어문교육의 초급교재 편찬을 하나의 중요한 일로 보았으며 스스로 집필하였다. 후대에 이르러 양무제(464-549)가 당시의 유명한 학자였던 급사랑 주홍사(470-521)에게 명하여 《천자문》을 편찬하도록 하였다. 홍수전(1814-1864)은 태평천국운동을 위해 어린 학생들의 식자교본 《신천자문》을 손수 편찬하여, 농민혁명을 선전하였고 1854년에 공포 시행하였다. 장병린(1869-1936)은 이름 높은 지사, 학자로 《신3자경》을 만들었다. 이상의 예들은 우리 나라에서 역사상 많은 중요한 인물들이 어문 초급교재 집필을 중시하였으며 또 스스로 집필하였다는 것을 설명해 주고 있다. 이것은 우리 나라 교육사의 우수한 전통일 뿐만 아니라 아마도 세계 교육사에서도 주의를 기울여야 할 충분히 가치있는 일일 것이다.

둘째, 중국의 고전 시가는 언어예술로서 음운을 매우 중시했는데 그 중에서도 압운을 가장 중시했다. 이런 이유로 중국의 역대 초급 어문교재는 늘 운율을 맞추었기 때문에 읽기가 매우 편하다. 진·한 양대의 어린이 계몽을 위한 교본들은 일찍이 대부분 소실되었고 단지 일부만 남아있는데 유일하게 사유의 《급취편》만이 완전하게 보존되어 내려왔다. 언어학자들은 이를 이용하여 한어 어음의 변화를 연구할 수 있다. 후대의 《천자문》, 《3자경》, 《백가성》은 광범위하게 전파되고 전해져 일반 대중들에게 널리 읽혔는데 그것이 가능했던 요인중의 하나가 바로 압운과 운율의 결합으로 쉽게 읽혀지고 쉽게 기억되었기 때문이다. 이러한 편찬방법은 우리나라 초급 어문교재 편찬의 우수한 전통 중의 하나라고 할 수 있다.

세째, 이러한 초급 어문교재를 만들려면 해박한 지식과 함께 철저하고도 간단명료한 설명으로 사람을 끌어들이는 수법, 즉 매우 뛰어난 문장 구성 능력이 필요한데 이것은 확실히 매우 어려운 일이다. 위에서 언급한 중국 역사에서 편찬작업을 한 저명 인사들을 살펴보면, 사마상여, 양웅, 주흥사 등은 사, 부 등을 공부한 문학자였으며, 반고, 채옹은 역사학자, 문학가였고, 양웅, 장병린은 사상가이자 어문학자였다. 이사의 《간축객서》는 자못 문학적 재능이 엿보이는 작품인데, 이사와 조고와 같은 관리들은 당대 권력의 집권층에 있던 사람들로 견문이 매우 깊고 넓었다. 홍수전은 농민봉기를 이끌어 태평천국을 세운 사람으로 문학적 재능이 있었다. 그러므로 그들이 초급 어문교재를 편찬하는 것은 최선을 다해 자신들의 직무를 완수한 것이라 할 수 있다. 중국의 어문교학 초급교재의 편찬은 항상 신중하고, 진지하게 진행되었는데 이는 우수한 전통 중의 하나이다. 한 가지 예를 들어 어떻게 선별 구성작업을 했는지 살펴보면, 주흥사의 《천자문》은 1,000개의 서로 다른 한자를 사용했으며, 홍수전의 《신천자문》은 1,104개의 한자로 되어있는데, 얼마나 고뇌를 하며 신중하고 세심하게 글자를 선별하고 문장을 만들었는지 엿볼 수 있다.

위에서 서술한 세 가지 역사적 경험은 매우 소중한 것이다.

지금은 이미 20세기 말이다. 어문교학 초급교재의 편찬에 있어 반드시 표준을 향상시켜야만이 비로서 새로운 시대의 요구에 부응할 수 있을 것이다.

왕쩐리 동지는 다년간 언어문자 교육 연구에 몰두하면서 학생들을 가르치는 와중에도 틈틈이 연구하여, 각고의 노력끝에 《신천자문》을 만들었는데 이는 자못 새로운 의미가 있는 것이다. 만일 각 방면에서 의견을 수렴하여 이를 포함시켜 수정하고 다시 주석을 더한다면 어문 학습의 보충교재로 쓸 수 있을 것이다. 이는 국내에서 뿐 아니라 해외의 중국어를 배우고자 하는 사람들에게 커다란 도움을 줄 것이다. 이 작업은 많은 분량은 아니지만 그 의의는 실로 매우 크다. 이런 연유로 이를 소개한다.

1986년 봄. 아내의 2주기 폭우가 내리는 밤에

注 • ① 비록 주선왕 때의 역사서를 제시했지만 의심스러운 점이 매우 많다. 그것은 어문교육 초급독서물이 아닌 듯 하다. 따라서 언급하였다.
　　② 단옥재는 반드시 무(毋)라고 써야한다고 여겼으며 모(母)라고 쓰지 않았다.
　　③ 양웅(揚雄)은 《한서(漢書)》에 근거한 것이며 본래는 양웅(楊雄)이다.

— 兼论中国历史上编写语文教学读物的经验 —

张清常

班固《汉书·艺文志》和许慎《说文解字·序》记载了我国秦汉两代四五百年间编写语言文字教学初级读物的情况[1]：秦始皇初兼天下，丞相李斯作《仓颉篇》，中书令赵高作《爰历篇》，太史令胡毋敬[2]作《博学篇》。汉武帝时司马相如作《凡将篇》，元帝时黄门令史游作《急就篇》，成帝时将作大匠李长作《元尚篇》，平帝时扬雄[3]作《训纂篇》。清人段玉裁注《说文》，又提到东汉时班固作《十三章》，贾鲂作《滂喜篇》，崔瑗作《飞龙篇》，蔡邕作《圣皇篇》，《黄初篇》，《吴章篇》等。

文献材料所提供的秦汉两代编写语文教学读物的情况虽然简单，我们从中可以吸取的经验主要有三点：

一、李斯（？—前208年）、赵高（？—前207年）、胡毋敬、史游、李长、贾鲂、崔瑗是丞相和权贵显宦名士，有极高或较高的政治地位。司马相如（前179左右—前117年）、扬雄（前53—后18年）在西汉当时便已知名，而且是中国文学史上重要的作家。班固（32—92年）、蔡邕（133—192年）是东汉著名史学家和文学家。他们都把编写语文教育初级读物这件事看成一件重要工作，而且亲自动笔。在后代，梁武帝（464—549年）在位时命当时有名文士、给事郎周兴嗣编写《千字文》。洪秀全（1814—1864年）亲自为太平天国编写学童的识字课本《新千字文》，宣传农民革命，于1854年颁行。章炳麟（1869—1936年）以举世闻名的志士、学者撰写《新三字经》。以上例子说明我国历史上许多重要人物很重视编写语文初级读物，亲手编写。这不仅是我国教育史上的优良传统，大概在世界教育史上也够得上是值得注意的事。

二、中国古典诗歌在语言艺术上非常重视音韵，其中把押韵放在首位。因此中国历来编写初级教育的读物，往往合辙押韵，便于上口。秦汉两代的学童启蒙课本早已亡佚，仅存只鳞片爪，唯有史游《急就篇》完整地保存了下来。语言学者还可以利用它研究汉语语音情况。后代的《千字文》、《三字经》、《百家姓》所以能够广泛流传，深入人心，其中有一个原因便是它们以压韵与节奏结合，易于成诵，便于记忆。这种编写方法可以算是我国编写初级语文读物的优良传统之一。

三、编写这种初级语文读物，需要渊博的知识，需要深入浅出引人入胜的手法，需要很强的编排组织能力，确实很不简单。从上述中国历史上从事这项编写的知名人士的情况来看，司马相如、杨雄、周兴嗣等是搞文学辞赋的，班固蔡邕是历史家文学家，杨雄、张炳麟是思想家语言学家，李斯的《谏逐客书》颇有文采，李斯和其它宦官如赵高等都是当权执政的人，见多识广。洪秀全领导农民起义创建太平天国。所以他们编写初级语文读物，正是以全力搏兔，胜任愉快。中国语文教学初级读物的编写工作从来就是郑重其事、严肃认真的，这是优良传统之一。只举一点为例，如筛选组织工作，周兴嗣《千字文》用了一千个不同的字，洪秀全《新千字文》用了一千一百零四个不同的字，可见其筛选组织，字斟句酌之辛苦。

上述三点历史经验是极为可贵的。

现在已是二十世纪末期，对于语文教学初级读物的编写，应该提高标准，才能适应新的时代要求。

王振礼同志潜心语文教学研究多年，课余之暇，刻苦经营，制成《新千字文》，颇有新意。若能征求各方面意见，集思广益，修订之后，再加注释，可供语文教学作为补充读物。不仅在国内可用，也对外国人士学习汉语有帮助。篇幅虽小，意义甚大，故为之介绍。

写于悼亡两周年暴雨之夜

一九八六 春

[1] 虽然提到周宣王时的史籀篇，但疑义甚多，它似乎不是语文教育初级读物，故不涉及。

[2] 段玉裁认为应作毋，不作母。

[3] 扬雄据《汉书》等本是杨雄。

《신천자문》에 대해서

1,300여 년 전에 양나라의 주흥사가 편찬한 《천자문》은 옛날의 어린이들을 위해 쓰여진 계몽 교육 교재입니다. 후대에 꾸준히 개정과 보충을 거친 천자문은 중국의 모든 사람들이 아는, 영향력이 매우 큰 초급 보급형 읽기 교재가 되었습니다.

《신천자문》은 고대 《천자문》의 우수한 전통을 전승하여, 식자, 지식, 문화를 운율의 형식에 포함시켰습니다. 글자를 신중히 선택하였으며 내용은 참신하고 쉽게 읽을 수 있고 쉽게 기억되며 낭독하기 좋도록 하였습니다.

《신천자문》의 내용은 매우 풍부하여 천문, 지리, 자연, 과학, 역사, 교육 등의 문화지식 뿐 아니라 의식주행, 일상생활, 사회교제, 사람을 대하는 태도, 사람됨과 처세, 윤리도덕, 정치와 학문, 이상과 희망 등 다방면의 사회적인 내용을 담고 있습니다.

신천자문의 편찬방법은 다음과 같습니다.

1. 1,000개의 한자를 엄격하게 선정하였습니다.
2. 5자를 1구로, 2구를 1운으로 하였으며 'ü' 발음으로 끝을 맺도록 하였습니다.
3. 한국 독자들의 중국어 학습에서의 실제적인 필요에 근거하여 1,000자에 한어병음, 필순, 예시 단어와 활용 예문, 성어 및 한국어 번역과 발음을 실었습니다.
4. 1,000자가 운율이 있게 이루어져 있고 내용도 평이하고 쉽게 이해가 되므로 학생들이 암송할 수 있고, 반복하여 기억하면 학습에 많은 효과를 가져올 수 있습니다.

이 책의 발간을 위해 많은 노력과 시간을 아끼지 않은 한국의 정진출판사와 편집을 맡은 박주홍 씨에게 깊은 감사를 전합니다.

2003년 1월
북경어언대학 왕진예

《新千字文》编写说明

公元一千三百多年前，梁朝周兴嗣撰写的《千字文》是为古代儿童编写的启蒙教育读本。后经历代修改补充，《千字文》曾经成为中国家喻户晓，人人皆知，影响深远的初级普及读物。

《新千字文》，师承古代《千字文》的优良传统，寓识字、知识、文化于韵语形式之中，选字讲究，内容新颖，易读易记，朗朗上口。

《新千字文》内容极为丰富，它不仅涵盖天文，地理，自然，科学，历史，教育等文化知识，还包括衣食住行，日常生活，社会交际，待人接物，为人处世，伦理道德，治学求知，理想前途等多方面的社会内容。

《新千字文》的编写方法是：

一、对不同的千字进行了严格地筛选。

二、五字一句，两句一韵，'U'韵到底。

三、从国外读者学习汉语的实际需要出发，对千字加注拼音，笔画，例词例句及韩文翻译。

四、因为千字成韵，内容通俗易懂，学童可以背诵吟唱，反复记忆，学以致用，受益无穷。

韩国正进出版社和责任编辑朴柱洪先生为此书花费了很多工夫和心血，在此谨表衷心的感谢。

北京语言大学 王振禮

2003年元月

차례

漢字는 약 5,000년 전에 중국의 고대 황제의 사관(史官) 창힐(蒼頡)이 새와 짐승의 발자국을 보고 처음으로 만들었다고 합니다. 그러나 그것은 전설에 불과한 것이고, 한자는 오랜 세월을 거쳐 중국의 한족(漢族)에 의해 발달을 거듭하여 오늘날 사용하고 있는 글자 모양으로 완성되었습니다.

중국에서는 시대의 흐름에 따라 새로운 한자들이 많이 생겨났지만 한편으로는 문맹의 퇴치와 보다 간편하고 정확한 정보 전달을 위해서 꾸준히 한자의 간략화가 이루어졌습니다. 그 결과 『강희자전(康熙字典)』에 42,174자가 실려 있던 실용한자가 1952년에 출판된 『국음자전(國音字典)』에서는 10,503자를 참고한 약 1만자로 축소되었습니다.

지금부터 우리가 공부하려는 중국어 1,000자 안에는 많은 '간체자'가 포함되어 있는데 '간체자(簡體字), 간화한자(簡化漢字)' 역시 한자의 간략화 과정에서 생겨난 자체(字體)로 몇 가지의 원칙에 따라서 한자의 획수를 줄인 것입니다. 오늘날 중국 대륙에서 국가 공인의 정규 문자로 사용되는 것이 바로 '간체자'인데 공식 문서를 비롯한 신문·교과서 등 모든 출판물에 이 간체자를 사용하고 있습니다. 이에 대해서 우리가 사용하고 있는 간화하지 않은 전통적인 자체(字體)의 한자, 즉 정자(正字)는 '번체자(繁體字)'라고 합니다.

중국에서 공식적으로 간체자를 사용하기 시작한 것은 중화인민공화국(中華人民共和國)이 성립된 후 중국문자개혁위원회(中國文字改革委員會)에 의해서 1955년 '제1차 이체자정리표(第1次異體字整理表)'로서 제정된 것이 그 시초입니다. 이 시기에는 '裏'와 '裡' 같이, 같은 발음으로 같은 의미를 나타내는 글자임에도 불구하고, 쓰는 방식이 몇 가지씩이나 되는 이체자(異體字) 810자에 대해서 자체(字體)의 통일을 꾀했으며, 같은 해 '한자간화방안(漢字簡化方案)'을 만들었습니다. 1964년에는 '간화자총표(簡化字恩表)'(제2판)가 나와 간화편방(簡化偏旁)의 사용 범위 등을 상세하게 정하고, 상용간체자로서 2,238자(偏旁으로도 사용되는 132자 포함)가 정해져서 오늘에 이르게 된 것입니다.

1. 왼쪽에서 오른쪽으로 쓴다.

　儿　丿儿

　外　丿ク夕外外

2. 위에서 아래로 쓴다.

　车　一ナ乍车

　乐　一丘乐乐乐

3. 가로와 세로획이 겹칠 때는 가로획을 먼저 쓴다.

　去　一十土去去

　老　一十土少耂老

4. 삐침과 파임이 만날 때는 삐침을 먼저 쓴다.

　人　丿人

　从　丿人从从

5. 좌우가 대칭될 때는 가운데를 먼저 쓴다.

　水　丿刀水水

　小　丿小小

6. 둘러 싼 모양으로 된 자는 바깥쪽을 먼저 쓴다.

　国　丨冂冂冃用国国国

　同　丨冂冂冂同同同

7. 글자 전체를 꿰뚫는 획은 나중에 쓴다.

　中　丶口口中

　手　丿二三手

8. 오른쪽 위에 있는 점은 나중에 찍는다.

　书　乛彐书书

　发　乚ナ岁发发

9. 책받침(辶)은 나중에 쓴다.

　还　一丆オ不不环还

　远　一二テ元元沅远

10. 받침 중에서도 '走·是' 등은 먼저 쓴다.

　起　土+キ丰走走起起

　题　日旦旱是题题题

① 필획에 변화를 준다.(줄이거나 붙이는 등)　　　　黄(黃 huáng 황)

② 이체자(同音·同意이지만 자형이 다른 자)를 묶는다.　系(繫 xì 계)

③ 필획의 특징적인 부분만 남긴다.　　　　　　　　声(聲 shēng 성)

④ 복잡한 부분을 형성자(形聲字)로 바꾼다.　　　　灯(燈 dēng 등)

⑤ 초서체를 그대로 정자체로 사용한다.　　　　　　书(書 shū 서)

⑥ 복잡한 부분은 간단한 회의자(會意字)로 바꾼다.　体(體 tǐ 체)

⑦ 간단한 동음자(同音字)로 번체자를 대신한다.　　斗(鬪 dòu 투)

⑧ 간화된 편방(편방:部首)을 기준으로 간화한다.　　车(→库·轮·载)

《신천자문》의 내용구성 및 학습방법

《신천자문》은 일상생활에 자주 쓰이는 중국어 1,000자를 가지고 구성한 초급 중국어 언어·문자 학습교재입니다. 《신천자문》은 크게 한자, 단어, 문장, 성어의 4부분으로 구성되어있습니다. 각 부분들은 난이도와 수준이 모두 다르기 때문에 단계적인 학습 방법이 필요합니다.

★ 《신천자문》 내용 구성 ★

● 기본 한자 : 한자와 필순, 한어병음, 한글 발음, 단어의 뜻, 한자쓰기로 이루어져 있습니다.
이 부분은 5자를 한 구(句)로, 양쪽 페이지 10자 2구를 1운(韻)으로 구성되어 있습니다. 여러분은 중국 영화에서 주인공이 한시를 읊는 장면을 보셨을 것입니다. 중국어로 한시를 읊듯이 테이프의 중국인 녹음을 듣고 뜻을 생각하면서 따라 읽어나가면 쉽게 중국어를 익힐 수 있습니다.

● 예시 단어 : 기본 한자를 응용한 예시 단어입니다. 중국어 단어와 단어의 뜻, 한글 발음과 한어병음이 표기되어 있습니다.

● 활용 예문 : 활용 예문은 예시 단어를 응용하여 만든 문장입니다. 예시 단어를 숙지한 뒤에 학습합니다.

● 성어 : 기본 한자가 사용된 성어입니다. 각 페이지의 다섯 한자 중에서 두 자를 뽑아 비교적 많이 쓰이는 성어와 관형어를 정리하였습니다.

★ 《신천자문》의 학습법법 ★

● 신천자문은 기초에서 중급 수준에 이르는 많은 단어를 포함하고 있으므로 단계적인 학습이 필요합니다.

1. 제공된 중국어 녹음 테이프를 듣고 중국어의 의미를 확인하며 성조와 운율에 맞추어 읽으면서 기본 한자를 익힙니다.[초급]
2. 기본 한자를 익힌 뒤에 기본 한자를 기억하면서 예시단어를 공부합니다.[중급]
3. 예시 단어의 학습이 끝나면 활용 예문과 성어를 읽어보며 단어의 정확한 의미를 이해합니다.

1. 숫자와 수학

一二三四五
yī èr sān sì wǔ

百千万亿数
bǎi qiān wàn yì shù

六七八九十
liù qī bā jiǔ shí

加减算乘除
jiā jiǎn suàn chéng chú

2. 중국어의 ABC

人手口刀尺
rén shǒu kǒu dāo chǐ

金木水火土
jīn mù shuǐ huǒ tǔ

3. 도량형

毫厘亩寸丈
háo lí mǔ cùn zhàng

斤两克升度
jīn liǎng kè shēng dù

磅吨值多少
bàng dūn zhí duō shǎo

积差和正负
jī chā hé zhèng fù

4. 시간과 양사

秒分刻时钟
miǎo fēn kè shí zhōng

条件个张束
tiáo jiàn gè zhāng shù

5. 날씨 · 천문 · 계절

日月星晨转
rì yuè xīng chén zhuàn

春夏秋冬伏
chūn xià qiū dōng fú

阴晴风雨雪
yīn qíng fēng yǔ xuě

冷热冰凉暑
lěng rè bīng liáng shǔ

早晚朝夕寒
zǎo wǎn zhāo xī hán

季节更替殊
jì jié gēng tì shū

6. 자연과 풍경

花草鸟鱼虫
huā cǎo niǎo yú chōng

山河江海湖
shān hé jiāng hǎi hú

岸坡峰岭阔
àn pō fēng lǐng kuò

田园景象朴
tián yuán jǐng xiàng pǔ

7. 농업 · 과학 · 개혁

森林牧副渔
sēn lín mù fù yú

科贸技术主
kē mào jì shù zhǔ

荒原耕播种
huāng yuán gēng bō zhòng

稻麦粮甘薯
dào mài liáng gān shǔ

颗粒入仓储
kē lì rù cāng chǔ

改革绘秀图
gǎi gé huì xiù tú

8. 사회안정 · 경제생활

政经法制全
zhèng jīng fǎ zhì quán

社会环保睦
shè huì huán bǎo mù

广众盼强盛
guǎng zhòng pàn qiáng shèng

衣食住行足
yī shí zhù xíng zú

9. 지역과 교통

工农商妇兵
gōng nóng shāng fù bīng

城乡村街府
chéng xiāng cūn jiē fǔ

省市区县镇
shěng shì qū xiàn zhèn

桥船车轮渡
qiáo chuán chē lùn dù

10. 방위 · 처소 · 형상

东西南北中
dōng xī nán běi zhōng

远近方圆路
yuǎn jìn fāng yuán lù

上下高低平
shàng xià gāo dī píng

大小内外粗
dà xiǎo nèi wài cū

宽窄长短细
kuān zhǎi cháng duǎn xì

前后左右突
qián hòu zuǒ yòu tū

11. 성질과 정도

胖瘦轻重量
pàng shòu qīng zhòng liáng

快慢缓急速
kuài màn huǎn jí sù

薄厚深浅选
báo hòu shēn qiǎn xuǎn

好坏优劣促
hǎo huài yōu liè cù

忙闲空满游
máng xián kōng mǎn yóu

简繁难易处
jiǎn fán nán yì chǔ

12. 색깔

黑红蓝白绿
hēi hóng lán bái lǜ

青灰紫橙朱
qīng huī zǐ chéng zhū

13. 인체

眉眼耳鼻嘴
méi yǎn ěr bí zuǐ

皮毛脸发胡
pí máo liǎn fà hú

唇齿牙舌嗓
chún chǐ yá shé sǎng

肠胃肺胸腹
cháng wèi fèi xiōng fù

腿脚肚腰脑
tuǐ jiǎo dù yāo nǎo

脖腕指膀骨
bó wàn zhǐ bǎng gǔ

14. 호칭과 교양

爷奶爸妈姥
yé nǎi bà mā lǎo

爹娘伯侄叔
diē niáng bó zhí shū

兄弟姐妹辈
xiōng dì jiě mèi bèi

哥嫂男女姑
gē sǎo nán nǚ gū

名姓该叫谁
míng xìng gāi jiào shéi

养教规矩嘱
yǎng jiāo guī jǔ zhǔ

举止谈吐雅
jǔ zhǐ tán tǔ yǎ

逢迎献媚俗
féng yíng xiàn mèi sú

感谢敬谦让
gǎn xiè jìng qiān ràng

美态笨拙素
měi tài bèn zhuó sù

15. 의식주 생활

吃喝拉撒睡
chī hē lā sā shuì

煎炒烹炸煮
jiān chǎo pēng zhá zhǔ

锅碗瓢勺盆
guō wǎn piáo sháo pén

杯盘叉筷壶
bēi pán chā kuài hú

鸭鹅虾肉蛋
yā é xiā ròu dàn

柴米油盐醋
chái mǐ yóu yán cù

麻辣酸甜咸
má là suān tián xián

色香味形卤
sè xiāng wèi xíng lǔ

软硬稀稠淡
ruǎn yìng xī chóu dàn

汤粥包饺乳
tāng zhōu bāo jiǎo rǔ

烟酒茶糖饭
yān jiǔ chá táng fàn

影视机架厨
yǐng shì jī jià chú

鞋袜衫裙带
xié wà shān qún dài

被褥棉裤服
bèi rù mián kù fú

针织纺纱帽
zhēn zhī fǎng shā mào

熨烫洗涮补
yùn tàng xǐ shuàn bǔ

17. 채소와 과일

葱蒜芹姜韭
cōng suàn qín jiāng jiǔ

笋豆芽菜蔬
sǔn dòu yá cài shū

瓜果梨桃杏
guā guǒ lí táo xìng

桔柑菠蕉葡
jú gān bō jiāo pú

18. 나무와 화초

榆槐椿杨柳
yú huái chūn yáng liǔ

松柏菊梅竹
sōng bǎi jú méi zhú

16. 건축 · 가구 · 물품

厅堂楼馆所
tīng táng lóu guǎn suǒ

场院房舍屋
chǎng yuàn fáng shè wū

墙壁庭室池
qiáng bì tíng shì chí

寺庙碑牌筑
sì miào bēi pái zhù

桌椅板凳床
zhuō yǐ bǎn dèng chuáng

门窗灯帘烛
mén chuāng dēng lián zhú

箱柜盒袋装
xiāng guì hé dài zhuāng

进退几请出
jìn tuì jǐ qǐng chū

砖瓦煤气电
zhuān wǎ méi qì diàn

银炭钢铁塑
yín tàn gāng tiě sù

开关闭锁紧
kāi guān bì suǒ jǐn

新旧兴衰复
xīn jiù xīng shuāi fù

19. 새와 곤충

鹰燕凤雀飞
yīng yàn fèng què fēi

蜂蚁蚊蝇舞
fēng yǐ wén yíng wǔ

20. 천간 · 지지 · 띠 · 동물

甲乙丙丁历
jiǎ yǐ bǐng dīng lì

子丑寅卯宿
zǐ chǒu yín mǎo sù

申酉戌亥类
shēn yǒu xū hài lèi

鼠牛虎兔属
shǔ niú hǔ tù shǔ

辰巳午未推
chén sì wǔ wèi tuī

戊己庚辛族
wù jǐ gēng xīn zú

龙蛇羊马配
lóng shé yáng mǎ pèi

猴狗鸡猪畜
hóu gǒu jī zhū chù

壬癸骡猫鹿
rén guǐ luó māo lù

豺狼熊狮狐
chái láng xióng shī hú

21. 군사

旅营连排班
lǚ yíng lián pái bān

军校将帅卒
jūn xiào jiāng shuài zú

典章籍册函
diǎn zhāng jí cè hán

票据集史录
piào jù jí shǐ lù

问答等虚实
wèn dá děng xū shí

得失利害辅
dé shī lì hài fǔ

22. 동작

坐站爬起卧
zuò zhàn pá qǐ wò

追赶跑跳扑
zhuī gǎn pǎo tiào pū

来去往返看
lái qù wǎng fǎn kàn

走累困相扶
zǒu lèi kùn xiāng fú

25. 매매와 무역

买卖租赁贷
mǎi mài zū lìn dài

借还支付赎
jiè huán zhī fù shú

盈亏降落稳
yíng kuī jiàng luò wěn

赔赚贵贱输
péi zhuàn guì jiàn shū

23. 문화예술

诗词歌赋文
shī cí gē fù wén

琴棋字画符
qín qí zì huà fú

曲调音声振
qū diào yīn shēng zhèn

吹奏弹唱谱
chuī zòu tán chàng pǔ

精英比岁龄
jīng yīng bǐ suì líng

绝艺伴艰苦
jué yì bàn jiān kǔ

26. 심리 상태

忧伤恩仇怨
yōu shāng ēn chóu yuàn

寂寞怕孤独
jì mò pà gū dú

喜怒哀乐常
xǐ nù āi lè cháng

悲欢离合诉
bēi huān lí hé sù

遗憾惋惜叹
yí hàn wǎn xī tàn

疼痛笑骂哭
téng tòng xiào mà kū

24. 학습 · 연구 · 저술

听说读念写
tīng shuō dú niàn xiě

笔墨纸砚书
bǐ mò zhǐ yàn shū

学识知记忆
xué shì zhī jì yì

编译辑解注
biān yì jí jiě zhù

研讨议论辩
yán tǎo yì lùn biàn

演讲表达著
yǎn jiǎng biǎo dá zhù

期望道理懂
qī wàng dào lǐ dǒng

言辞话语楚
yán cí huà yǔ chǔ

习练作背诵
xí liàn zuò bèi sòng

想愿意见呼
xiǎng yuàn yì jiàn hū

27. 건강 상태

染疾乱求医
rǎn jí luàn qiú yī

寿体免药敷
shòu tǐ miǎn yào fū

锻炼活动恒
duàn liàn huó dòng héng

身心健康固
shēn xīn jiàn kāng gù

28. 인생과 운명

婚丧嫁娶事　　生老病死故
hūn sāng jià qǔ shì　　shēng lǎo bìng sǐ gù

顺境思安危　　逆遇虑祸福
shùn jìng sī ān wēi　　nì yù lǜ huò fú

对错盖棺定　　命运岂敢赌
duì cuò gài guān dìng　　mìng yùn qǐ gǎn dǔ

爱情诚无价　　善恶总可估
ài qíng chéng wú jià　　shàn è zǒng kě gū

纵欲贪淫逸　　暮年迟悔悟
zòng yù tān yín yì　　mù nián chí huǐ wù

29. 학문·재능·도덕의 장려

孩童从严师　　儿孙孝父母
hái tóng cóng yán shī　　ér sūn xiào fù mǔ

持家先立业　　谋划宜当初
chí jiā xiān lì yè　　móu huà yí dāng chū

德才应兼备　　自力能建树
dé cái yīng jiān bèi　　zì lì néng jiàn shù

馋懒缺温饱　　勤俭聚财富
chán lǎn quē wēn bǎo　　qín jiǎn jù cái fù

帮残共助弱　　邻里同亲疏
bāng cán gòng zhù ruò　　lín lǐ tóng qīn shū

成功弃惰性　　公私需双顾
chéng gōng qì duò xìng　　gōng sī xū shuāng gù

30. 사람의 도리

屈直真假辨　　是非判谬误
qū zhí zhēn jiǎ biàn　　shì fēi pàn miù wù

谊纯友朋在　　尊卑忘荣辱
yì chún yǒu péng zài　　zūn bēi wàng róng rǔ

胜败古今评　　君臣有廉污
shèng bài gǔ jīn píng　　jūn chén yǒu lián wū

贫穷要怀志　　欺蒙皆凡夫
pín qióng yào huái zhì　　qī méng jié fán fú

僻陋寡闻愚　　临终亦糊涂
pì lòu guǎ wén yú　　lín zhōng yì hú tú

31. 시정

抚民始为本　　居官也做仆
fǔ mín shǐ wéi běn　　jū guān yě zuò pú

32. 민족 정기

浩气存神州　　国魂系华都
hào qì cún shén zhōu　　guó hún xì huá dū

33. 영원 불변

宇宙乾坤久　　天地载沉浮
yǔ zhòu qián kūn jiǔ　　tiān dì zǎi chén fú

阳光永普照　　鬼魅奈何如
yáng guāng yǒng pǔ zhào　　guǐ mèi nài hé rú

34. 평화

干戈化玉帛　　　世界变通途
gàn gē huà yù bó　　shì jiè biàn tōng tú

寄回邮递归　　　滚打摔倒柱
jì huí yóu dì guī　　gǔn dǎ shuāi dào zhù

35. 역사와 전통

仁义礼智信　　　传统育宏儒
rén yì lǐ zhì xìn　　chuán tǒng yù hóng rú

继承沿孔孟　　　秦皇续汉武
jì chéng yán kǒng mèng　　Qín huáng xù Hhàn wǔ

唐宋元明清　　　炎黄称宗祖
Táng Sòng Yuán Míng Qīng　　yán huáng chēng zōng zǔ

부록

啊吗着了过　　　只者什以乎
ā ma zhe le guò　　zhǐ zhě shén yǐ hū

你我他她它　　　虽但因尚孰
nǐ wǒ tā tā tā　　suī dàn yīn shàng shú

极其最太很　　　那哪这几否
jí qí zuì tài hěn　　nà nǎ zhè jǐ fǒu

您既怎么样　　　咱们再特勿
nín jì zěn me yàng　　zán men zài tè wù

的得仅就按　　　而且然没不
de děi jǐn jiù ān　　ér qiě rán méi bù

横竖撇捺提　　　点面线勾弧
héng shù piě nài tí　　diǎn miàn xiàn gōu hú

边角直拐弯　　　偏旁部首熟
biān jiǎo zhí guǎi wān　　piān páng bù shǒu shú

拿放接送给　　　跟随到藏铺
ná fàng jiē sòng gěi　　gēn suí dào cáng pū

注：《新千字文》涵盖内容约八十个方面。

발음편

1. 중국어의 특성

중국에는 한족(漢族) 외에 55개의 소수민족이 생활하고 있는데, 그중에서 한족은 13억에 이르는 중국 총인구의 94%를 차지하고 있다. 중국에서는 중국어를 한족의 언어라는 뜻으로, '汉语(漢語: Hànyǔ)'라고 한다. 한어 외에 '中国话(Zhōngguóhuà)', '中文(Zhōngwén)'이라고도 하지만, 엄밀히 말하면 '汉语'가 가장 알맞는 말이다. 중국어는 세계에서 사용 인구가 가장 많은 언어로 국가간에 공용어로 쓰고 있다.

중국어의 특성은 일반적으로 다음 4가지로 설명된다.

① 단음절성(單音節性)

중국어를 표기하는 한자는 한 개의 글자가 하나의 음절[一字一音]로 되어 있으며 또 글자마다 의미를 지닌다. 다시 말해서 글자 하나가 하나의 낱말이 되는데 이를 단음절사(單音節詞)라고 한다.

> 例　花 [huā　꽃]
> 　　山 [shān　산]
> 　　天 [tiān　하늘]

그러나 현대 중국어에서는 '桌子(탁자)', '电话(전화)' 등과 같이 점차 다음절화되는 추세에 있다. 하지만 아직도 다른 언어에 비하면 단음절성이 두드러진다고 할 수 있다.

② 고립성(孤立性)

중국어는 우리말이나 영어와는 달리 인칭과 시제에 따라 한자 자체에 변화를 일으키는 일이 없다. 즉, 영어의 'go'는 주어가 바뀜에 따라 'go, goes'로, 시제에 따라 'go, went, goen'으로 모양이 변화된다. 또 우리말의 '가다'도 '가니, 가고, 가서, 가면' 등으로 어미가 활용된다.

그러나 중국어는 주어나 시제에 관계없이 언제나 '去'라는 한 글자로 사용된다. 또 중국어에는 '~은, ~는, ~을, ~를'과 같은 조사가 없으며, 다만 어순(語順)에 의해서 문법적인 관계를 나타낸다.

③ 성조(聲調)

중국어는 단음절 원칙 이외에도 글자마다 고유의 성조를 지니고 있다. 똑같은 음절이라도 소리의 높낮이와 장단에 따라 의미가 달라진다. 현대 중국어에서는 성조를 크게 4가지, 즉 제1성·제2성·제3성·제4성으로 나누는데, 이것을 사성(四聲)이라고 한다.

> 例 제1성 mā 妈「어머니」
> 제2성 má 麻「삼」
> 제3성 mǎ 马「말」
> 제4성 mà 骂「욕하다」

위와 같이 성조는 같은 음절에 작용하여 뜻의 차이를 주고 있다. 성조는 한어 학습에 있어서 절대로 소홀히 다루어서는 안될 중요한 요소이다.

④ 방언(方言)

중국어에는 방언이 많은데 지역에 따라 크게 7개의 방언으로 분류된다. 그중에서 가장 대표적인 것이 '북경어(北京語)'와 '광동어(廣東語)'인데, 두 사람의 중국인이 서로 북경어와 광동어로 말한다면, 상호간에 완전하게 뜻을 전달할 수가 없다. 그래서 현재에는 '普通话(pǔtōnghuà)'라고 불리는 표준어가 사용되고 있다. 표준어[普通話]는 북방 방언을 기초로 해서 북경어의 발음을 표준음으로 하고 있다. 우리가 배우게 될 중국어도 바로 이 普通話이다.

2. 중국어의 발음부호

중국어는 표의문자(表意文字)이기 때문에 글자만을 보아서는 그 발음이 어떤지를 알 수 없다. 따라서 중국에서는 예로부터 발음을 표시하는 방법을 여러가지로 고안해서 써 왔다. 그중에서도 대표적인 것으로는 한어병음법과 주음부호가 있는데 오늘날에 가장 많이 쓰고 있는 것은 한어병음법이다. 한어병음법은 한자의 발음을 로마자로 음을 달고 그 위에 사성부호를 덧붙이는 방식이다.

주음부호는 한자의 형(形)을 부호화해서 만든 것으로, 현재 대만에서 사용하고 있으나, 이 책에서는 중국 본토의 발음 표시법인 한어병음법으로 표기했다.

중국어에는 또한 한자 하나의 발음이 반드시 하나만 있지 않다. 예를 들어 우리말의 快樂(쾌락), 音樂(음악)의 樂(락, 악)과 같이 중국어로도 快乐는 kuàilè, 音乐는 yīnyuè와 같이 모양은 같으나 음이 다른 한자들이 있다.

중국어의 발음부호는 크게 운모(한글의 모음)와 성모(한글의 자음)로 이루어져 있다.

① 단운모(单韵母)

a	o	e	i	u
ü	er [r]			

② 복운모(复韵母)

ai	ei	ao	ou	ia
ie	ua	uo	üe	iao
iou	uai	uei	an	en
in	ün	ian	uan	üan
uen	ang	eng	ing	iang
uang	ueng	iong		

　복운모는 운모가 두 개 이상 합쳐져서 된 운모로, 모두 부드럽게 이어서 발음해야 한다. 단, 'i, u'가 발음 첫머리에 나올 때, 'i'는 'y', 'u'는 'w'로 바꿔 표기한다.

③ 성모(声母)

b	p	m	f
d	t	n	l
g	k	h	
j	q	x	
zh	ch	sh	r
z	c	s	

　위에서 소개한 21개의 성모 중 'zh, ch, sh, r, z, c, s'를 제외하고는 단음으로, 즉 독립적으로 음을 나타낼 수 없으며 반드시 운모에 붙어서 음을 낸다. 예를 들어 [m]은 'ㅁ'의 첫음이므로 단운모 [a]를 붙여 읽으면 '마'라는 음이 되고, 복운모 [ing]를 붙여 읽으면 '밍'이라는 음이 된다.

　'zh, ch, sh, r, z, c, s'가 독립적으로 음을 표기할 때, 뒤에 반드시 [i]를 붙여야 한다(zhi, chi, shi, ri, zi, ci, si). 또한 j, q, x는 모음 [u]와 결합할 수 없다. 따라서 ju, qu, xu와 같은 발음은 [ü]의 두 점이 생략된 것이다.

3. 중국어의 성조

성조(声调: shēngdiào)란 소리의 높낮이라고 말할 수 있는데, 한어 학습에 있어서 절대로 소홀히 해서는 안될 중요한 요소이다. 중국어에는 같은 음절의 한자가 상당히 많지만, 한자는 각기 자신의 독특한 성조를 지니고 있으므로 같은 음절이라 할지라도 성조의 변화에 따라 뜻이나 한자가 달라지기 때문이다.

중국어의 성조는 4성으로 대표되지만 좀더 자세히 나누면 6가지 기본 성조가 있다(감정과 억양의 성분은 제외).

4성이란 중국어의 제1성·제2성·제3성·제4성을 말하고, 6성이라 함은 4성에 반3성과 경성을 더한 것을 말한다.

그럼 도표를 통해 자세히 알아보도록 하자.

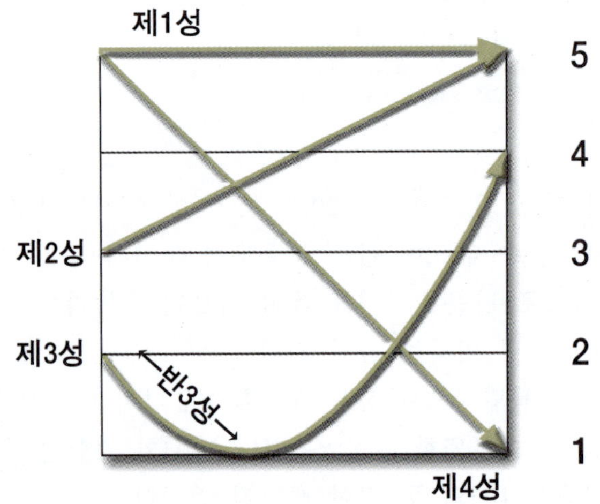

① 제1성

고음에서 시작하여 같은 높이로 발음하는 성조로, 표기는 '‒'이다.

例   hū   zhōng   cā   bō

② 제2성

중음에서 시작해 고음을 향해 올리는 성조로, 표기는 'ˊ'이다.

例   pá   lín   téng   qíng

③ 제3성

중저음에서 시작하여 저음으로 내린 다음 다시 올리는 성조로, 표기는 'ˇ'이다.

例　　wǒ　　bǎng　　běi　　zǒng

④ 제4성

고음에서 시작하여 급격히 가장 낮은 음으로 내리는 성조로, 표기는 'ˋ'이다.

例　　bèi　　shuài　　diào　　yàng

⑤ 반3성

3성에 해당하는 글자 뒤에 3성이 아닌 다른 글자가 있어 같이 이어서 발음할 때, 3성 성조의 앞부분, 즉 내리는 부분만 음을 내는 성조로 표기는 3성과 같다.

例　　wǒ lái　　nǐ kàn　　lěng qì　　qǐng tā

3성음의 또 한 가지 변화는 앞뒤 2개의 3성 글자를 같이 이어서 발음할 때 앞에 있는 3성은 2성으로 발음한다.

例　　wǒ lěng　　nǐ děng　　kǒng zǐ　　zǒng tǒng

⑥ 경성

두 음절 이상의 단어 중에서 마지막 음절은 종종 본래의 성조를 잃고 가볍게 발음(중음 정도)되는 경우가 있는데, 이것을 경성이라고 하며 일반적으로 부호는 붙이지 않는다.

例　　nǐ de　　tài tai　　jiě jie　　gē ge

◆ 성조기호를 붙이는 위치

성조를 나타내는 기호를 성조기호라고 하는데, 성조기호는 모두 운모 위에 붙이지만, 한어에는 기본운모 외에 'ao, iao'와 같이 두 개 이상이 연결된 복운모도 많다. 이와 같은 경우, 성조기호는 아무곳에나 붙이는 것이 아니라, 다음의 원칙에 따르고 있다.

● 운모가 한 개인 경우에는 그 운모 위에 붙인다.

　　例　　　nà　　　wǒ　　　mā

● 운모가 2개 이상인 경우에는,

(ㄱ) 'a'가 있으면 'a'의 위에 붙인다.

　　例　　　biǎo　　　chǎo　　　jiào

(ㄴ) 'a'가 없으면 'o'나 'e'의 위에 붙인다.

　　例　　　shéi　　　qióng　　　yuè

(ㄷ) 'iu, ui'는 뒤의 운모 위에 붙인다.

　　例　　　guì　　　jiù　　　suī

● 'i'에 성조기호를 붙이는 경우에는 'ī'와 같이 "'"를 생략한다.

신천자문

● 총 35단원, 80방면의 내용 수록

XINQIANZIWEN

一 二 三 四 五

yī[이] 하나, 1	èr[얼] 둘, 2	sān[싼] 셋, 3	sì[쓰] 넷, 4	wǔ[우] 다섯, 5
一	一二	一二三	丿冂冂四四	一丆五五

		一个人	yī ge rén	[이거런]	한 사람
一	一	一张纸	yī zhāng zhǐ	[이장즈]	종이 한 장
		一本书	yī běn shū	[이번슈]	책 한 권
二	二	二日	èr rì	[얼르]	2일
		二姐	èrjiě	[얼지에]	둘째 누나[언니]
		第二年	dì èr nián	[얼니엔]	다음 해
三	三	三日	sān rì	[싼르]	3일
		三年	sān nián	[싼니엔]	3년
		三姐	sān jiě	[싼지에]	셋째 누나[언니]
四	四	四日	sì rì	[쓰르]	4일
		四月	sì yuè	[쓰웨]	4월
		四哥	sì gē	[쓰꺼]	넷째 형[오빠]
五	五	五日	wǔ rì	[우르]	5일
		五年	wǔ nián	[우니엔]	5년
		五弟	wǔ dì	[우띠]	다섯째 남동생

활용 예문

星期一我去北京。	Xīngqīyī wǒ qù Běijīng.	월요일에 나는 베이징에 간다
星期二我去上海。	Xīngqī'èr wǒ qù Shànghǎi.	화요일에 나는 상하이에 간다
星期三我去南京。	Xīngqīsān wǒ qù Nánjīng.	수요일에 나는 난징에 간다
星期四我去汉城。	Xīngqīsì wǒ qù Hànchéng.	목요일에 나는 서울에 간다
星期五我去中国。	Xīngqīwǔ wǒ qù Zhōngguó.	목요일에 나는 중국에 간다

成语 四面楚歌   sìmiàn Chǔ gē   사면초가
五花八门   wǔ huā bā mén   오화팔문, 여러 가지 모양, 형형색색

百	千	万	亿	数
bǎi[바이] 백, 100	qiān[치엔] 천, 1000	wàn[완] 만, 10000	yì[이] 억	shù, shǔ[슈] 숫자
一丁了万百百	一二千	一丁万	ノイ亿	''＊＊娄娄数数

百	百		百日	bǎirì	[바이르]	백일
			百分比	bǎifēnbǐ	[바이펀비]	백분율
			百合花	bǎihéhuā	[바이허화]	백합화
千	千		千万	qiānwàn	[치엔완]	반드시, 부디
			千金	qiānjīn	[치엔찐]	천금, 큰 돈
			千古	qiāngǔ	[치엔구]	태고, 영원히
万	万		万分	wànfēn	[완펀]	매우
			万一	wànyī	[완이]	만일
			万岁	wànsuì	[완쒜이]	만세
亿	亿		一亿	yī yì	[이이]	일억
			亿万	yìwàn	[이완]	억만(의)
			亿兆	yìzhào	[이자오]	무수하다
数	数		数不清	shǔ bu qīng	[슈부칭]	셀 수 없다
			数一数	shǔ yi shǔ	[슈이슈]	세다
			数得着	shǔ de zháo	[슈더자오]	손꼽히다

百日纪念	bǎirì jìniàn	백일 기념
我喜欢百合花。	Wǒ xǐhuan bǎihéhuā.	나는 백합화를 좋아한다
千万要小心。	Qiānwàn yào xiǎo xīn.	부디 조심해라
千古不变	qiāngǔ búbiàn	영원히 변함 없다
我万分着急。	Wǒ wànfēn zháojí.	나는 매우 급하다
万一病了怎么办?	Wànyī bìng le zěnmebàn?	만일 병이 나면 어떻게 하지?
中国有十三亿人口。	Zhōngguó yǒu shísān yì rénkǒu.	중국에는 13억의 인구가 있다
亿万财富	yìwàn cáifù	억만재부
星星多得数不清。	Xīngxīng duō de shǔ bu qīng.	별이 많아서 셀 수 없다
请你数一数。	Qǐng nǐ shǔ yi shǔ.	네가 세어 봐라

成语 百无一失	bǎi wú yī shī	백 번에 한 번의 실수도 없다, 완벽하다
亿万斯年	yì wàn sī nián	억만사년, 끝없이 긴 세월

六	七	八	九	十
liù[리우] 여섯, 6	qī[치] 일곱, 7	bā[빠] 여덟, 8	jiǔ[지우] 아홉, 9	shí[스] 열, 10
` 亠 六 六	一 七	丿 八	丿 九	一 十

六	六月	liùyuè	[리우웨]	6월
	六年	liù nián	[리우니엔]	6년
	星期六	xīngqīliù	[씽치리우]	토요일
七	七月	qīyuè	[치웨]	7월
	七年	qī nián	[치니엔]	7년
	七人	qī rén	[치런]	일곱 사람
八	八月	bāyuè	[빠웨]	8월
	八十	bāshí	[빠스]	팔십, 80
	八方	bāfāng	[빠팡]	팔방
九	九月	jiǔyuè	[지우웨]	9월
	九年	jiǔ nián	[지우니엔]	9년
	九天	jiǔ tiān	[지우티엔]	아홉 날
十	十月	shíyuè	[스웨]	10월
	十年	shí nián	[스니엔]	10년
	十分	shífēn	[스펀]	매우, 대단히

활용 예문

六月我工作。	Liùyuè wǒ gōngzuò.	6월에 나는 일을 한다
星期六我休息。	Xīngqīliù wǒ xiūxi.	토요일에 나는 쉰다
七月我回家。	Qīyuè wǒ huí jiā.	7월에 나는 집에 돌아간다
我在北京住了七年。	Wǒ zài Běijīng zhù le qī nián.	나는 베이징에서 7년을 살았다
八月天气很闷热。	Bā yuè tiānqì hěn mēnrè.	8월의 날씨는 매우 무덥다
我有八十本书。	Wǒ yǒu bāshí běn shū.	나는 80권의 책을 가지고 있다
九月天气好。	Jiǔyuè tiānqì hǎo.	9월의 날씨는 좋다
九天不算长。	Jiǔ tiān búsuàn cháng.	9일이 긴 것은 아니다
十个月的时间	shí ge yuè de shíjiān	10개월의 시간
我十分忙。	Wǒ shífēn máng.	나는 매우 바쁘다

成语
九死一生	jiǔ sǐ yī shēng	구사일생
十万火急	shí wàn huǒ jí	매우 화급하다

加 减 算 乘 除

jiā[찌아] 더하다	jiǎn[지엔] 덜다	suàn[쑤안] 셈하다	chéng[청] 곱하다	chú[추] 나누다
フ カ カ 加 加	シ 沪 沪 沪 沥 减 减 减	^ ^^ 竹 竹 笆 筲 算 算	二 千 千 千 禾 乖 乘	㇗ 阝 阝 阶 阶 除 除 除

加工	jiāgōng	[찌아꽁]	가공하다
加入	jiārù	[찌아루]	가입하다
加油	jiā yóu	[찌아요우]	급유하다, 힘내다
减弱	jiǎnruò	[지엔루오]	약해지다
减轻	jiǎnqīng	[지엔칭]	경감하다
减速	jiǎnsù	[지엔쑤]	속도를 줄이다
算计	suànji	[쑤안지]	계산하다
算命	suànmìng	[쑤안밍]	점치다
算盘	suànpan	[쑤안판]	주판
乘机	chéngjī	[청지]	기회를 타다
乘虚	chéngxū	[청쉬]	허를 타다
乘兴	chéngxìng	[청씽]	흥이나다
除法	chúfǎ	[추파]	나눗셈
除掉	chú diào	[추디아오]	제거하다
除夕	chúxī	[추씨]	섣달 그믐날 밤

需要再加工。	Xūyào zài jiāgōng.	다시 가공이 필요하다
为朋友加油。	Wèi péngyou jiā yóu.	친구를 위해 힘을 내다
减轻负担。	Jiǎnqīng fùdān.	부담이 경감하다
高速公路要减速。	Gāosù gōnglù yào jiǎnsù.	고속도로에서는 속도를 줄여야 한다
花钱要算计。	Huāqián yào suànji.	돈을 쓰는 것은 계획이 필요하다
不要去算命。	Búyào qù suànmìng.	(운세를) 점치러 가지 말아라
乘虚而入	chéngxū ér rù	허점을 타고 들어오다
他乘兴旅游去了。	Tā chéngxìng lǚyóu qù le.	그는 신이나서 여행을 갔다
他天天除草。	Háizi xué chúfǎ.	아이가 나눗셈을 배우다
除夕夜	chúxī yè	섣달 그믐날 밤

| **成语** 无以复加 | wú yǐ fù jiā | 이 이상 더 할 것이 없다 |
| 除旧布新 | chú jiù bù xīn | 낡은 것을 없애고 새로운 것을 건설하다 |

人 手 口 刀 尺

rén[런] 사람	shǒu[쇼우] 손	kǒu[코우] 입	dāo[따오] 칼	chǐ[츠] 자(척)
ノ人	一二三手	丨口口	フ刀	フフ尸尺

人口	rénkǒu	[런코우]	인구
人品	rénpǐn	[런핀]	인품
人才	réncái	[런차이]	인재
手表	shǒubiǎo	[쇼우뱌오]	손목시계
手工	shǒugōng	[쇼우꽁]	수공
手法	shǒufǎ	[쇼우파]	기법, 기교
口气	kǒuqì	[코우치]	말투, 입심
口头	kǒutóu	[코우토우]	구두
口译	kǒuyì	[코우이]	통역(하다)
刀片	dāopiàn	[따오피엔]	면도날
刀刃	dāorèn	[따오런]	칼날
刀口	dāokǒu	[따오코우]	칼날, 요긴한 곳
尺寸	chǐcùn	[츠춘]	치수
尺子	chǐzi	[츠즈]	자, 척도, 기준
尺码	chǐmǎ	[츠마]	치수, 사이즈

활용 예문

中国人口太多。	Zhōngguó rénkǒu tài duō.	중국의 인구는 너무 많다
她人品不错。	Tā rénpǐn búcuò.	그녀는 인품이 훌륭하다
他的手表很新。	Tā de shǒubiǎo hěn xīn.	그의 손목시계는 새것이다
这衣服是手工做的。	Zhè yīfu shì shǒugōng zuò de.	이 옷은 수공으로 만든 것이다
他口气很大。	Tā kǒuqì hěn dà.	그는 입심이 매우 세다
他能口译。	Tā néng kǒuyì.	그는 통역할 수 있다
买刀片	Mǎi dāopiàn.	면도날을 사다
刀刃锋利	Dāorèn fēnglì.	칼날이 날카롭다
衣服尺寸大小。	yīfu chǐcùn dàxiǎo.	옷의 치수 크기
尺码合适。	Chǐmǎ héshì.	사이즈가 맞는다

成语

人山人海	rén shān rén hǎi	인산인해
口是心非	kǒu shì xīn fēi	말로는 찬동하나 속으로는 반대하다

<table>
<tr><td colspan="2" align="center">金</td><td align="center">木</td><td align="center">水</td><td align="center">火</td><td align="center">土</td></tr>
<tr><td colspan="2" align="center">jīn[찐] 쇠</td><td align="center">mù[무] 나무</td><td align="center">shuǐ[쉐이] 물</td><td align="center">huǒ[훠] 불</td><td align="center">tǔ[투] 흙</td></tr>
<tr><td colspan="2" align="center">人△△△△△金金</td><td align="center">一十才木</td><td align="center">丿刁才水</td><td align="center">、ノ火火</td><td align="center">一十土</td></tr>
</table>

			金笔	jīnbǐ	[찐삐]	(금촉)만년필
金	金		金鱼	jīnyú	[찐위]	금붕어
			金子	jīnzi	[찐즈]	금, 금괴
木	木		木头	mùtou	[무토우]	목재
			木刻	mùkè	[무커]	나무조각
			木炭	mùtàn	[무탄]	목탄, 숯
水	水		水果	shuǐguǒ	[쉐이궈]	과일
			水壶	shuǐhú	[쉐이후]	수통
			水牛	shuǐniú	[쉐이니우]	물소
火	火		火车	huǒchē	[훠처]	기차
			火山	huǒshān	[훠산]	화산
			火锅	huǒguō	[훠궈]	신선로 요리
土	土		土地	tǔdì	[투띠]	토지
			土话	tǔhuà	[투화]	토착어(방언)
			土气	tǔqì	[투치]	촌티, 촌스럽다

활용 예문

我有金笔。	Wǒ yǒu jīnbǐ.	나는 만년필을 가지고 있다
我买金鱼。	Wǒ mǎi jīnyú.	나는 금붕어를 산다
我会木刻。	Wǒ huì mùkè.	나는 나무조각을 할 줄 안다
我买木炭。	Wǒ mǎi mùtàn.	나는 숯을 산다
我吃水果。	Wǒ chī shuǐguǒ.	나는 과일을 먹는다
我带水壶去。	Wǒ dài shuǐhú qù.	나는 수통을 가지고 간다
我坐火车。	Wǒ zuò huǒchē.	나는 기차를 탄다
我看火山。	Wǒ kàn huǒshān.	나는 화산을 본다
我会说土话。	Wǒ huì shuō tǔhuà.	나는 방언을 할 줄 안다
他很土气。	Tā hěn tǔqì.	그는 매우 촌스럽다

成语	金城汤池	jīn chéng tāng chí	방비가 매우 튼튼하다
	木本水源	mù běn shuǐ yuán	사물에는 모두 그 근원이 있나

毫	厘	亩	寸	丈
háo[하오] 밀리(길이)	lí[리] 리(면적)	mǔ[무] 묘(길이)	cùn[춘] 촌(길이)	zhàng[짱] 장(길이)
一 亠 卢 卢 亭 臺 毫	厂 厅 厇 厈 厈 厘 厘	丶 亠 广 亩 亩 亩 亩	一 寸 寸	一 丈 丈

毫	毫	毫升	háoshēng	[하오성]	밀리리터(ml)
		毫米	háomǐ	[하오미]	밀리미터(mm)
		毫克	háokè	[하오커]	밀리그램(mg)
厘	厘	毫厘	háolí	[하오리]	지극히 적은 것
		厘米	límǐ	[리미]	센티미터(cm)
亩	亩	一亩地	yī mǔ dì	[이무띠]	한 묘의 땅
		亩产	mǔchǎn	[무찬]	1묘당 단위 생산량 *1묘는 약 200평
寸	寸	尺寸	chǐcùn	[츠춘]	치수
		寸心	cùnxīn	[춘씬]	마음, 심중
		一寸	yīcūn	[이춘]	1촌
丈	丈	丈量	zhàngliáng	[짱량]	땅을 측량하다
		丈夫	zhàngfu	[짱푸]	남편
		丈人	zhàngrén	[짱런]	장인

활용 예문

他译的书与原书毫厘不差。 Tā yì de shū yǔ yuánshū háolí bù chā. 그가 번역한 책은 원서와 조금의 차이도 없다

这台机器有多少毫米？ Zhè tái jīqì yǒu duōshao háomǐ? 이 기계는 몇 밀리미터입니까?

两件衣服差多少厘米？ Liǎng jiàn yīfu chā duōshao límǐ?
두 벌의 옷의 차이는 몇 센티미터입니까?

他家有一百亩地。 Tā jiā yǒu yībǎi mǔ dì.
그의 집은 100묘의 땅을 소유하고 있다

衣服的尺寸。 yīfu de chǐcùn 옷의 치수

难得的寸心之爱。 Nándé de cùnxīn zhī ài. 얻기 힘든 마음 속의 사랑

十尺为一丈。 Shí chǐ wèi yī zhàng. 10척은 1장이다

她有丈夫。 Tā yǒu zhàngfu. 그녀는 남편이 있다

成语 毫无二致 háo wú èr zhì 조금도 다르지 않다

寸草不留 cùn cǎo bù liú 여지없이 파괴되다

斤 两 克 升 度

斤	两	克	升	度
jīn[찐] 근(무게)	liǎng[량] 양	kè[커] 그램	shēng[성] 리터	dù[뚜] 도, 길이
´ ⺁ ⺁ 斤	一 ⺁ ⺁ 两 两 两 两	一 十 ⺯ ⺯ 古 声 克	´ ⺌ ⺌ 升	⺀ 广 广 庐 庐 度 度

		一斤	yī jīn	[이찐]	한 근(500g)
斤	斤	两斤	liǎng jīn	[량찐]	두 근(1kg)
		公斤	gōngjīn	[꽁찐]	킬로그램(kg)
两	两	一两	yī liǎng	[이량]	한 냥, 한 두
		两个	liǎng gè	[량거]	두 개
					*한 냥(37g)
克	克	一克	yī kè	[이커]	1그램
		两克	liǎng kè	[량커]	2그램
		三克	sān kè	[싼커]	3그램
升	升	两升	liǎng shēng	[량성]	2리터
		三升	sān shēng	[싼성]	3리터
		升级	shēng jí	[성지]	승급하다
度	度	度数	dùshu	[뚜슈]	횟수, 도수, 눈금
		度量	dùliàng	[뚜량]	도량
		度日	dùrì	[뚜르]	살아가다, 지내다

활용 예문

两斤橘子	liǎng jīn júzi	귤 두 근(귤 1kg *중국은 1근에 500g)
三公斤香蕉	sān gōngjīn xiāngjiāo	바나나 3 kg
一两油	yī liǎng yóu.	기름 한 냥
两个人	liǎng gè rén	두 사람
五百克肉	wǔbǎi kè ròu	고기 500g
两千克菜	liǎng qiān kè cài	채소 2,000g
一升啤酒	yī shēng píjiǔ	맥주 1리터
那孩子升三年级了。	Nà háizi shēng sān niánjí le.	그 아이는 3학년으로 올라갔다
度量衡	dùliànghéng	(길이·무게·부피 등의)도량형
耗电度数	hào diàn dùshu	전기 소비 도수
成语 斤斤计较	jīn jīn jì jiào	지나치게 따지다
克己奉公	kè jǐ fèng gōng	사를 버리고 공을 위하여 힘써 일하다

磅 吨 值 多 少

磅	吨	值	多	少
bàng[빵] 파운드	dūn[뚠] 톤	zhí[즈] 가치	duō[뚜오] 많다	shǎo[샤오] 적다
丆 石 矿 矽 砀 磅 磅	丨 冂 口 叮 吨 吨 吨	丿 亻 亻 竹 佔 值 值	丿 ク タ 多 多 多	丨 亅 小 少

磅	磅		一磅	yī bàng	[이빵]	1파운드
			两磅	liǎng bàng	[량빵]	2파운드
			磅秤	bàngchèng	[빵청]	앉은 저울
吨	吨		一吨	yī dūn	[이뚠]	1톤
			两吨	liǎng dūn	[량뚠]	2톤
			三吨	sān dūn	[싼뚠]	3톤
值	值		值班	zhí bān	[즈빤]	당번이 되다
			值得	zhídé	[즈더]	값이 …할 만하다
			值钱	zhíqián	[즈치엔]	값어치가 있다
多	多		多少	duōshao	[뚜오샤오]	얼마, 몇
			多情	duōqíng	[뚜오칭]	다정하다
			多半	duōbàn	[뚜오빤]	대부분
少	少		少数	shǎoshù	[샤오슈]	소수
			少陪	shǎopéi	[샤오페이]	실례합니다
			少不得	shǎo bu dé	[샤오뿌더]	없어서는 안된다

활용 예문

一磅肉	yī bàng ròu	고기 1파운드
三磅水果	sān bàng shuǐguǒ	과일 3파운드
一吨煤	yī dūn méi	석탄 1톤
三吨钢	sān dūn gāng	강철 3톤
今天他值班。	Jīntiān tā zhíbān.	오늘 그는 당직이다
这件衣服值得买。	Zhè jiàn yīfu zhédé mǎi.	이 옷은 값이 살 만하다
他太多情了。	Tā tài duōqíng le.	그는 매우 다정하다
他多半错了。	Tā duōbàn cuò le.	그는 대부분 틀렸다
少数人去度假。	Shǎoshùrén qù dùjià.	소수의 사람들이 휴가를 보내러 가다
我少陪了。	Wǒ shǎopéi le.	제가 (먼저) 실례하겠습니다 [자리를 뜰 때]

成语

不值一提	bù zhí yī tí	거들떠 볼 것도 못된다
少见多怪	shǎo jiàn duō guài	견문이 좁아 모든 것이 신기해 보이다

积 差 和 正 负

积	差	和	正	负
jī[찌] 쌓다	chā[차] 차이나다	hé[허] ~와	zhèng[쩡] 바르다	fù[푸] 부담하다
一二千禾禾禾积	丷丷羊羊差差	二千禾禾禾和和	一丁下正正	丿勹夕夕负负

		积存	jīcún	[찌춘]	저축하다
积	积	积压	jīyā	[찌야]	쌓이다
		积累	jīlěi	[찌레이]	누적되다
		差别	chābié	[차비에]	구별, 차별하다
差	差	差异	chāyì	[차이]	차이
		差错	chācuò	[차추오]	착오
		和好	héhǎo	[허하오]	화해하다
和	和	和气	héqì	[허치]	다정하다
		和解	héjiě	[허지에]	화해(하다)
		正数	zhèngshù	[쩡슈]	정수, 양수
正	正	正常	zhèngcháng	[쩡창]	정상적이다
		正气	zhèngqì	[쩡치]	정기
		负担	fùdān	[푸딴]	부담(하다)
负	负	负伤	fùshāng	[푸샹]	부상당하다
		负责	fùzé	[푸저]	책임이 있다

활용 예문

要积存钱财。	Yào jīcún qiáncái.	돈을 저축해야 한다
商品积压。	Shāngpǐn jīyā.	상품이 쌓이다
性格的差异	xìnggé de chāyì.	성격의 차이
有差错吗?	Yǒu chācuò ma?	착오가 있습니까?
我们和好吧!	Wǒmen héhǎo ba!	우리 화해하자!
你们是朋友, 应该和解。	Nǐmen shì péngyou, yīnggāi héjiě.	너희들은 친구이니 반드시 화해해야 한다
正数和负数	zhèngshù hé fùshù	양수와 음수
人要有正气。	Rén yào yǒu zhèngqì.	사람은 정기가 있어야 한다
他有很大的负担。	Tā yǒu hěn dà de fùdān.	그는 매우 큰 부담을 안고 있다
他负责这个工作。	Tā fùzé zhè ge gōngzuò.	그는 이 일에 책임이 있다

成语

积重难返	jī zhòng nán fǎn	오래된 습관이나 풍속은 고치기 어렵다
正大光明	zhèng dà guāng míng	광명정대하다

秒	分	刻	时	钟
miǎo[먀오] 초	fēn[펀] 분	kè[커] 15분	shí[스] 시간	zhōng[쫑] 시간
二 千 禾 利 利 秒 秒	ノ 八 今 分	、 一 十 岁 岁 亥 刻	丨 冂 日 日 旷 时 时	ノ ノ ヒ 车 钅 钊 钟

秒	秒		秒表	miǎobiǎo	[먀오뱌오] 스톱 워치
			秒钟	miǎozhōng	[먀오쫑] 초
			一秒钟	yī miǎo zhōng	[이먀오쫑] 1초
分	分		分别	fēnbié	[펀비에] 분별하다
			分工	fēnggōng	[펀꽁] 분업하다
			分类	fēnlèi	[펀레이] 분류하다
刻	刻		一刻(钟)	yī kè (zhōng)	[이커] 15분
			刻苦	kèkǔ	[커쿠] 몹시 애를 쓰다
时	时		时间	shíjiān	[스지엔] 시간
			时常	shícháng	[스창] 늘, 항상
			时差	shíchā	[스차] 시차
钟	钟		一点钟	yī diǎn zhōng	[이디엔쫑] 1시
			钟头	zhōngtóu	[쫑토우] 시간
			钟表	zhōngbiǎo	[쫑뱌오] 시계의 총칭

활용 예문

时间一秒一秒地过去了。	Shíjiān yī miǎo yī miǎo de guò qù le.	시간이 1초 1초 흘러간다
分分秒秒都宝贵。	Fēnfēn miǎomiǎo dōu bǎoguì.	1분 1초가 모두 귀중하다
一分钟也不浪费。	Yī fēn zhōng yě bú làngfèi.	1분도 낭비하지 않는다
我们分工明确。	Wǒmen fēngōng míngquè.	우리의 분업은 명확하다
差一刻十点	chà yī kè shídiǎn	10시 15분 전
他学习刻苦。	Tā xuéxí kèkǔ.	그는 몹시 애를 쓰며 공부한다
你有时间吗？	Nǐ yǒu shíjiān ma?	당신 시간 있어요?
他时常去看父母。	Tā shícháng qù kàn fùmǔ.	그는 늘 부모님을 뵈러 간다
现在一点钟。	Xiànzài yīdiǎn zhōng.	지금은 1시이다
去大学要一个钟头。	Qù dàxué yào yī gè zhōngtóu.	대학교에 가는데 1시간이 걸린다

成语	争分夺秒	zhèng fēn duó miǎo	1분 1초를 다투다
	一见钟情	yī jiàn zhōng qíng	첫눈에 반하다

条	件	个	张	束
tiáo[타오] 조목, 줄기	jiàn[지엔] 건	gè[거] 개, 명	zhāng[짱] 장	shù[슈] 속
ノ ク 夂 冬 冬 条 条	ノ イ 亻 仁 仵 件	ノ 人 个	⁊ ヲ 弓 弓' 张' 张 张	一 匸 匚 日 申 束 束

条	条		条件	tiáojiàn	[타오지엔]	조건
			条子	tiáozi	[타오즈]	메모, 쪽지
			条理	tiáolǐ	[타오리]	조리, 사리
件	件		件件	jiànjiàn	[지엔지엔]	가지 가지
			案件	ànjiàn	[안지엔]	안건
个	个		个人	gèrén	[꺼런]	개인
			个子	gèzi	[꺼즈]	(사람의) 키
张	张		张开	zhāng kāi	[짱카이]	열다, 벌리다
			夸张	kuāzhāng	[콰짱]	메모, 쪽지
束	束		束手	shù shǒu	[슈쇼우]	조건
			束腰	shù yāo	[슈야오]	허리 띠

활용 예문

一条裤子	yī tiáo kùzi.	바지 한 장
写个条子。	Xiě ge tiáozi.	메모를 쓰다
一件衣服	yī jiàn yīfu.	옷 한 벌
件件都能	jiànjiàn dōu néng	무엇이든지 할 수 있다
他有他个人的理由。	Tā yǒu tā gèrén de lǐyóu.	그는 그 개인 나름의 이유가 있다
他个子很高。	Tā gèzi hěn gāo.	그는 무척 키가 크다
张不开口。	Zhāng bù kāi kǒu.	입을 열 수 없다
一张纸	yī zhāng zhǐ.	종이 한 장
一束花	yī shù huā.	꽃 한 묶음
一束稻草	yī shù dàocǎo.	벼 한 단

成语 有条有理	yǒu tiáo yǒu lǐ	조리 정연하다
束手无策	shù shǒu wú cè	속수 무책이다

4. 시간과 양사 **39**

日 月 星 晨 转

日	月	星	晨	转
rì[르] 날, 일	yuè[웨] 월, 달	xīng[씽] 별	chén[천] 새벽	zhuàn[주안] 돌다
丨 冂 日 日	丿 刀 月 月	冂 日 尸 旦 旦 星 星	口 申 尸 尸 晨 晨 晨	一 [illegible] 轱 转 转

		汉字	병음	발음	뜻
日	日	日光	rìguāng	[르꽝]	빛, 일광
		日期	rìqī	[르치]	특정 일, 기간
		日常	rìcháng	[르창]	일상의, 일상적인
月	月	月亮	yuèliang	[웨량]	달
		月刊	yuèkān	[웨칸]	월간
		月末	yuèmò	[웨모]	월말
星	星	星星	xīngxing	[씽씽]	별
		星期	xīngqī	[씽치]	주, 요일
		晨星	chénxīng	[천씽]	새벽 별
晨	晨	早晨	zǎochén	[자오천]	이른 아침
		晨练	chénliàn	[천리엔]	아침 연습
转	转	转动	zhuàndòng	[주안똥]	돌다, 움직이다
		转速	zhuànsù	[주안수]	회전 속도
		转台	zhuàntái	[주안타이]	회전 테이블

활용 예문

旅行的日期	lǚxíng de rèqī	여행의 기간
日常的工作	rìcháng de gōngzuò	일상적인 일(업무)
晚上看月亮。	Wǎnshang kàn yuèliang.	저녁에 달을 본다
月末工作忙。	Yuèmò gōngzuò máng.	월말은 일이 바쁘다
天上的星星很漂亮。	Tiānshàng de xīngxing hěn piàoliang.	하늘의 별은 매우 이쁘다
今天星期几？	Jīntiān xīngqī jǐ?	오늘은 무슨 요일이지?
早晨的晨练。	Zǎochén de chénliàn.	이른 아침의 아침 연습
早晨我不吃早饭。	Zǎochén wǒ bù chī zǎofàn.	이른 아침에 나는 아침밥을 먹지 않는다
去操场转转。	Qù cāochǎng zhuànzhuan.	가서 운동장을 돌다
机器的转速快。	Jīqì de zhuànsù kuài.	기계의 회전 속도가 빠르다

成语	日积月累	rì jī yuè lěi	날을 거듭하다, 세월이 쌓이다
	海底捞月	hǎi dǐ lāo yuè	바다에서 달 건지기, 되지도 않을 일로 헛수고 하다

<table>
<tr><td colspan="2">春
chūn[춘] 봄
三 声 夫 夫 寿 春 春 春</td><td>夏
xià[샤] 여름
一 丆 夼 酉 酉 夏 夏</td><td>秋
qiū[치우] 가을
二 千 禾 禾 和 秋 秋</td><td>冬
dōng[똥] 겨울
ノ ク 久 冬 冬</td><td>伏
fú[푸] 삼복
ノ 亻 亻 仆 伏 伏</td></tr>
</table>

春 春		春天 chūntiān [춘티엔] 봄 春风 chūnfēng [춘펑] 봄바람 春节 Chūn Jié [춘지에] 춘절, 음력 설	
夏 夏		夏天 xiàtiān [샤티엔] 여름 夏季 xiàjì [샤지] 여름철 夏服 xiàfú [샤푸] 하복, 여름옷	
秋 秋		秋天 qiūtiān [치우티엔] 가을 秋风 qiūfēng [치우펑] 가을바람 秋收 qiūshōu [치우쇼우] 추수, 수확하다	
冬 冬		冬天 dōngtiān [똥티엔] 겨울 冬季 dōngjì [똥지] 겨울철 冬至 dōngzhì [똥즈] 동지	
伏 伏		伏天 fútiān [푸티엔] 복날 入伏 rù fú [루푸] 복날로 들어서다 伏笔 fúbǐ [푸비] (소설, 문장의) 복선	

활용 예문

春天暖和。	Chūntiān nuǎnhuo.	봄은 따스하다
春节是中国的传统节日。	Chūn Jié shì Zhōngguó de chuántǒng jiérì.	춘절은 중국의 전통 명절이다
夏天太热。	Xiàtiān tài rè.	여름은 너무 덥다
夏服多种多样。	Xiàfú duō zhǒng duō yàng.	여름 옷은 가지각색이다
秋天爽快。	Qiūtiān shuǎngkuài.	가을은 상쾌하다
秋风凉。	Qiūfēng liáng.	가을바람은 서늘하다
冬天太冷了。	Dōngtiān tài lěng le.	겨울은 너무 춥다
冬季滑冰。	Dōngjì huá bīng.	겨울철에 스케이트를 타다
伏天太热了。	Fútiān tài rè le.	복날은 너무 덥다
入伏以来常下雨。	Rù fú yǐlái cháng xià yǔ.	복날 이래로 자주 비가 온다

成语		
春风得意	chūn fēng dé yì	모든 일이 순조롭다
夏雨雨人	xià yǔ yǔ rén	시기 적절하게 은혜를 베풀다

阴 晴 风 雨 雪

阴	晴	风	雨	雪
yīn[인] 흐리다	qíng[칭] 개다	fēng[펑] 바람	yǔ[위] 비	xuě[쉬에] 눈
㇆ 阝 阝 阴 阴 阴	日 日 旷 旷 晴 晴 晴	丿 几 凤 风	一 一 一 雨 雨 雨 雨 雨	一 一 一 雪 雪 雪 雪 雪

		阴天	yīntiān	[인티엔]	흐린 날씨
阴	阴	阴历	yīnlì	[인리]	음력
		阴冷	yīnlěng	[인렁]	음랭하다
晴	晴	晴天	qíngtiān	[칭티엔]	맑은 하늘
		晴空	qíngkōng	[칭콩]	맑게 개인 하늘
		晴朗	qínglǎng	[칭랑]	말끔히 개이다
风	风	风天	fēngtiān	[펑티엔]	바람 부는 날
		大风	dàfēng	[따펑]	큰 바람
		刮风	guā fēng	[과펑]	바람 불다
雨	雨	雨天	yǔtiān	[위티엔]	비 오는 날
		雨淋	yǔlín	[위린]	비에 젖다
		雨水	yǔshuǐ	[위쉐이]	빗물, 강우량
雪	雪	雪天	xuětiān	[쉬에티엔]	눈 오는 날
		下雪	xià xuě	[샤쉬에]	눈이 내리다
		雪景	xuějǐng	[쉬에징]	설경

활용 예문

今天是阴天。	Jīntiān shì yīntiān.	오늘은 흐린날이다
今天是阴历三月五号。	Jīntiān shì yīnlì sānyuè wǔ hào.	오늘은 음력 3월 1일이다
晴天出游好。	Qíngtiān chūyóu hǎo.	맑은날은 여행하러 나가기에 좋다
晴朗的天空	qínglǎng de tiānkōng	말끔히 개인 하늘
今天风太大了。	Jīntiān fēng tài dà le.	오늘은 바람이 너무 세다
刮起风来了。	Guā qǐ fēng lái le.	바람이 불어오기 시작했다
昨天是雨天。	Zuótiān shì yǔtiān.	어제는 비 온 날이었다
他被雨淋了。	Tā bèi yǔlín le.	그는 비에 젖었다
大雪天真是好看。	Dàxuětiān zhēn shì hǎokàn.	큰 눈이 내린 날은 정말 보기 좋다
快出去看雪景。	Kuài chūqu kàn xuějǐng.	빨리 나가서 설경을 봐라

成语			
	晴天霹雳	qíng tiān pī lì	마른 하늘의 날벼락, 청천 벽력
	雨过天晴	yǔ guò tiān qíng	비가 멎고 날이 개다, 다시 원상으로 회복되다

冷	热	冰	凉	暑
lěng[렁] 춥다	rè[러] 덥다	bīng[삥] 차다	liáng[량] 서늘하다	shǔ[슈] 덥다
丶丶冫冫冷冷冷	一十扌扌执执热	丿丿冫冰冰	丶丷冫广冫冻凉凉	丶口日旦昌昱暑暑

冷	冷			冷气	lěngqì	[렁치]	냉기
				冷水	lěngshuǐ	[렁쉐이]	냉수, 찬 물
				冷汗	lěnghàn	[렁한]	식은 땀
热	热			热水	rèshuǐ	[러쉐이]	더운 물
				热情	rèqíng	[러칭]	열정적이다
				热爱	rè'ài	[러아이]	열렬히 사랑하다
冰	冰			冰水	bīngshuǐ	[빙쉐이]	얼음물
				冰凉	bīngliáng	[빙량]	매우 차다
				冰冻	bīngdòng	[빙뚱]	얼다
凉	凉			凉快	liángkuài	[량콰이]	서늘하다
				凉菜	liángcài	[량차이]	차가운 요리
				凉鞋	liángxié	[량시에]	여름에 신는 샌들
暑	暑			暑天	shǔtiān	[슈티엔]	몹시 더운 날
				暑假	shǔjià	[슈지아]	여름 휴가(방학)
				中暑	zhòngshǔ	[쭝슈]	더위를 먹다

활용 예문

办公室里有冷气。	Bàngōngshì lǐ yǒu lěngqì.	사무실 안에 냉기가 돈다
不要喝冷水。	Búyào hē lěngshuǐ.	찬 물을 마시지 마라
他很热情。	Tā hěn rèqíng.	그는 매우 열정적이다
他热爱大自然。	Tā rè'ài dàzìrán.	그는 대자연을 매우 사랑한다
冰箱里有冰水。	Bīngxiāng lǐ yǒu bīngshuǐ.	냉장고 안에 얼음물이 있다
他的手冰凉。	Tā de shǒu bīngliáng.	그의 손은 매우 차다
买点凉菜吧。	Mǎi diǎn liángcài ba.	냉채를 사자
穿凉鞋。	Chuān liángxié.	샌들을 신다
现在正是暑假。	Xiànzài zhèngshi shǔjià.	지금이 바로 여름 휴가이다
他中暑了。	Tā zhòngshǔ le.	그는 더위 먹었다

成语 热火朝天	rè huǒ cháo tiān	대단한 열의가 있다, 의기가 충천하다
冰天雪地	bīng tiān xuě dì	몹시 추운 곳

早	晚	朝	夕	寒
zǎo[자오] 아침	wǎn[완] 저녁	zhāo[자오] 아침	xī[씨] 저녁	hán[한] 춥다
丶 口 日 日 旦 早	日 日' 昤 晬 晩 晩 晩	十 古 古 直 卓 朝 朝	丿 夕 夕	宀 宀 宝 宲 実 寒 寒

				早上	zǎoshang	[자오샹]	아침
早	早			早晨	zǎochén	[자오천]	새벽
				早饭	zǎofàn	[자오판]	아침 식사
晚	晚			晚上	wǎnshang	[완샹]	저녁
				晚车	wǎnchē	[완처]	밤차
				晚安	wǎn'ān	[완안]	안녕히 주무세요
朝	朝			朝日	zhāorì	[자오르]	아침 태양
				朝夕	zhāoxī	[자오씨]	아침 저녁, 늘
				朝霞	zhāoxiá	[자오샤]	아침 노을
夕	夕			夕烟	xīyān	[씨옌]	저녁 연기
				夕阳	xīyáng	[씨양]	석양
				夕景	xījǐng	[씨징]	저녁 무렵(경치)
寒	寒			寒冷	hánlěng	[한렁]	한랭하다
				寒假	hánjià	[한쟈]	겨울 방학(휴가)
				寒心	hán xīn	[한씬]	낙심하다, 실망하다

활용 예문

早上不吃早饭。	Zǎoshang bù chī zǎofàn.	아침에 아침밥을 먹지 않는다
早晨要锻炼身体。	Zǎochén yào duànliàn shēntǐ.	새벽에 운동을 해야 한다
我晚上没事。	Wǒ wǎnshang méi shì.	나는 저녁에 일이 없다
祝你晚安。	Zhù nǐ wǎn'ān.	안녕히 주무세요
朝夕相处。	Zhāo xī xiāng chù	늘 함께 지내다
朝霞日出。	zhāoxiá rìchū	아침 노을과 일출
黄昏夕烟。	huánghūn xīyān	황혼과 저녁 연기
夕景迷人。	Xījǐng mí rén.	저녁 무렵의 경치가 매력적이다
寒冷的天。	hánlěng de tiān.	몹시 추운 날
快放寒假了。	Kuài fàng hánjià le.	곧 겨울 방학을 한다

成语			
	无利不起早	wú lì bù qǐ zǎo	이익이 없으면 일찍 일어나지 않는다
	朝令夕改	zhāo lìng xī gǎi	조령석개, 변동이 매우 잦다

季	节	更	替	殊
jì[찌] 계절	jié[지에] 절기	gēng[껑] 더욱	tì[티] 바꾸다	shū[슈] 다르다
一二千禾禾季季	一艹艹节节	一一一一更更	一二夫未麸麸替替	一丁歹歹死殊殊

季	季
节	节
更	更
替	替
殊	殊

季节	jìjié	[찌지에]	계절
四季	sìjì	[쓰지]	사계
春季	chūnjì	[춘지에]	봄철
节气	jiéqì	[지에치]	절기
节日	jiérì	[지에르]	명절, 기념일
春节	Chūn Jié	[춘지에]	춘절, 음력 설
更改	gēnggǎi	[껑가이]	변경(하다)
更新	gēngxīn	[껑씬]	새롭게 바뀌다
更衣	gēngyī	[껑이]	의복을 갈아입다
替代	tìdài	[티따이]	대체(하다)
替换	tìhuan	[티환]	교체하다
替身	tìshēn	[티션]	대리인, 대역
特殊	tèshū	[터슈]	특수하다
殊效	shūxiào	[슈샤오]	특효
殊不知	shū bù zhī	[슈뿌쯔]	전혀 모르다

활용 예문

四季为春夏秋冬。	Sì jì wèi chūn xià qiū dōng.	사계절은 봄, 여름, 가을, 겨울이다
春季的天气最好。	Chūnjì de tiānqì zuì hǎo.	봄철의 날씨가 가장 좋다
中国的节日不多。	Zhōngguó de jiérì bù duō.	중국의 기념일은 많지 않다
春节是中国传统节日。	Chūn Jié shì Zhōngguó chuántǒng jiérì.	춘절은 중국 전통 명절이다
旅行日期更改了。	Lǚxíng rìqī gēnggǎi le.	여행 일정을 변경했다
去更衣室更衣。	Qù gēngyīshì gēngyī.	탈의실에 가서 옷을 갈아 입다
这是不能替代的材料。	Zhè shì bù néng tìdài de cáiliào.	이것은 대체할 수 없는 재료이다
你去替换他吧。	Nǐ qù tìhuan tā ba.	네가 가서 그와 교체해라
他是一个特殊的人。	Tā shì yí ge tèshū de rén.	그는 특수한 사람이다
这种药有殊效。	Zhè zhǒng yào yǒu shūxiào.	이런 약은 특효가 있다

成语

四季如春	sì jì rú chūn	사계절이 모두 봄과 같다
更名改姓	gèng míng gǎi xìng	이름을 고치다

花	草	鸟	鱼	虫
huā[화] 꽃	cǎo[차오] 풀	niǎo[니아오] 새	yú[위] 물고기	chóng[총] 벌레
一 亠 艹 艹 扩 花 花	一 艹 艹 苎 苩 苩 草	' 勹 勺 鸟 鸟	夕 夕 夕 鱼 鱼 鱼 鱼	丶 口 口 中 虫 虫

花 花		花茶　huāchá　[화차]　화차 花朵　huāduǒ　[화두오]　꽃봉오리 花园　huāyuán　[화위엔]　화원		
草 草		草地　cǎodì　[차오띠]　초지, 풀밭 草原　cǎoyuán　[차오위엔]　초원 草写　cǎoxiě　[차오시에]　초서(서법의 하나)		
鸟 鸟		鸟儿　niǎor　[니아오얼]　새 鸟食　niǎoshí　[니아오스]　새 모이 鸟类　niǎolèi　[니아오레이]　조류		
鱼 鱼		鱼类　yúlèi　[위레이]　어류 鱼种　yú zhǒng　[위종]　어종 钓鱼　diào yú　[디아오 위]　낚시(하다)		
虫 虫		虫类　chónglèi　[총레이]　곤충류 小虫　xiǎochóng　[샤오총]　작은 곤충 虫牙　chóngyá　[총야]　충치		

활용 예문

每天喝花茶。	Měitiān hē huāchá.	매일 화차를 마신다
儿童是国家的花朵。	Értóng shì guójiā de huāduǒ.	어린이는 나라의 꽃봉오리이다
一片绿草地	yí piàn lǜ cǎodì	녹색의 초지
草写字是艺术。	Cǎoxiězì shì yìshù.	초서체 글자는 예술이다
人人都喜欢鸟。	Rén rén dōu xǐhuan niǎo.	사람들은 모두 새를 좋아한다
买鸟食。	Mǎo niǎoshí.	새 모이를 사다
鱼种多。	Yúzhǒng duō.	어종이 많다
喜欢钓鱼。	Xǐhuan diào yú.	낚시를 좋아하다
各种虫类	gè zǒng chónglèi	각종 곤충류
孩子容易有虫牙。	Háizi róngyì yǒu chóngyá.	아이들은 쉽게 충치가 생긴다

成语 花好月圆	huā hǎo yuè yuán	꽃은 활짝 피고 달은 둥글다, 원만하여 결함이 없다
一石两鸟	nì shí liǎng niǎo	일석이조

山	河	江	海	湖
shān[샨] 산	hé[허] 하천	jiāng[쟝] 강	hǎi[하이] 바다	hú[후] 호수
ㅣ凵山	丶氵氵沪沪河河	丶丶氵氵汀江	氵汇沪海海海海	氵氵沪沽湖湖湖

山 山		山村	shāncūn	[샨춘]	산촌
		山地	shāndì	[샨띠]	산지
		山水	shānshuǐ	[샨쉐이]	산수
河 河		河流	héliú	[허리우]	강의 흐름, 하류
		河水	héshuǐ	[허쉐이]	강물, 하수
		河运	héyùn	[허윈]	하천 운수, 수운
江 江		江河	jiānghé	[쟝허]	하천, 강
		长江	Chángjiāng	[창쟝]	장강, 양자강
		江山	jiāngshān	[쟝샨]	강산, 산하, 국토
海 海		海洋	hǎiyáng	[하이양]	해양
		大海	dàhǎi	[따하이]	대해, 넓은 바다
		海鲜	hǎixiān	[하이시엔]	해산물
湖 湖		湖水	húshuǐ	[후쉐이]	호수물
		湖泊	húpō	[후포]	호수
		湖面	húmiàn	[후미엔]	호수의 수면

활용 예문

这是一个小山村。	Zhè shì yī ge xiǎo shāncūn.	이곳은 작은 산촌이다
山水好看。	Shānshuǐ hǎokàn.	산수가 아름답다
汉城有河流。	Hànchéng yǒu héliú.	서울에는 하류가 있다
河运方便。	Héyùn fāngbiàn.	수운은 편리하다
江河秀丽。	Jiānghé xiùlì.	강이 아름답다
长江是中国第一大河。	Chángjiāng shì Zhōngguó dì yī dà hé.	장강은 중국에서 가장 큰 강이다
我喜欢大海。	Wǒ xǐhuan dàhǎi.	나는 넓은 바다를 좋아한다
去吃海鲜。	Qù chī hǎixiān.	가서 해산물을 먹자
湖水清清。	Húshuǐ qīngqing.	호수 물이 깨끗하다
湖面很宽。	Húmiàn hěn kuān.	호수 수면이 매우 넓다

成语 千山万水 — qiān shān wàn shuǐ — 수 없이 많은 산과 강
河清海晏 — hé qīng hǎi yàn — 황하가 맑고 바다가 잔잔하다, 태평세월이다

岸	坡	峰	岭	阔
àn[안] 언덕, 기슭	pō[포] 비탈	fēng[펑] 산봉우리	lǐng[링] 고개	kuò[쿠오] 넓다
丶屮屮屵屵岸岸	一 土 圹 圹 圹 坡 坡	丨 山 屺 峄 峰 峰 峰	丨 山 屺 屸 岎 岭 岭	丶门门闩闷阔阔

岸 岸				岸边	ànbiān	[안비엔]	언덕 가장자리
				海岸	hǎi'àn	[하이안]	해안
				河岸	hé'àn	[허안]	하안, 강변
坡 坡				坡地	pōdì	[포띠]	산비탈의 경사진 밭
				坡田	pōtián	[포티엔]	계단식 논밭
				山坡	shānpō	[샨포]	산비탈
峰 峰				山峰	shānfēng	[샨펑]	산봉우리
				峰顶	fēngdǐng	[펑딩]	산 꼭대기
岭 岭				山岭	shānlǐng	[샨링]	산봉우리, 연봉
				秃岭	tūlǐng	[투링]	헐벗은 봉우리
阔 阔				阔气	kuòqì	[쿠오치]	호사스럽다
				阔别	kuòbié	[쿠오비에]	오래 떨어져 지내다
				宽阔	kuānkuò	[콴쿠오]	(폭이) 넓다

활용 예문

海边平直。	Hǎibiān píng zhí.	해안이 평평하고 곧다
河岸很高。	Hé'àn hěn gāo.	하안이 매우 높다
这里都是坡地。	Zhèlǐ dōu shì pōdì.	여기는 모두 산비탈의 경사진 밭이다
山坡种满了树。	Shānpō zhòng mǎn le shù.	산비탈 가득 나무를 심었다
山峰很高。	Shānfēng hěn gāo.	산봉우리가 매우 높다
去峰顶看风景。	Qù fēngdǐng kàn fēngjǐng.	산 정상에 올라 풍경을 보다
山岭陡峭。	Shānlǐng dǒuqiào.	산봉우리의 지세가 험준하다
荒山秃岭	huāngshān tūlǐng	민둥산
他家很阔气。	Tā jiā hěn kuòqì.	그의 집은 매우 호화롭다
阔别家乡三十年。	Kuòbié jiāxiāng sānshí nián.	고향과 떨어져 30년을 지내다

成语 峰峦叠秀	féng luán dié zhàng	죽 잇대어 있는 아름다운 봉우리
翻山越岭	fān shān yuè lǐng	일을 성취하기 위해 부단히 애쓰다

田	园	景	象	朴
tián[티엔] 논, 전답	yuán[위엔] 밭	jǐng[징] 경치, 풍경	xiàng[샹] 형태	pǔ[푸] 소박하다
丨冂曰田田	丨冂冂冃冃园园	冂曰�昙景景	⺈⺈⺈⺈夕夕身象象	一十才才朴朴

田 田				
园 园				
景 景				
象 象				
朴 朴				

田地	tiándì	[티엔띠]	경작지, 논밭
田野	tiányě	[티엔예]	전야, 들판
种田	zhòngtián	[종티엔]	농사짓다
公园	gōngyuán	[꽁위엔]	공원
园林	yuánlín	[위엔린]	조경 풍치림
菜园	càiyuán	[차이위엔]	채소밭
风景	fēngjǐng	[펑징]	풍경
景致	jǐngzhì	[징쯔]	풍치
光景	guāngjǐng	[꽝징]	광경, 상황
气象	qìxiàng	[치샹]	날씨, 기상, 상황
象征	xiàngzhēng	[샹쩡]	상징 (하다)
象牙	xiàngyá	[샹야]	상아
朴素	pǔsù	[푸쑤]	소박하다
简朴	jiǎnpǔ	[지엔푸]	간소하다,
朴实	pǔshí	[푸스]	검소하다

활용 예문

田地平坦。	Tiándì píngtǎn.	논밭이 평탄하다
看广阔的田野。	kàn guǎngkuò de tiányè	광활한 들판을 보다
我去公园玩儿。	Wǒ qù gōngyuán wánr.	나는 공원에 가서 논다
建设园林。	Jiànshè yuánlín.	조경 풍치림을 조성하다
风景诱人。	Fēngjǐng yòurén.	풍경이 매우 아름답다
气象一新。	Qìxiàng yī xīn.	상황이 일신되다
象征着发达。	Xiàngzhēng zhe fā dá.	발달을 상징하고 있다
他喜欢朴素生活。	Tā xǐhuan pǔsù shēnghuó.	그는 소박한 생활을 좋아한다
简朴的装饰	jiǎnpǔ de zhuāngshì	간소한 장식

成语

好景不长	hǎo jǐng bù cháng	호경기는 늘 계속되는 것이 아니다
万象更新	wàn xiàng gēng xīn	모든 만물이 새로운 면모를 드러내다

森 林 牧 副 渔

sēn[썬] 숲, 수풀	lín[린] 숲, 수풀	mù[무] 방목하다	fù[푸] 부	yú[위] 물고기 잡다
一 十 十 木 森 森 森	十 才 木 木 杧 材 林	ノ ト 斗 牛 圹 牧 牧	一 口 戸 畐 畐 副 副	氵 氵 沪 沪 渔 渔 渔

			森林	sēnlín	[썬린]	삼림
森	森		阴森	yīnsēn	[인썬]	음삼하다
林	林		林业	línyè	[린예]	임업
			树林	shùlín	[슈린]	수림
			林立	línlì	[린리]	즐비하다
牧	牧		牧业	mùyè	[무예]	목축업
			放牧	fàngmù	[팡무]	방목하다
			牧场	mùchǎng	[무창]	목장
副	副		副业	fùyè	[푸예]	부업
			副手	fùshǒu	[푸쇼우]	조수
渔	渔		渔家	yújiā	[위지아]	어부
			渔业	yúyè	[위예]	어업

中国东北森林资源丰富。 Zhōngguó dōngběi sēnlín zīyuán fēngfù.
중국 동북부는 삼림자원이 풍부하다

林业发达	Línyè fādá.	임업이 발달하다
工厂林立	Gōngchǎng línlì.	공장이 즐비하다
适合放牧	Shìhé fàngmù.	가축 방목에 적합하다
牧场很大	Mùchǎng hěn dà.	목장이 매우 크다
发展农牧副业	Fāzhǎn nóng mù fùyè.	농업, 목축업, 부업이 발달하다
他是老板的副手。	Tā shì lǎobǎn de fùshǒu.	그는 사장의 조수이다
海岸一片渔家灯火。	Hǎi'àn yī piàn yújiā dēnghuǒ.	해안에 한줄기 어부의 등불
海洋渔业	hǎiyáng yúyè	해양 어업

成语	名副其实	míng fù qí shí	유명무실하다
	渔翁得利	yú wēng dé lì	어부지리

科	贸	技	术	主
kē[커] 과	mào[마오] 무역	jì[지] 기능, 기술	shù[슈] 기술, 기예	zhǔ[주] 주인
二千千千禾禾科科	´ㅋㅂㅁㅁ留留贸贸	一十才才打扩拔技	一十才木术	ㆍㅗㅗ主主

		科学	kēxué	[커쉬에]	과학
科	科	科技	kējì	[커지]	과학기술
		外科	wàikē	[와이커]	외과
		贸易	màoyì	[마오이]	무역(하다)
贸	贸	商贸	shāngmào	[상마오]	상업과 무역
		外贸	wàimào	[와이마오]	대외무역
		技术	jìshù	[지슈]	기술
技	技	技能	jìnéng	[지넝]	기능, 솜씨
		杂技	zájì	[자지]	잡기
		权术	quánshù	[취엔슈]	권모술수, 임기응변
术	术	艺术	yìshù	[이슈]	예술
		魔术	móshù	[모슈]	마술
		主要	zhǔyào	[주야오]	주요하다, 주로
主	主	主人	zhǔrén	[주런]	주인
		作主	zuòzhǔ	[쭈오주]	결정권을 가지다

활용 예문

科学研究。	Kēxué yánjiū.	과학을 연구하다
外科医生	wàikē yīshēng	외과 의사
作贸易。	Zuò màoyì.	무역을 하다
作商贸工作。	Zuò shāngmào gōngzuò.	무역 일을 하다
他技能强。	Tā jìnéng qiáng.	그는 솜씨가 좋다
杂技表演。	Zájì biǎoyǎn.	잡기를 상연(上演)하다
有人总愿搞权术。	Yǒurén zǒng yuàn gǎo quánshù.	어떤 이는 항상 권모술수를 쓰려고 한다
他是学艺术的。	Tā shì xué yìshù de.	그는 예술학도이다
主要的问题。	zhǔyào de wèntí.	주요한 문제
他是主人。	Tā shì zhǔrén.	그는 주인이다

成语	贸然行事	màorán xíngshì	경솔하게 일을 처리하다
	不学无术	bùxué wúshù	배운 것도 없고 재주도 없다

荒	原	耕	播	种
huāng[황] 거칠다	yuán[위엔] 원래(의)	gēng[껑] 밭을 갈다	bō[뽀] 퍼뜨리다	zhòng[쫑] 씨 뿌리다
艹 艹 艹 芒 芒 芹 荒	厂 厂 厉 厉 原 原 原 原	二 丰 耒 耒 耒 耕 耕	扌 扩 拆 採 播 播 播	二 千 禾 禾 禾 和 种

荒	荒				

		荒原	huāngyuán	[황위엔]	황야
		荒地	huāngdì	[황띠]	황무지
		荒废	huāngfèi	[황페이]	게을리하다

原	原	原地	yuándì	[위엔띠]	제 자리
		原来	yuánlái	[위엔라이]	원래
		原因	yuányīn	[위엔인]	원인

耕	耕	耕种	gēngzhòng	[껑쫑]	경작하다
		耕田	gēngtián	[껑티엔]	밭을 일구다
		耕作	gēngzuò	[껑쭈오]	경작, 농사

播	播	播种	bōzhòng	[보쫑]	씨를 뿌리다
		播送	bōsòng	[보쏭]	방송하다
		广播	guǎngbō	[광뽀]	방송하다

种	种	种田	zhòngtián	[쫑티엔]	논밭을 일구다
		种树	zhòngshù	[쫑슈]	나무를 심다
		种菜	zhòngcài	[쫑차이]	채소를 재배하다

활용 예문

荒原广阔。	Huāngyuán guǎngkuò.	황야가 광활하다
荒废学业。	Huāngfèi xuéyè.	학업을 게을리하다
原来他病了。	Yuánlái tā bìng le.	원래 그는 병이 났다
什么原因？	Shénme yuányīn?	무슨 원인인가?
农民耕种土地。	Nóngmín gēngzhòng tǔdì.	농민들이 토지를 경작하다
他会耕田。	Tā huì gēngtián.	그는 경작할 줄 안다
春天播种。	Chūntiān bōzhòng.	봄에 씨를 뿌리다
播送音乐节目。	Bōsòng yīnyuè jiémù.	음악 프로그램을 방송하다
种田辛苦。	Zhōngtián xīnkǔ.	농사를 짓는 것은 고생스럽다
他学种菜。	Tā xué zhòngcài.	그는 채소 재배를 배운다

成语 荒时暴月	huāng shí bào yuè	흉년, 보리고개
播弄是非	bō nòng shì fēi	말썽을 일으키다

稻	麦	粮	甘	薯
dào[따오] 벼	mài[마이] 밀	liáng[량] 식량	gān[깐] 달다	shǔ[슈] 고구마
二 千 禾 禾 种 稻 稻 稻	一 二 十 圭 丰 麦 麦	丷 丷 半 米 米 粎 粮 粮	一 十 廿 甘 甘	一 艹 艹 茓 莖 葶 薯

稻	稻		稻子	dàozi	[따오즈]	벼
			稻米	dàomǐ	[따오미]	쌀
			水稻	shuǐdào	[쉐이따오]	논벼, 벼
麦	麦		麦子	màizi	[마이즈]	밀
			麦收	màishōu	[마이쇼우]	보리 수확, 밀걷이
			小麦	xiǎomài	[샤오마이]	밀, 소맥
粮	粮		粮食	liángshi	[량스]	양식, 식량
			口粮	kǒuliáng	[코우량]	식량
			粮草	liángcǎo	[량차오]	양식과 사료
甘	甘		甘薯	gānshǔ	[깐슈]	고구마
			甘甜	gāntián	[깐티엔]	달다, 감미롭다
薯	薯		薯干儿	shǔgānr	[슈깔]	말린 고구마
			白薯	báishǔ	[바이슈]	고구마
			薯类	shǔlèi	[슈레이]	감자류, 고구마류

활용 예문

收稻米。	Shōu dàomǐ.	쌀을 수확하다
水稻丰收。	Shuǐdào fēngshōu.	논벼가 풍작이다
种麦子。	Zhòng màizi.	밀을 심다
麦收忙。	Màishōu máng.	보리 수확에 바쁘다
粮食充足。	Liángshi chōngzú.	양식이 충분하다
口粮有余。	Kǒuliáng yǒuyú.	식량에 여유가 있다
把甘薯细作成点心。	Bǎ gānshǔ xìzuò chéng diǎnxin.	고구마로 정성껏 점심을 만들다
甘甜味美。	Gāntián wèiměi.	단 맛은 맛있다
卖白薯。	Mài báishǔ.	고구마를 팔다
薯类可充饥。	Shǔlèi kě chōng jī.	감자, 고구마류로 요기할 수 있다

成语 粮断米绝	liáng duàn mǐ jué	양식(군량)이 떨어지다
苦尽甘来	kǔ jìn gān lái	고진감래, 고생 끝에 낙이 온다

7. 농업 · 과학 · 개혁　　**53**

颗	粒	入	仓	储
kē[커] 알, 방울	lì[리] 알갱이, 입자	rù[루] 들어가다	cāng[창] 창고	chǔ[추] 저장하다
日 旦 甲 果 果 斯 颗	` ` 半 米 米 粒 粒	丿 入	丿 入 今 仓	亻 亻 亻 佇 佇 储 储

		一颗	yī kē	[이커]	한 방울
颗	颗				
粒	粒	颗粒 麦粒 一粒	kēlì màilì yī lì	[커리] [마이리] [이리]	과립, 낱알 밀, 보리알 한 톨
入	入	入学 入门 入场	rùxué rù mén rùchǎng	[루쉬에] [루먼] [루창]	입학하다 입문하다 입장하다
仓	仓	粮仓 仓库 仓促	liángcāng cāngkù cāngcù	[량창] [창쿠] [창추]	곡물 창고 창고, 곡물 창고 급작스럽다
储	储	储备 储存 储藏	chǔbèi chǔcún chǔcáng	[추뻬이] [추춘] [추창]	비축하다 저축하여 두다 저장하다

활용 예문

一颗珍珠	yī kē zhēnzhū	진주 한 알
一颗星星	yī kē xīngxing	별 하나
麦粒数量	Màilì shùliàng	보리알의 수량
一粒米	yī lì mǐ	쌀 한 톨
他入学了。	Tā rùxué le.	그는 입학했다
他是我的入门师傅。	Tā shì wǒ de rù mén shīfu.	그분은 내게 기초를 가르쳐 주신 스승이다
国家建了很多粮仓。	Guójiā jiànle hěn duō liángcāng.	국가는 매우 많은 식량 창고를 건설했다
仓库有储粮。	Cāngkù yǒu chǔliáng.	창고에 비축한 식량이 있다
储备粮食。	Chǔbèi liángshi.	양식을 저장하다
储存钱物。	Chǔcún qiánwù.	돈을 저축하여 두다

成语	入木三分	rù mù sān fēn	견해 · 이론이 날카롭다
	仓满腰肥	cāng mǎn yāo féi	먹을 것과 돈이 남아돌 정도이다

改	革	绘	秀	图
gǎi[가이] 변하다	gé[거] 고치다	huì[훼이] 그림 그리다	xiù[시우] 우수하다	tú[투] 계획하다
乛 ㄱ ㄹ ㄹ 냐 改 改	艹 艹 艹 芦 苩 苗 革	乚 乡 纟 纩 纩 绘 绘	一 二 千 禾 禾 秀 秀	丨 冂 冂 冈 图 图 图

改	改
革	革
绘	绘
秀	秀
图	图

改正	gǎizhèng	[가이쩡]	바로잡다
改革	gǎigé	[가이거]	개혁
修改	xiūgǎi	[시우가이]	개정하다
革命	gémìng	[거밍]	혁명
革新	géxīn	[거씬]	혁신
制革	zhìgé	[쯔거]	제혁하다
绘画	huìhuà	[훼이화]	그림을 그리다
绘制	huìzhì	[훼이쯔]	제도하다
描绘	miáohuì	[먀오훼이]	묘사하다
秀丽	xiùlì	[시우리]	수려하다
秀美	xiùměi	[시우메이]	뛰어나게 아름답다
优秀	yōuxiù	[요우시우]	우수하다
地图	dìtú	[띠투]	지도
图画	túhuà	[투화]	그림
企图	qǐtú	[치투]	기도(하다)

활용 예문

改革社会毛病。	Gǎigé shèhuì máobing.	사회의 병폐를 개혁하다
修改计划。	Xiūgǎi jìhuà.	계획을 수정하다
革新技术。	Géxīn jìshù.	기술을 혁신하다
制革工作。	zhìgé gōngzuò	제혁 업무
他喜欢绘画。	Tā xǐhuān huìhuà.	그는 그림그리기를 좋아한다
描绘一个形象。	Miáohuì yí gè xíngxiàng.	어떤 형상을 묘사하다
她身材秀美。	Tā shēncái xiùměi.	그녀는 몸매가 매우 아름답다
他是一个优秀学生。	Tā shì yí gè yōuxiù xuésheng.	그는 우수한 학생이다
世界地图。	shìjiè dìtú.	세계지도
孩子上图画课。	Háizi shàng túhuàkè.	아이가 미술수업에 들어가다

成语 改弦更张	gǎi xián gēng zhāng	제도·방침·방법 등을 바꾸다
图财害命	tú cái hài mìng	재물을 탐내어 사람을 해치다

政	经	法	制	全
zhèng[쩡] 정치	jīng[찡] 경제	fǎ[파] 법	zhì[쯔] 만들다	quán[취엔] 완전하다
一 丁 下 正 正 政 政 政	乡 纟 纪 经 经 经 经	一 氵 氵 汁 法 法 法	亻 亻 二 二 丘 制 制	丿 人 人 仐 仝 全 全

政 秒			政府	zhèngfǔ	[쩡푸]	정부
			政治	zhèngzhì	[쩡쯔]	정치
			行政	xíngzhèng	[씽쩡]	행정
经 分			经济	jīngjì	[찡지]	경제
			经常	jīngcháng	[찡창]	자주, 늘
			经历	jīnglì	[찡리]	경력, 경험
法 刻			法律	fǎlǜ	[파뤼]	법률
			法规	fǎguī	[파꿰이]	법규
			方法	fāngfǎ	[팡파]	방법
制 时			制度	zhìdù	[쯔뚜]	제도
			法制	fǎzhì	[파쯔]	법제
			制服	zhìfú	[쯔푸]	제복, 유니폼
全 钟			全家	quánjiā	[취엔쟈]	온 집안
			全国	quánguó	[취엔궈]	전국
			安全	ānquán	[안취엔]	안전

政府为人民。	Zhèngfǔ wèi rénmín.	정부가 인민을 위하다
政治清廉。	Zhèngzhì qīnglián.	정치가 청렴하다
发展经济。	Fāzhǎn jīngjì.	경제가 발전하다
他经常去北京。	Tā jīngcháng qù Běijīng.	그는 자주 북경에 간다
法规严格。	Fǎguī yángé.	법규가 엄격하다
这个方法对头。	Zhège fāngfǎ duìtóu.	이 방법이 맞다
这是一个法制国家。	Zhè shì yí gè fǎzhì guójiā.	이는 하나의 법제 국가이다
她常穿制服。	Tā cháng chuān zhìfú.	그는 늘 유니폼을 입는다
全国统一。	quánguó tǒngyī.	전국통일
要安全行车。	Yào ānquán xíngchē.	안전하게 운행해야 한다

成语			
政通人和	zhèng tōng rén hé	정치가 잘되면 인심이 부드러워진다
因地制宜	yīn dì zhì yí	각지의 살정에 맞게 적절한 대책을 세우다

社	会	环	保	睦
shè[셔] 조직체	huì[훼이] 모이다	huán[환] 고리	bǎo[바오] 보호하다	mù[무] 화목하다
二 干 亓 亓 示 礻 礻 社社	ノ 人 ㅅ 合 会 会	一 二 王 玗 环 环 环	亻 亻 亻' 亻' 保 保 保	丨 刂 目 目 目 睦 睦 睦

社	社			社会	shèhuì	[셔훼이]	사회
				社交	shèjiāo	[셔쟈오]	사교
				社团	shètuán	[셔투안]	단체, 길드
会	会			会议	huìyì	[훼이이]	회의
				会面	huìmiàn	[훼이미엔]	대면하다, 만나다
				会做	huì zuò	[훼이쭈오]	할 줄 안다
环	环			环境	huánjìng	[환징]	환경
				环保	huánbǎo	[환바오]	환경 보호
				环绕	huánrào	[환라오]	둘레를 돌다
保	保			保证	bǎozhèng	[바오쩡]	보증하다
				保险	bǎoxiǎn	[바오시엔]	보험, 안전하다
				保全	bǎoquán	[바오취엔]	보전하다
睦	睦			和睦	hémù	[허무]	화목하다
				睦邻	mùlín	[무린]	선린

활용 예문

社会安定	shèhuì āndìng.	사회 안정
社交活动	shèjiāo huódòng	사교활동
举行会议	Jǔxíng huìyì.	회의를 열다
他会做饭	Tā huì zhò fàn.	그는 밥할 줄 안다
环境优美	Huánjìng yōuměi.	환경이 아름답다
环保合格	Huánbǎo hégé.	환경 보호에 합격하다
保证没问题	Bǎozhèng méi wèntí.	문제 없음을 보장한다
保全生命	Bǎoquán shēngmìng.	생명을 보전하다
两人相处和睦	Liǎngrén xiāngchǔ hémù.	두 사람이 화목하게 함께 살다
睦邻友好	Mùlín yǒuhǎo.	선린우호
成语 心领神会	xīn lǐng shén huì	마음속으로 깨닫고 이해하다
和睦相处	hémù xiāngchù	화목하게 지내다

广	众	盼	强	盛
guǎng[광] 넓다	zhòng[쫑] 많은 사람	pàn[판] 바라다	qiáng[치앙] 강하다	shèng[성] 번성하다
丶 亠 广	丿 人 亼 亽 夰 众	丨 刀 目 盯 盼 盼 盼	乛 弓 弜 弨 弹 强	厂 厈 成 成 成 盛 盛

广 广		广大	guǎngdà	[광따]	광대하다
		广阔	guǎngkuò	[광쿠오]	광활하다
		宽广	kuānguǎng	[콴광]	넓다(면적)
众 众		大众	dàzhòng	[따쫑]	대중
		众多	zhòngduō	[쫑뚜오]	(사람이) 매우 많다
盼 盼		盼望	pànwàng	[판왕]	간절히 바라다
		盼头	pàntou	[판토우]	가망, 희망
		顾盼	gùpàn	[꾸판]	주위를 돌아보다
强 强		强大	qiángdà	[치앙따]	강대하다
		强盛	qiángshèng	[치앙성]	강성하다
		自强	zìqiáng	[쯔치앙]	자기를 강하게 하다
盛 盛		盛大	shèngdà	[성따]	성대하다
		茂盛	màoshèng	[마오성]	무성하다

활용 예문

广大群众	guǎngdà qúnzhòng.	많은 군중
宽广的马路	kuānguǎng de mǎlù.	넓은 대로
大众是国家之本。	Dàzhòng shì guójiā zhī běn.	대중은 나라의 근본이다
人口众多。	Rénkǒu zhòngduō.	인구가 매우 많다
盼望他早日归来。	Pànwàng tā zǎorì guīlái.	그가 하루 빨리 돌아오기를 바라다
这可有盼头了！	Zhè kě yǒu pàntou le!	이제야 희망이 보인다!
强大的力量	qiángdà de lìliàng.	강대한 역량
自强自立自尊	zìqiáng zìlì zìzūn.	자강, 자립, 자존
盛大集会。	Shèngdà jíhuì.	성대한 집회
花草长得茂盛。	Huācǎo zhǎng dé màoshèng.	화초가 무성하게 자라다

成语			
	广土众民	guǎng tǔ zhòng mín	넓은 땅과 많은 인구
	自强不息	zì qiáng bù xī	스스로 노력하여 게을리 하지 않는다

衣	食	住	行	足
yī[이] 옷, 의복	shí[스] 음식	zhù[쭈] 살다	xíng[씽] 가다	zú[주] 족하다
丶亠ナ右衣衣	人人今今今食食	亻亻亻亻仁住住	彳彳彳彳行行	丶口口尸尸足足

衣	衣		衣服	yīfu	[이푸]	의복, 옷
			衣物	yīwù	[이우]	옷과 일상용품
			衣裳	yīshang	[이샹]	옷, 의복
食	食		食物	shíwù	[스우]	음식물
			食品	shípǐn	[스핀]	식품
			食粮	shíliáng	[스량]	식량
住	住		住房	zhùfáng	[쭈팡]	주택, 거실
			住家	zhùjiā	[쭈쟈]	살다
			住手	zhù shǒu	[쭈쇼우]	손을 멈추다
行	行		行为	xíngwéi	[씽웨이]	행위
			行走	xíngzǒu	[씽조우]	걷다
			行动	xíngdòng	[씽똥]	행동(하다)
足	足		足够	zúgòu	[주꼬우]	족하다, 충분하다
			足见	zújiàn	[주지엔]	볼 수 있다
			足吃	zúchī	[주츠]	충분히 먹다

활용 예문

他穿名牌衣服。	Tā chuān míngpái yīfu.	그는 유명 상표의 옷을 입는다
为别人做嫁衣裳。	Wèi biérén zuò jiàyīshang.	다른 사람을 위해 혼례복을 만들다
食物丰富。	Shíwù fēngfù.	먹을 것이 풍부하다
食粮足够。	Shíliáng zúgòu.	식량이 충분하다
住房宽绰。	Zhùfáng kuānchuò.	주택(거실)이 널찍하다
请你住手。	Qǐng nǐ zhù shǒu.	멈추세요
他的行为受到批评。	Tā de xíngwéi shòudào pīpíng.	그의 행위는 비판을 받았다
行动秘密。	Xíngdòng mìmì.	행동이 비밀스럽다
这些钱足够了。	Zhèxiē qián zúgòu le.	이 돈이면 충분하다
在朋友家足吃足喝。	Zāi péngyǒu jiā zúchī zúhē.	친구 집에서 충분히 먹고 마시다

成语

一衣带水	yī yī dài shuǐ	한줄기 띠처럼 좁은 냇물(가까운 거리를 형용)
足智多谋	zú zhì duō móu	지혜가 풍부하고 계략이 많다

工	农	商	妇	兵
gōng[꿍] 노동자	nóng[농] 농업	shāng[샹] 상업	fù[푸] 부녀자	bīng[삥] 병사
一丁工	丶ㄧノ农农农	丶亠产产产商商商	ㄑ夕女 如妇妇	丶ノｆㄷ乒乒乒兵

工 工		工人	gōngrén	[꿍런]	노동자
		工作	gōngzuò	[꿍쭈오]	일, 업무, 직업
		工具	gōngjù	[꿍쥐]	공구
农 农		农民	nóngmín	[농민]	농민
		农业	nóngyè	[농예]	농업
		农家	nóngjiā	[농쟈]	농가
商 商		商人	shāngrén	[샹런]	상인
		商业	shāngyè	[샹예]	상업
		商场	shāngchǎng	[샹창]	(비교적 큰) 상점
妇 妇		妇女	fùnǚ	[푸뉘]	부녀자
		夫妇	fūfù	[푸푸]	부부
		妇道	fùdào	[푸따오]	부인이 지켜야할 도리
兵 兵		士兵	shìbīng	[스삥]	사병
		当兵	dāngbīng	[땅삥]	군인이 되다
		兵器	bīngqì	[삥치]	병기

활용 예문

工作不忙。	Gōngzuò bù máng.	일이 바쁘지 않다
制作工具。	Zhìzuò gōngjù.	공구를 제작하다
农民种田。	Nóngmín zhòng tián.	농민들이 농사를 짓다
农业落后。	Nóngyè luòhòu.	농업이 낙후되다
以商业为主。	Yǐ shāngyè wéi zhǔ.	상업을 주로 삼다
商场很远。	Shāngchǎng hěn yuǎn.	상점이 매우 멀다
妇女半边天。	Fùnǚ bànbiāntiān.	여성이 사회의 절반을 감당할 수 있다
夫妇和睦幸福。	Fūfù hémù xìngfú.	부부가 화복하고 행복하다
当兵太苦了。	Dāngbīng tài kǔ le.	군인이 되는 것은 너무 고되다

成語	工力悉敌	gōng lì xī dí	쌍방의 기술과 역량이 우열을 가릴 수 없다
	夫唱妇随	fū chàng fù suí	부창부수, 부부가 화목하다

城	乡	村	街	府
chéng[청] 성	xiāng[상] 농촌	cūn[춘] 마을	jiē[지에] 거리	fǔ[푸] 관청
土 圵 圹 圿 城 城 城	乡 乡 乡	一 十 才 村 村 村	彳 彳 彳 彳 往 街 街	一 广 广 广 庐 府 府 府

		城市	chéngshì	[청스]	도시
城	春	城区	chéngqū	[청취]	도시지역
		长城	Chángchéng	[창청]	만리장성
		乡村	xiāngcūn	[상춘]	농촌
乡	夏	乡间	xiāngjiān	[상지엔]	시골
		乡亲	xiāngqīn	[상친]	시골 [동향] 사람
		村子	cūnzi	[춘즈]	마을, 촌락
村	秋	村落	cūnluò	[춘루오]	촌락, 부락
		村庄	cūnzhuāng	[춘주앙]	마을, 촌락, 부락
		街道	jiēdào	[지에따오]	길, 거리
街	冬	大街	dàjiē	[따지에]	큰 길, 큰 거리
		街口	jiēkǒu	[지에코우]	길 입구
		政府	zhèngfǔ	[쩡푸]	정부
府	伏	府上	fǔshang	[푸샹]	댁(상대방의 집)
		府地	fǔdì	[푸띠]	관공서가 있는 곳

활용 예문

城区的发展很快。	Chéngqū de fāzhǎn hěn kuài.	도시지역의 발전이 매우 빠르다
城市已现代化。	Chéngshì yǐ xiàndàihuà.	도시가 이미 현대화되었다
乡村风景好。	Xiāngcūn fēngjǐng hǎo.	농촌의 풍경이 아름답다
乡亲热情。	Xiāngqīn rèqíng.	시골 사람들은 친절하다
村子不大。	Cūnzi bú dà.	마을이 크지 않다
村庄居民善良。	Cūnzhuāng jūmín shànliáng.	마을 주민이 선량하다
街道很宽。	Jiēdào hěn kuān.	길이 매우 넓다
街口有市场。	Jiēkǒu yǒu shìchǎng.	길 입구에 시장이 있다
政府要关心百姓。	Zhèngfǔ yào guānxīn bǎixìng.	정부는 백성들에게 관심을 가져야 한다
府上有几口人？	Fǔshang yǒu jǐ kǒu rén?	댁의 식구는 몇이십니까?

成语 众志成城	zhòng zhì chéng chéng	많은 사람이 합심하여 협력하면 성을 이룬다
胸无成府	xiōng wú chéng fǔ	솔직하고 시원스럽다, 가슴에 담을 쌓지 않다

省	市	区	县	镇
shěng[성] 아끼다	shì[스] 도시	qū[취] 지역, 구역	xiàn[시엔] 현	zhèn[쩐] 소도시
⼁ ⼂ ⼩ 少 少 省 省	⼂ 亠 六 市 市	一 丁 又 区	⼁ 冂 日 目 且 县 县	⼂ ⼀ 钅 钅 铛 镇 镇

		省城	shěngchéng	[성청]	성도(省都)
省	省	省心	shěngxīn	[성씬]	시름을 놓다
		省得	shěngde	[성더]	…하지 않도록
市	市	市民	shìmín	[스민]	시민
		市长	shìzhǎng	[스장]	시장(市長)
		市场	shìchǎng	[스창]	시장
区	区	地区	dìqū	[띠취]	지구, 지역
		各区	gèqū	[꺼취]	여러 지역
县	县	县城	xiànchéng	[시엔청]	현(縣)정부 소재지
		县长	xiànzhǎng	[시엔장]	과거 현의 관리
		县志	xiànzhì	[시엔쯔]	현을 소개한 지방지
镇	镇	村镇	cūnzhèn	[춘쩐]	시골과 소도시
		镇政府	zhèn zhèngfǔ	[쩐쩡푸]	소도시의 정부
		镇压	zhènyā	[쩐야]	진압하다

활용 예문

省城繁华。	Shěngchéng fánhuá.	성도가 번화하다
孩子很省心。	Háizi hěn shěngxīn.	아이는 매우 마음이 편하다
市长要为市民作主。	Shìzhǎng yào wèi shìmín zuò zhǔ.	시장은 시민을 위해 소신대로 처리해야 한다
市场很近。	Shìchǎng hěn jìn.	시장이 매우 멀다
这个地区经济发达。	Zhè ge dìqū jīngjì fādá.	이 지역은 경제가 발달하였다
各个小区安静干净。	Gè ge xiǎoqū ānjìng gānjìng.	모든 작은 구역이 조용하고 깨끗하다
县城很远。	Xiànchéng hěn yuǎn.	현성이 매우 멀다
县长平易近人。	Xiànzhǎng píngyì jìnrén.	현장은 사귀기 쉽다
镇政府廉洁奉公。	Zhènzhèngfǔ liánjié fènggōng.	소도시의 정부는 청렴하고 공무를 중시한다
镇压坏人。	Zhènyā huàirén.	악인을 진압하다

成语	多快好省	duō kuài hǎo shěng	더 많이, 더 빨리, 더 좋게, 더 절약하자
	市井之辈	shì jing zhī tú	시정잡배

桥	船	车	轮	渡
qiáo[챠오] 다리	chuán[추안] 배	chē[처] 차	lún[룬] 바퀴	dù[뚜] 건너다
一 木 术 机 柝 柝 桥	丿 几 凡 月 身 舟 舟 船	一 左 车 车	一 左 车 车 轮 轮 轮	氵 汀 汀 浐 泸 泸 渡

桥	桥				桥头	qiáotóu	[챠오토우]	다리 어귀
					过桥	guòqiáo	[꿔챠오]	다리를 건너다
					渡桥	dùqiáo	[뚜챠오]	가교, 임시 다리
船	船				船只	chuánzhī	[추안쯔]	배, 선박
					划船	huá chuán	[화추안]	배를 젓다
					轮船	lúnchuán	[룬추안]	(증)기선
车	车				汽车	qìchē	[치처]	자동차
					自行车	zìxíngchē	[쯔싱처]	자전거
					行车	xíngchē	[씽처]	운행하다
轮	轮				轮渡	lúndù	[룬뚜]	연락선, 페리(ferry)
					轮流	lúnliú	[룬리우]	교대로 하다
渡	渡				渡口	dùkǒu	[뚜코우]	나룻터
					渡船	dùchuán	[뚜추안]	나룻배
					渡过	dùguò	[뚜꿔]	건너가다

他过桥去。	Tā guòqiáo qù.	그는 다리를 건너 간다
这是一座大渡桥。	Zhè shì yí zuò dàdùqiáo.	이것은 큰 가교이다
船只来往很多。	Chuānzhī láiwǎng hěn duō.	배의 왕래가 매우 많다
轮船穿洋过海。	Lúnchuán chuānyáng guòhǎi.	증기선이 바다를 항해한다
骑自行车去。	Qí zìxíngchē qù.	자전거를 타고 가다
行车必须注意安全。	Xíngchē bìxū zhùyì ānquán.	차를 운행할 때는 반드시 안전에 주의해야 한다
坐轮渡过河。	Zuò lúndù guòhé.	배를 타고 강을 건너다
他们轮流值班。	Tāmen lúnliú zhíbān.	그들은 교대로 당직을 선다
这个渡口很小。	Zhè ge dùkǒu hěn xiǎo.	이 나루터는 매우 작다
渡过了长江。	Dùguòle Chángjiāng.	장강을 건넜다

成语 借风使船 / jiè fēng shǐ chuán / 바람을 빌어 배를 몰다, 남의 힘으로 목적을 이루다
渡过难关 / dù guò nán guān / 난관을 헤쳐 나가다

东 西 南 北 中

dōng[똥] 동	xī[씨] 서	nán[난] 남	běi[베이] 북	zhōng[쫑] 중간
一 七 车 东 东	一 厂 丏 西 西	一 十 内 内 南 南 南	丨 丬 丬 圤 北	丨 口 口 中

					汉자	병음	발음	뜻
东	东				东边	dōngbian	[똥비엔]	동쪽
					东方	dōngfāng	[똥팡]	동방
					东西	dōngxi	[똥시]	물건
西	西				西边	xībian	[씨비엔]	서쪽
					西方	xīfāng	[씨팡]	서방
					西服	xīfú	[씨푸]	서양 의복, 양복
南	南				南方	nánfāng	[난팡]	남방
					南头	nántóu	[난토우]	남쪽
					南半球	nánbànqiú	[난빤치우]	남반구
北	北				北边	běibian	[베이비엔]	북쪽
					北头	běitóu	[베이토우]	북쪽
					北半球	běibànqiú	[베이빤치우]	북반구
中	中				中间	zhōngjiān	[쫑지엔]	중간
					中国	Zhōngguó	[쫑궈]	중국
					中央	zhōngyāng	[쫑양]	중앙

활용 예문

太阳从东方出。	Tàiyáng cóng dōngfāng chū.	태양이 동방에서 떠오른다
这是什么东西？	Zhè shì shénme dōngxi?	이것은 무슨 물건인가?
太阳向西边落下。	Tàiyáng xiàng xībian luòxià.	태양이 서쪽으로 떨어진다
他喜欢穿西服。	Tā xǐhuan chuān xīfú.	그는 양복을 즐겨 입는다
往南头走吧。	Wǎng nántóu zǒu ba.	남쪽으로 가자
南半球气温高。	Nánbànqiú qìwēn gāo.	남반구의 기온이 높다
北边人少, 南边人多。	Běibiān rén shǎo, nánbian rén duō.	북쪽은 사람이 적고 남쪽은 사람이 많다
北头南头, 房子一样。	Běitóu nántóu, fángzi yīyàng.	북쪽이나 남쪽이나 방은 같다
他在我和你中间。	Tā zài wǒ hé nǐ zhōngjiān.	그는 나와 너의 중간에 있다
中国人口太多。	Zhōngguó rénkǒu tài duō.	중국의 인구는 너무 많다

成语			
	东山再起	dōng shān zài qǐ	재기하다, 권토 중래하다
	南辕北辙	nán yuán běi zhé	행동과 목적이 서로 맞지 않다

远	近	方	圆	路
yuǎn[위엔] 멀다	jìn[찐] 가깝다	fāng[팡] 방법	yuán[위엔] 둥글다	lù[루] 길
一二テ元迈远远	ノ ｒ ｆ ｆ 斤 近 近	丶亠方方	丨冂冂冂冋冏圆圆	口足足趵趵路路

		远近	yuǎnjìn	[위엔찐]	멀고 가까움
远	远	远大	yuǎndà	[위엔따]	원대하다
		远方	yuǎnfāng	[위엔팡]	먼 곳
近	近	近路	jìnlù	[찐루]	가까운 길
		最近	zuìjìn	[쭈에이찐]	최근에
		近来	jìnlái	[찐라이]	근래에
方	方	方面	fāngmiàn	[팡미엔]	방면
		方便	fāngbiàn	[팡비엔]	편리하다
		方法	fāngfǎ	[팡파]	방법
圆	圆	圆形	yuánxíng	[위엔씽]	원형
		圆桌	yuánzhuō	[위엔쭈오]	원형탁자
		团圆	tuányuán	[투안위엔]	다시 모이다
路	路	大路	dàlù	[따루]	큰길, 대로
		道路	dàolù	[따오루]	도로, 길
		公路	gōnglù	[꽁루]	도로

上班的地方远近都没关系。 Shàng bān de dìfāng yuǎnjìn dōu méi guānxì. 출근지가 멀건 가깝건 상관 없다

他有远大的理想。 Tā yǒu yuǎndà de lǐxiǎng. 그는 원대한 꿈(이상)을 가지고 있다

最近他很忙。 Zuìjìn tā hěn máng. 최근에 그는 매우 바쁘다

近来，他不太舒服。 Jìnlái, tā bù tài shūfu. 근래에 그는 조금 불편하다

你在什么方面有特长？ Nǐ zài shénme fāngmiàn yǒu tècháng? 당신은 어떤 방면에 장점이 있습니까?

使用起来很方便。 Shǐyòng qǐlái hěn fāngbiàn. 사용하기에 매우 편리하다

圆形的设计 yuánxíng de shèjì 원형의 설계

家人团圆。 Jiārén tuányuán. 가족이 다시 모이다

条条大路通罗马。 Tiáotiáo dàlù tōng Luómǎ. 모든 길은 로마로 통한다

高速公路，四通八达。 Gāosù gōnglù, sì tōng bā dá. 고속도로는 어느 곳에나 연결되어있다.

成语 近水楼台 jìn shuǐ lóu tái 위치나 관계가 가까운 사람이 먼저 덕을 본다

路不拾遗 lù bù shí yí 세상이 태평하고 기풍이 올바르다

上 下 高 低 平

shàng[샹] 위	xià[샤] 아래	gāo[까오] 높다	dī[띠] 낮다	píng[핑] 평평하다
ㅣ ㅏ 上	一 丁 下	亠 亠 亠 高 高 高 高 高	ノ イ 仁 仜 仜 低 低	一 一 二 二 平

上	上			上边	shàngbian	[샹비엔]	위, 위쪽
				上面	shàngmiàn	[샹미엔]	위, 위쪽
				上学	shàng xué	[샹쉬에]	등교하다, 입학하다
下	下			下边	xiàbian	[샤비엔]	아래쪽
				下面	xiàmiàn	[샤미엔]	아래쪽
				下学	xià xué	[샤쉬에]	하교하다
高	高			高处	gāochù	[까오추]	높은 곳
				高低	gāodī	[까오띠]	고저, 높고 낮음
				高个子	gāogèzi	[까오꺼즈]	큰 키
低	低			低处	dīchù	[띠추]	낮은 곳
				低下	dīxià	[띠샤]	(수준이) 낮다
				低头	dītóu	[띠토우]	고개를 숙이다
平	平			平路	pínglù	[핑루]	평탄한 길
				平常	píngcháng	[핑창]	평소
				平和	pínghé	[핑허]	온화하다

활용 예문

上面需要打扫。	Shàngmiàn xūyào dǎshǎo.	위쪽은 청소를 해야 한다
你每天要上学。	Nǐ měitiān yào shàng xué.	너는 매일 등교해야 한다
你到下边去找。	Nǐ dào xiàbian qù zhǎo.	너는 아래쪽에 가서 찾아라
下学后马上回家。	Xià xué hòu mǎshang huíjiā.	하교후 바로 집으로 가야 한다.
高处不胜寒。	Gāochù bú shèng hán.	높은 곳은 매우 춥다
路面高低不平。	Lùmiàn gāodī bù píng.	노면의 높낮이가 평탄하지 않다
低处潮湿。	Dīchù cháoshī.	낮은 곳은 습하다
我决不低头。	Wǒ jué bù dītóu.	나는 절대 고개숙이지 않겠다
请你走平路。	Qǐng nǐ zǒu pínglù.	당신은 평탄한 길로 가세요
这个人很平和。	Zhè ge rén hěn pínghé.	이사람은 매우 온화하다

成語

下马看花	xià mǎ kàn huā	말에서 내려 꽃을 보다, 자세히 조사·연구하다
高山景行	gāo shān jǐng xíng	높은 산과 밝은 길, 사람의 덕행이 고상함

大 小 内 外 粗

dà[이] 크다	xiǎo[얼] 작다	nèi[쌴] 안	wài[쓰] 바깥	cū[우] 굵다
一 ナ 大	ﾉ 小 小	丨 冂 内 内	ﾉ ク タ 夘 外	⺌ ⺀ 半 米 粗 粗 粗

大	大			大人	dàrén	[따런]	성인(成人)
				大家	dàjiā	[따쟈]	모두
				大小	dàxiǎo	[따샤오]	크기, 대소
小	小			小孩	xiǎohái	[샤오하이]	어린이
				小事	xiǎoshì	[샤오스]	작은 일
内	内			内外	nèiwài	[네이와이]	내외, 안과 밖
				内里	nèilǐ	[네이리]	안, 속, 내부
				内行	nèiháng	[네이항]	숙련되다, 전문가
外	外			外面	wàimiàn	[와이미엔]	바깥쪽
				外边	wàibian	[와이비엔]	바깥
				外人	wàirén	[와이런]	외부인, 남
粗	粗			粗大	cūdà	[추따]	굵직하다
				粗笨	cūbèn	[추뻔]	둔하다
				粗心	cūxīn	[추씬]	부주의하다

他家有三个大人。	Tā jiā yǒu sān ge dàrén.	그의 집에는 세 명의 어른이 있다
尺寸大小一样。	Chǐcùn dàxiǎo yīyàng.	길이와 크기가 같다
他个子很小。	Tā gèzi hěn xiǎo.	그는 키가 매우 작다
这是一件小事。	Zhè shì yī jiàn xiǎoshì.	이것은 작은 일이다
内外有别。	Nèiwài yǒu bié.	안과 바깥이 다르다
这方面他内行。	Zhè fāngmiàn tā nèiháng.	이 방면에는 그가 전문가이다
外面的风景很好看。	Wàimiàn de fēngjǐng hěn hǎokàn.	바깥의 풍경이 매우 아름답다
外人的事不要管。	Wàirén de shì búyào guǎn.	남의 일에 관여하지 말아라
粗大的树	cūdà de shù.	굵은 나무
他是一个粗心人。	Tā shì yī ge cūxīnrén.	그는 부주의한 사람이다

成语	大惊小怪	dà jīng xiǎo guài	하찮은 일에 크게 놀라다
	粗茶淡饭	cū chá dàn fàn	변변치 않은 음식(검소한 생활)

宽 窄 长 短 细

kuān[콴] 넓다	zhǎi[자이] 좁다	cháng[창] 길다	duǎn[두안] 짧다	xì[씨] 가늘다
宀宀宇宇宽宽	宀宀空空宇宰窄	丿 一 长 长	丿 矢 矢 矩 短 短 短	纟纟纟纟纟细细

			宽窄	kuānzhǎi	[콴자이]	너비, 폭
宽	宽		宽大	kuāndà	[콴따]	크다, 넓다
			宽宏	kuānhóng	[콴홍]	(도량이) 크다
窄	窄		窄小	zhǎixiǎo	[자이샤오]	협소하다
			窄巴	zhǎiba	[자이바]	좁다, 옹색하다
			窄路	zhǎilù	[자이루]	좁은 길
长	长		长短	chángduǎn	[창두안]	길이, 길고 짧음
			长处	chángchu	[창추]	장점
			长江	Chángjiāng	[창지앙]	장강, 양자강
短	短		短小	duǎnxiǎo	[두안샤오]	짧고 간단하다
			短少	duǎnshǎo	[두안샤오]	모자라다
			短见	duǎnjiàn	[두안지엔]	짧은 생각
细	细		细小	xìxiǎo	[씨샤오]	사소하다, 작다
			细心	xìxīn	[씨씬]	세심하다
			细巧	xìqiǎo	[씨챠오]	정교하다

활용 예문

宽窄大小都合适。	Kuānzhǎi dàxiǎo dōu héshì.	너비와 크기가 모두 적합하다
这件衣服很宽大。	Zhè jiàn yīfu hěn kuāndà.	이 옷은 매우 크다
这个房子太窄小了。	Zhè ge fángzi tài zhǎixiǎo le.	이 방은 너무 비좁다
走窄路太危险。	Zǒu zhǎilù tài wēixiǎn.	좁은 길로 가는 것은 너무 위험하다
他有很多长处。	Tā yǒu hěn duō chángchu.	그는 많은 장점을 가지고 있다
中国第一大河是长江。	Zhōngguó dì yī dàhé shì Chángjiāng.	중국 제1의 강은 장강이다
他的衣服又短又小。	Tā de yīfu yòu duǎn yòu xiǎo.	그의 옷은 짧고도 작다
他短的是知识, 不是钱。	Tā duǎn de shì zhīshi, bú shì qián.	그가 부족한 것은 지식이지 돈이 아니다
他是一个细心的人。	Tā shì yī ge xìxīn de rén.	그는 세심한 사람이다
这件家具很细巧。	Zhè jiàn jiājù hěn xìqiǎo.	이 가구는 매우 정교하다

成语	宽宏大量	kuān hóng dà liàng	가늘게 흐르는 물이 오래 흐른다
	细水长流	xì shuǐ cháng liú	아껴 쓰면 부족함이 없이 오래 쓸 수 있다

前	后	左	右	突
qián[치엔] 앞	hòu[호우] 뒤	zuǒ[좌] 좌	yòu[우] 우	tū[투] 두드러지다
ˋ ˊ ˉ 䒑 𫇦 前 前 前 前	㇒ 厂 𠂆 斤 后 后	一 ナ 𠂇 左 左	一 ナ 才 右 右	ˋ ˊ 宀 穴 空 㝉 突 突

前	前边 qiánbian [치엔비엔] 전, 앞쪽 前面 qiánmiàn [치엔미엔] 앞쪽 前后 qiánhòu [치엔호우] 전후, 앞뒤
后	后边 hòubian [호우비엔] 뒤쪽 后头 hòutou [호우토우] 뒤쪽 后面 hòumiàn [호우미엔] 뒤쪽
左	左边 zuǒbian [주오비엔] 왼쪽 左方 zuǒfāng [주오팡] 왼쪽 左手 zuǒshǒu [주오쇼우] 왼손
右	右边 yòubian [요우비엔] 오른쪽 右手 yòushǒu [요우쇼우] 오른손 左右 zuǒyòu [주오요우] 좌우
突	突出 tūchū [투추] 돌출하다 突然 tūrán [투란] 갑자기 突变 tūbian [투비엔] 갑작스런 변화

활용 예문

前边有银行。	Qiánbian yǒu yínháng.	앞쪽에 은행이 있다.
前后都要照顾。	Qiánhòu dōu yào zhàogù.	앞뒤 모두 살펴야 한다
后边有邮局。	Hòubian yǒu yóujú.	뒤쪽에 우체국이 있다
后面的课文难多了。	Hòumiàn de kèwén nán duō le.	뒷부분의 본문은 매우 어렵다
左边有商店。	Zuǒbian yǒu shāngdiàn.	왼쪽에 상점이 있다
他用左手写字。	Tā yòng zuǒshǒu xiě zì.	그는 왼손으로 글씨를 쓴다
右边是电影院。	Yòubian shì diànyǐngyuàn.	오른쪽은 영화관이다
他的右手劲儿大。	Tā de yòushǒu jìnr dà.	그의 오른손 힘은 세다
他突然回去了。	Tā tūrán huíqù le.	그는 갑자기 되돌아갔다
社会发生了突变。	Shèhuì fāshēng le tūbiàn.	사회에 갑작스런 변화가 일어났다

成语

后来居上	hòu lái jū shàng	뒤졌던 사람이 앞사람을 추월하다.
左右逢源	zuǒ yòu féng yuán	가까이 있는 사물이 학문 수양의 원천이 되다

胖	瘦	轻	重	量
pàng[팡] 살찌다	shòu[쇼우] 여위다	qīng[칭] 가볍다	zhòng[쫑] 무겁다	liáng[량] 재다, 달다
月 月 月 肝 肝 肝 胖	广 广 疒 疒 疖 瘦 瘦	一 七 车 轵 轻 轻 轻	一 丂 亩 盲 审 重 重	曰 旦 吊 昌 昌 量 量 量

胖 胖			胖子	pàngzi	[팡즈]	뚱보
			胖瘦	pàngshòu	[팡쇼우]	살찜과 여윔
			发胖	fā pàng	[파팡]	살이 찌다

瘦 瘦			瘦小	shòuxiǎo	[쇼우샤오]	여위고 작다
			瘦人	shòurén	[쇼우런]	마른 사람
			变瘦	biànshòu	[삐엔쇼우]	여위었다

轻 轻			轻轻	qīngqīng	[칭칭]	가볍다
			轻重	qīngzhòng	[칭쫑]	경중, 무게
			轻量级	qīngliàngjí	[칭량지]	경량급

重 重			重量	zhòngliàng	[쫑량]	중량, 무게
			重要	zhòngyào	[쫑야오]	중요하다
			重视	zhòngshì	[쫑스]	중시하다

量 量			量度	liángdù	[량뚜]	측정(하다)
			量具	liángjù	[량쮜]	측정기
			量程	liángchéng	[량청]	측정 범위

활용 예문

他是一个胖子。	Tā shì yī ge pàngzi.	그는 뚱보이다
她发胖了。	Tā fā pàng le.	그녀는 살이 쪘다
这件衬衫太瘦小。	Zhè jiàn chènshān tài shòuxiǎo.	이 셔츠는 너무 꽉낀다
他变成了一个瘦人。	Tā biànchéng le yī ge shòurén.	그는 살이 빠져 말랐다
轻重用秤量。	Qīngzhòng yòng chèng liáng.	무게를 저울로 재다
他是轻量级运动员。	Tā shì qīngliàngjí yùndòngyuán.	그는 경량급 운동선수이다
重要的事情	zhòngyào de shìqing	중요한 일
他重视发音。	Tā zhòngshì fāyīn.	그는 발음을 중시한다
这种量具准。	Zhè zhǒng liángjù zhǔn.	이 종류의 측정기는 정확하다
量程准确。	Liángchéng zhǔnquè.	측정 범위가 정확하다

成语	驾轻就熟	jià qīng jiù shú	숙달되어 일을 쉽게 처리하다
	量体裁衣	liàng tǐ cái yī	몸의 치수를 재어 옷을 재단하다

快	慢	缓	急	速
kuài[콰이] 빠르다	màn[만] 늦다	huǎn[환] 느리다	jí[지] 서두르다	sù[쑤] 빠르다
丶丶忄忄忙快快	丶忄忄忄忄忄慢慢	纟纟纟纟纟纟缓缓	丶丶勹勹勾急急	口虫束束束速速

		快点	kuàidiǎnr	[콰이디얼]	빨리
快	快	快来	kuàilái	[콰이라이]	빨리 오다
		快慢	kuàimàn	[콰이만]	빠르고 늦음
		慢点	màndiǎnr	[만디얼]	늦게
慢	慢	慢速	mànsù	[만쑤]	속도가 늦은
		慢走	mànzǒu	[만조우]	천천히 가다
		缓慢	huǎnmàn	[환만]	완만하다, 느리다
缓	缓	缓缓	huǎnhuǎn	[환환]	느리다, 더디다
		缓期	huǎnqī	[환치]	연기하다
		急性	jíxìng	[지씽]	급성(의)
急	急	急事	jíshì	[지스]	급한 일
		紧急	jǐnjí	[찐지]	긴급하다
		速度	sùdù	[수뚜]	속도
速	速	速成	sùchéng	[쑤청]	속성(하다)
		速效	sùxiào	[쑤샤오]	속효, 빠른 효과

활용 예문

请你快点儿来。	Qǐng nǐ kuàidiǎnr lái.	빨리 오세요
请你快来吃饭。	Qǐng nǐ kuàilái chī fàn.	빨리 와서 식사하세요
你慢点写。	Nǐ màndiǎnr xiě.	당신 천천히 (글씨)쓰세요
要慢速开车。	Yào mànsù kāi chē.	천천히 차를 모세요.
车速缓慢。	Chēsù huǎnmàn.	차속이 느리다
他缓缓而来。	Tā huǎnhuǎn ér lái.	그는 천천히 왔다
他有急事。	Tā yǒu jíshì.	그는 급한 일이 있다.
紧急的通知	jǐnjí de tōngzhī	긴급한 통지
汽车的速度太快。	Qìchē de sùdù tài kuài.	자동차의 속도가 매우 빠르다
这是一种速效药。	Zhè shì yī zhǒng sùxiàoyào.	이것은 일종의 약효가 빠른 약이다

成语 快马加鞭	kuài mǎ jiā biān	박차를 가하다
急中生智	jí zhōng shēn zhì	다급한 때에 좋은 생각이 떠오르다

薄	厚	深	浅	选
báo, bó[바오] 얇다	hòu[호우] 두텁다	shēn[션] 깊다	qiǎn[치엔] 얕다	xuǎn[쉬엔] 선택하다
艹艹萡萡蓮薄薄	一厂厂厈厚厚厚	氵氵沪洹涇深深深	冫冫氵沪泮浅浅	丿丬丬牛先选选

		薄冰	bóbīng	[보삥]	살어름
薄	薄	薄饼	báobīng	[바오빙]	밀가루 전병
		薄纸	báozhǐ	[바오즈]	얇은 종이
		厚道	hòudào	[호우따오]	너그럽다
厚	厚	厚墙	hòuqiáng	[호우치앙]	두터운 담
		厚实	hòushi	[호우스]	두툼하다
		深度	shēndù	[션뚜]	심도, 정도
深	深	深浅	shēnqiǎn	[션치엔]	심도, 깊이
		深重	shēnzhòng	[션쫑]	매우 심하다
		浅显	qiǎnxiǎn	[치엔시엔]	이해하기 쉽다
浅	浅	浅色	qiǎnsè	[치엔써]	연한 색
		浅薄	qiǎnbó	[치엔보]	부족하다
		选择	xuǎnzé	[쉬엔저]	선택하다
选	选	挑选	tiāoxuǎn	[타오쉬엔]	고르다
		选美	xuǎnměi	[쉬엔메이]	아름다움을 뽑다

활용 예문

在薄冰上走危险。	Zài bóbīng shàng zǒu wēixiǎn.	살어름 위를 걷는 것은 위험하다
薄纸写字易损坏。	Báozhǐ xiě zì yì sǔnhuài.	얇은 종이는 글씨를 쓰면 쉽게 훼손된다
他是一个厚道人。	Tā shì yī ge hòudàorén.	그는 너그러운 사람이다
厚实的被褥	hòushi de bèirù	두툼한 침구
他的文章很有深度。	Tā de wénzhāng hěn yǒu shēndù.	그의 문장은 매우 깊이 있다
深重的灾难	shēnzhòng de zāinànǔ	매우 심한 재난
这本书很浅显。	Zhè běn shū hěn qiǎnxiǎn.	이 책은 매우 이해하기 쉽다
浅色的衣服好看。	Qiǎnsè de yīfu hǎokàn.	연한 색의 옷이 이쁘다
这是唯一的选择。	Zhè shì wéiyī de xuǎnzé.	이것이 유일한 선택이다
她参加选美大赛。	Tā cānjiā xuǎnměi dàsài.	그녀는 미인 선발대회에 참가했다

成语

如履薄冰	rú lǚ bó bīng	살얼음을 밟는듯 하다, 여리박빙
忠实厚道	zhōng shí hòu dào	사람됨이 충실하고 온후하다

好	坏	优	劣	促
hǎo[하오] 좋다	huài[화이] 나쁘다	yōu[요우] 우수하다	liè[리에] 나쁘다	cù[추] 재촉하다
𠃋 女 女 女' 好 好	一 十 土 圢 圬 坏 坏	丿 亻 仁 仕 优 优	丨 丨 小 少 劣 劣	亻 亻 仰 仰 仰 促 促

好人	hǎorén	[하오런]	호인, 좋은 사람
好事	hǎoshì	[하오스]	좋은 일
好坏	hǎohuài	[하오화이]	좋고 나쁨
坏人	huàirén	[화이런]	나쁜 사람, 악인
坏事	huàishì	[화이스]	나쁜 일
优秀	yōuxiù	[요우시우]	우수하다
优等	yōuděng	[요우덩]	우등(하다)
优厚	yōuhòu	[요우호우]	좋다, 후하다
劣等	lièděng	[리에덩]	열등(하다)
劣质	lièzhì	[리에쯔]	나쁜 품질
劣品	lièpǐn	[리에핀]	나쁜 물건
促进	cùjìn	[추진]	촉진하다
促使	cùshǐ	[추스]	…하게 하다
促成	cùchéng	[추청]	재촉하여 빨리하게 하다

활용 예문

他是一个好人。	Tā shì yī ge hǎorén.	그는 좋은 사람이다
他常做好事。	Tā cháng zuò hǎoshì	그는 늘 좋은 일을 한다
坏人没好下场。	Huàirén méi hào xiàchǎng.	나쁜 사람은 끝이 좋지 않다
坏事人人批评。	Huàishì rén rén pīpíng.	나쁜 일은 사람들이 비판한다
他很优秀。	Tā hěn yōuxiù.	그는 매우 우수하다
这是优等商品。	Zhè shì yōuděng shāngpǐn.	이것은 우수한 상품이다
劣质衣服	lièzhì yīfu	품질이 나쁜 옷
这种劣等品卖不出去。	Zhè zhǒng lièděngpǐn mài bù chūqù.	이런 나쁜 물건은 팔 수 없다
要促进进步。	Yào cùjìn jìnbù.	진보를 촉진하게 하다
应促使这件事成功。	Yīng cùshǐ zhè jiàn shì chénggōng.	반드시 이 일을 성공하게 하다

成语

好事多磨	hǎo shì duō mó	좋은 일에는 방해가 많기 마련이다
优柔寡断	yōu róu guǎ duàn	우유부단하다

忙	闲	空	满	游
máng[망] 바쁘다	xián[시엔] 한가하다	kōng[콩] 하늘, 비다	mǎn[만] 가득하다	yóu[요우] 유람하다
丨丨丨忄忄忙忙忙	丶丨门闩闲闲闲	丶丷宀宀空空空	氵氵汁汁满满满	氵氵汿汿浒游游

忙	忙			忙闲	mángxián	[망시엔]	바쁜 것
				忙活	mánghuo	[망휘]	바쁘게 일하다
				忙乱	mángluàn	[망롼]	바빠서 두서 없다
闲	闲			闲人	xiánrén	[시엔런]	한가한 사람
				闲事	xiánshì	[시엔스]	남의 일
				闲时	xiánshí	[시엔스]	한가한 때
空	空			空间	kōngjiān	[콩지엔]	공간
				空闲	kòngxián	[콩시엔]	여가, 한가하다
				空口	kōngkǒu	[콩코우]	입에 발린 말
满	满			满意	mǎnyì	[만이]	만족하다
				满天	mǎntiān	[만티엔]	온하늘
				满满	mǎnmǎn	[만만]	가득가득
游	游			游泳	yóuyǒng	[요우용]	수영
				游客	yóukè	[요우커]	여행객
				旅游	lǚyóu	[뤼요우]	여행

활용 예문

忙闲他都不管。	Mángxián tā dōu bùguǎn.	바쁘건 한가하건 그는 상관하지 않는다
他做事太忙乱。	Tā zuò shì tài mángluàn.	그는 일처리가 두서 없다
他是一个闲人。	Tā shì yī ge xiánrén.	그는 한가한 사람이다
他爱管闲事。	Tā ài guǎn xiánshì.	그는 남의 일에 관여하기를 좋아한다
他空闲时也不休息。	Tā kòngxián shí yě bù xiūxi.	한가한 때에도 그는 쉬지 않는다
不要空口说白话。	Búyào kōngkǒu shuō báihuà.	입에 발린 말을 하지 말아라
他满意他的工作。	Tā mǎnyì tā de gōngzuò.	그는 그의 일에 만족한다
他喝了满满一杯酒。	Tā hē le mǎnmǎn yī bēi jiǔ.	그는 한 잔 가득 술을 마셨다
这个城市游客很多。	Zhè ge chéngshì yóukè hěn duō.	이 도시에는 여행객이 많다
他喜欢旅游。	Tā xǐhuan lǚyóu.	그는 수영을 좋아한다

成语	忙里偷闲	máng lǐ tōu xián	바쁜 중에도 짬을 내다
	闲情逸致	xián qíng yì zhì	한가한 심정과 안일한 정취

简	繁	难	易	处
jiǎn[지엔] 간단하다	fán[판] 복잡하다	nán[난] 어렵다	yì[이] 쉽다	chǔ[추] 처리하다
` ´ ´´ ´´´ ´´´ 竹 简 简	´ ´ 乍 每 敏 敏 繁 繁	又 ヌ 对 对 难 难 难	口 日 日 日 马 易 易	ノ ク 久 处 处

简	简		简单	jiǎndān	[지엔딴]	간단하다
			简明	jiǎnmíng	[지엔밍]	간단명료하다
繁	繁		繁多	fánduō	[판뚜오]	매우 많다
			繁忙	fánmáng	[판망]	번거롭고 바쁘다
			繁华	fánhuá	[판화]	번화하다
难	难		难题	nántí	[난티]	어려운 문제
			困难	kùnnán	[쿤난]	곤란(하다)
			难说	nánshuō	[난슈오]	말하기 어렵다
易	易		容易	róngyì	[롱이]	수월하다
			易学	yì xué	[이쉬에]	배우기 쉽다
			易懂	yì dǒng	[이동]	이해하기 쉽다
处	处		处处	chùchù	[추추]	어디든지, 도처에
			处理	chǔlǐ	[추리]	처리하다
			到处	dàochù	[따오추]	도처, 이르는 곳

활용 예문

这是一个简单的问题。	Zhè shì yī ge jiǎndān de wèntí.	이것은 간단한 문제이다
简明词典好用。	Jiǎnmíng cídiǎn hǎoyòng.	간명사전은 쓰기 쉽다
衣服种类繁多。	Yīfu zhǒnglèi fánduō.	옷의 종류가 매우 많다
北京是个繁华的城市。	Běijīng shì ge fánhuá de chéngshì.	북경은 번화한 도시이다
太困难了。	Tài kùnnan le.	너무나 곤란하다
这个事情很难说。	Zhè ge shìqing hěn nánshuō.	이 일은 말하기 매우 어렵다
汉字易学。	Hànzi yìxué.	한자는 배우기 쉽다
您讲的课易懂。	Nín jiǎng de kè yì dǒng.	당신의 강의는 이해하기 쉽습니다
处处有朋友。	Chùchù yǒu péngyou.	도처에 친구가 있다
你去处理处理吧。	Nǐ qù chǔlǐ chùlǐ bà.	네가 가서 처리해라

成语			
深居简出	shēn jū jiǎn chū	집에만 틀어박혀 쥐처럼 외출하지 않는다
难能可贵	nán néng kě guì	귀하여 얻기 어렵다

黑 红 蓝 白 绿

黑	红	蓝	白	绿
hēi[헤이] 검은색	hóng[홍] 빨간색	lán[란] 남색	bái[바이] 흰색	lǜ[뤼] 녹색
口 口 甲 甲 里 黑	ㄠ ㄠ ㄠ ㄠ 红 红	一 艹 艻 菥 萜 蓝 蓝	ㅅ ㅅ 白 白 白	ㄠ ㄠ 红 纟 绲 绿 绿

		黑色	hēisè	[헤이써]	검은색
黑	黑	黑人	hēirén	[헤이런]	흑인
		天黑	tiān hēi	[티엔헤이]	날이 어둡다
		红色	hóngsè	[홍써]	빨간색
红	红	红脸	hóngliǎn	[홍리엔]	얼굴을 붉히다
		红布	hóngbù	[홍뿌]	빨간 천
		蓝色	lánsè	[란써]	남색
蓝	蓝	蓝天	lántiān	[란티엔]	남색 하늘
		蓝衣服	lán yīfu	[란이푸]	남색 옷
		白色	báisè	[바이써]	흰색
白	白	白衣	báiyī	[바이이]	흰 옷
		白天	báitiān	[바이티엔]	낮
		绿色	lǜsè	[뤼써]	녹색
绿	绿	绿叶	lǜyè	[뤼예]	녹색 잎
		绿衣服	lǜ yīfu	[뤼이푸]	녹색 옷

활용 예문

煤是黑色的。	Méi shì hēisè de.	석탄은 검은색이다
他天黑才下班。	Tā tiān hēi cái xià bān.	그는 날이 어두워져야 비로소 퇴근한다
红色代表什么?	Hóngsè dàibiǎo shénme?	빨간색은 무엇을 나타내느냐?
这是一块红布。	Zhè shì yī kuài hóngbù.	이것은 한 조각 빨간 천이다
他喜欢穿蓝色的衣服。	Tā xǐhuān chuān lánsè de yīfu.	그는 남색 옷 입기를 좋아한다
蓝衣服质量好。	Lán yīfu zhìliǎng hǎo.	남색 옷의 품질이 좋다
白色干净。	Báisè gānjing.	흰색은 깨끗하다
白衣天使	báiyī tiānshǐ	백의의 천사
春天一片绿色。	Chūntiān yī piàn lǜsè.	봄은 한편의 녹색이다
红花绿叶好漂亮。	Hónghuā lǜyè hǎo piàoliang.	빨간 꽃과 녹색 잎이 아주 이쁘다

成语 颠倒黑白	diān dào hēi bái	흑백을 전도하다, 고의로 사실을 왜곡하다
青山绿水	qīng shān lǜ shuǐ	푸른 산과 푸른 물

青	灰	紫	橙	朱
qīng[칭] 파란색	huī[훼이] 회색	zǐ[즈] 자주색	chéng[청] 등황색	zhū[쭈] 빨간색
一 ‐ 主 丰 青 青 青	一 厂 ア 𠂇 灰 灰	‐ 此 此 紫 紫 紫 紫	十 木 朾 朾 橙 橙 橙	ノ ト ゠ 牛 牛 朱

青	青		青年	qīngnián	[칭니엔]	청년
			青春	qīngchūn	[칭춘]	청춘
			青蛙	qīngwā	[칭와]	청개구리
灰	灰		灰色	huīsè	[훼이써]	회색
			灰尘	huīchén	[훼이천]	먼지
			灰心	huī xīn	[훼이씬]	실망하다
紫	紫		紫色	zǐsè	[즈써]	자주색
			紫菜	zǐcài	[즈차이]	김
			紫禁城	Zǐjìnchéng	[즈찐청]	자금성
橙	橙		橙色	chéngsè	[청써]	등황색
			橙子	chéngzi	[청즈]	등자
朱	朱		朱色	zhūsè	[쭈써]	빨간색
			朱印	zhūyìn	[쭈인]	붉은 인주

他是一个好青年。	Tā shì yī ge hǎo qīngnián.	그는 좋은 청년이다
青春是一个人的财富。	Qīngchūn shì yī ge rén de cáifù.	청춘은 그 사람의 보물이다
天是灰色的。	Tiān shì huīsè de.	하늘이 회색이다
千万别灰心。	Qiānwàn bié huī xīn.	절대로 실망하지 말아라
买一件紫色衣服。	Mǎi yī jiàn zǐsè yīfu.	자주색의 옷을 한 벌 사다
南方人爱吃紫菜。	Nánfāngrén ài chī zǐcài.	남방 사람들은 김을 즐겨먹는다
桔子的颜色是橙色的。	Júzi de yánsè shì chéngsè de.	귤의 색은 등자색이다
橙子是水果的一种。	Chéngzi shì shuǐguǒ de yī zhǒng.	등자는 과일의 일종이다
红色就是朱色。	Hóngsè jiù shì zhūsè.	홍색이 곧 빨간색이다
皇帝用朱印玉玺。	Huángdì yòng zhūyìn yùxǐ.	황제는 붉은 인주의 옥쇄를 사용한다

成语		
青红皂白	qīng hóng zào bái	옳고 그른 것, 흑백, 시비곡직, 사건의 진상
灰心丧气	huī xīn sàng qì	실망하여 낙심하다, 의기소침하다

12. 색깔　　**77**

眉	眼	耳	鼻	嘴
méi[메이] 눈썹	yǎn[옌] 눈	ěr[얼] 귀	bí[비] 코	zuǐ[쭈에이] 입
ㄱ ㄱ ㄱ ㄕ ㄕ ㄕ 眉	日 日 日 日 眼 眼 眼	一 丁 丌 丌 丌 耳	白 鸟 鸟 畠 畠 鼻 鼻	口 叶 吖 吖 咄 嘴 嘴

眉	眉			
眼	眼			
耳	耳			
鼻	鼻			
嘴	嘴			

한자	병음	발음	뜻
眉眼	méiyǎnr	[메이열]	용모, 눈썹과 눈
眼眉	yǎnméi	[옌메이]	눈썹
眉毛	méimáo	[메이마오]	눈썹
眼睛	yǎnjing	[옌징]	눈의 통칭
眼镜	yǎnjìng	[옌징]	안경
眼睑	yǎnjiǎn	[옌지엔]	눈꺼풀
耳朵	ěrduo	[얼두오]	귀
耳目	ěrmù	[얼무]	남의 이목, 감시
耳聋	ěrlóng	[얼롱]	귀가 먹다
鼻子	bízi	[비즈]	코
鼻孔	bíkǒng	[비콩]	콧구멍
鼻毛	bímáo	[비마오]	코털
嘴巴	zuǐba	[쭈에이바]	입, 부리
嘴形	zuǐxíng	[쭈에이씽]	입모양
嘴脸	zuǐliǎn	[쭈에이리엔]	용모, 몰골

활용 예문

她眉眼好看。	Tā méiyǎn hǎokàn.	그녀는 용모가 이쁘다
她眉毛很长。	Tā méimáo hěn cháng.	그녀는 눈썹이 매우 길다
她有两个大眼睛。	Tā yǒu liǎng ge dà yǎnjing.	그녀는 두 개의 큰 눈을 가졌다
这是他买的太阳眼镜。	Zhè shì tā mǎi de tàiyáng yǎnjìng.	이것은 그가 산 선글라스이다
他耳朵很灵。	Tā ěrduo hěn líng.	그는 귀가 예민하다
孩子是爸爸的耳目。	Háizi shì bàba de ěrmù.	아이는 아버지의 거울이다
大鼻子	dàbízi	큰 코
鼻孔大。	Bíkǒng dà.	콧구멍이 크다
嘴形特别。	Zuǐxíng tèbié.	입모양이 특이하다
这副嘴脸吓人。	Zhè fù zhǐliǎn xià rén.	이런 용모는 사람을 놀라게 한다

成语		
眉开眼笑	méi kāi yǎn xiào	싱글벙글하다, 몹시 좋아하다
心明眼亮	xīn míng yǎn liàng	마음이 환하고 눈이 밝다, 통찰력이 있다

皮	毛	脸	发	胡
pí[피] 가죽, 피부	máo[마오] 털, 깃	liǎn[리엔] 얼굴	fà, fā[파] 두발	hú[후] 수염
丿 厂 广 皮 皮	一 二 三 毛	丿 刀 月 胪 脸 脸 脸	一 ナ 屶 发 发	十 古 古 剆 胡 胡 胡

		皮带	pídài	[피따이]	가죽 혁대
皮	皮	皮球	píqiú	[피치우]	고무공
		皮蛋	pídàn	[피딴]	피단(중국 요리)
毛	毛	毛笔	máobǐ	[마오비]	붓, 모필
		毛巾	máojīn	[마오진]	면수건, 타월
		毛衣	máoyī	[마오이]	스웨터
脸	脸	脸蛋	liǎndànr	[리엔딸]	낯, 얼굴, 뺨
		脸皮	liǎnpí	[리엔피]	낯가죽, 면목
		洗脸	xǐ liǎn	[씨리엔]	세면 (하다)
发	发	头发	tóufa	[토우파]	머리털, 두발
		发型	fàxíng	[파씽]	헤어스타일
		剪发	jiǎn fà	[지엔파]	이발하다
胡	胡	胡子	húzi	[후즈]	수염
		胡说	húshuō	[후슈오]	허튼소리
		胡来	húlái	[후라이]	소란피우다

활용 예문

这种皮带质量好。	Zhè zhǒng pídài zhìliàng hǎo.	이 가죽 혁대는 품질이 좋다
吃皮蛋。	Chī pídàn.	송화단(피단)을 먹다
毛巾擦脸。	Máojīn cā liǎn.	타월로 얼굴을 닦다
毛衣暖和。	Máoyī nuǎnhuo.	스웨터는 따뜻하다
脸皮很厚。	Liǎnpí hěn hòu.	낯가죽이 두껍다
天天洗脸。	Tiāntian xǐ liǎn.	매일매일 세면을 한다
发型很怪。	Fàxíng hěn guài.	헤어스타일이 괴상하다
要常剪发。	Yào cháng jiǎn fà.	자주 이발을 해야 한다
胡子长。	Húzi cháng.	수염이 길다
可别胡来。	Kě bié húlái.	소란을 피우지 마라

成语	毛手毛脚	máo shǒu máo jiǎo	일을 대충대충 처리하다
	胡说八道	hú shuō bā dào	엉터리로 말하다

唇	齿	牙	舌	嗓
chún[춘] 입술	chǐ[츠] 이, 치아	yá[야] 이, 치아	shé[셔] 혀	sǎng[쌍] 목(구멍)
厂 厂 厂 厂 厈 辰 唇	丨 丄 丄 丄 尖 齿 齿	一 二 牙 牙	一 二 千 千 舌 舌	口 口 口 吵 唉 嗪 嗓

唇	工			嘴唇	zuǐchún	[쭈에이춘]	입술
				唇舌	chúnshé	[춘셔]	말, 입술과 혀
				唇音	chúnyīn	[춘인]	순음, 입술 소리
齿	农			牙齿	yáchǐ	[야츠]	이, 치아
				齿冷	chǐlěng	[츠렁]	비웃다, 조소하다
牙	商			牙床	yáchuáng	[야촹]	잇몸
				牙口儿	yákǒur	[야콜]	노인의 치아 상태
				牙龈	yáyín	[야인]	잇몸
舌	学			舌头	shétou	[셔토우]	혀
				舌根	shégēn	[셔껀]	설근, 혀뿌리
				舌面	shémiàn	[셔미엔]	설면, 혓바닥
嗓	兵			嗓子	sǎngzi	[쌍즈]	목(구멍), 목소리
				嗓音	sǎngyīn	[쌍인]	목소리, 목청

활용 예문

嘴唇厚。	Zuǐchún hòu.	입술이 두텁다
白费唇舌	bái fèi chúnshé.	헛되이 한 말
他牙齿好。	Tā yáchǐ hǎo.	그는 치아기 좋다
令人齿冷。	Lìngrén chǐlěng.	사람들의 비웃음을 사다
这位老人牙口不错。	Zhè wèi lǎorén yákǒu búcuò.	이 노인의 치아 상태는 좋다
牙龈出血。	Yáyín chūxiě.	잇몸에 피가 난다
咬破舌头。	Yǎopò shétou.	혀를 깨물었다
舌面生疮。	Shémiàn shēngchuāng.	혓바닥에 혓바늘이 돋았다
她有一个好嗓子。	Tā yǒu yī ge hǎo sǎngzi.	그녀는 좋은 목소리를 가졌다
嗓音宏亮。	Sǎngyīn hóngliàng.	목청이 크고 낭랑하다

成语			
	唇齿相依	chún chǐ xiāng yī	서로 의지하며 돕는 밀접한 관계에 있다
	唇亡齿寒	chún wáng chǐ hán	순망치한, 입술이 없으면 이가 시리다

肠	胃	肺	胸	腹
cháng[창] 장	wèi[웨이] 위	fèi[페이] 폐	xiōng[시옹] 가슴	fù[푸] 배
丿 刀 月 肜 肜 肠 肠	口 曰 田 甲 胃 胃 胃	丿 刀 月 肚 肚 肺 肺	月 月 肝 肟 肋 胸 胸	丿 刀 月 肰 腹 腹 腹

		肠子	chángzi	[창즈]	장, 창자
肠	肠	心肠	xīncháng	[씬창]	마음씨, 성격
		香肠	xiāngcháng	[시앙창]	소시지
胃	胃	胃口	wèikǒu	[웨이코우]	위, 식욕, 흥미
		胃酸	wèisuān	[웨이쑤안]	위산
		胃疼	wèiténg	[웨이텅]	위통
肺	肺	肺部	fèibù	[페이부]	폐부
		肺癌	fèi'ái	[페이아이]	폐암
		肺炎	fèiyán	[페이옌]	폐렴
胸	胸	胸部	xiōngbù	[시옹뿌]	흉부, 가슴
		胸闷	xiōngmèn	[시옹먼]	마음이 답답하다
		心胸	xīnxiōng	[씬시옹]	도량, 마음, 가슴
腹	腹	腹部	fùbù	[푸뿌]	복부
		腹痛	fùtòng	[푸통]	복통
		心腹	xīnfù	[씬푸]	심복

활용 예문

他是个热心肠的人。	Tā shì ge rèxīncháng de rén.	그는 따뜻한 마음씨를 가진 사람이다
我买香肠。	Wǒ mǎi xiāngcháng.	나는 소시지를 산다
他胃口不错。	Tā wèikǒu búcuò.	그는 식욕이 좋다
胃酸过多	wèisuān guò duō	위산과다
他肺部有毛病。	Tā fèibù yǒu máobìng.	그는 폐에 병이 있다
他得了肺癌。	Tā dé le fèi'ái.	그는 폐암에 걸렸다
这些天，他胸闷。	Zhè xiē tiān, tā xiōng mèn.	요 며칠 그는 마음이 답답하고 괴롭다
这个人心胸狭窄。	Zhè ge rén xīnxiōng xiázhǎi.	이 사람은 도량이 좁다
腹痛难忍。	Fùtòng nán rěn.	복통은 참기 어렵다
他是她的心腹。	Tā shì tā de xīnfù.	그는 그녀의 심복이다

成语 肺腑之言	fèi fǔ zhī yán	마음속에서 우러나는 참된 말
胸有成竹	xiōng yǒu chéng zhú	일을 하기 전에 속에 이미 타산이 있다

腿	脚	肚	腰	脑
tuǐ[퉤이] 다리	jiǎo[쟈오] 발	dù[뚜] 배	yāo[야오] 허리	nǎo[나오] 뇌
月 月ʼ 月ʼ 胆 胆 腿 腿	丿 几 月 肚 胩 胠 脚	丿 几 月 月 月- 肚 肚	月 胛 胛 腰 腰 腰 腰	丿 月 月ʼ 庁 胶 脑 脑

腿	腿		大腿	dàtuǐ	[따퉤이]	넓적다리, 허벅지
			腿部	tuǐbù	[퉤이뿌]	다리 부분
			腿病	tuǐbìng	[퉤이삥]	다리 병
脚	脚		脚面	jiǎomiàn	[쟈오미엔]	발등
			脚指头	jiǎozhǐtou	[쟈오즈토우]	발가락
			脚心	jiǎoxīn	[쟈오씬]	족심
肚	肚		肚子	dùzi	[뚜즈]	복부
			肚皮	dùpí	[뚜피]	뱃가죽
			肚量	dùliàng	[뚜량]	도량, 식사량
腰	腰		腰部	yāobù	[야오뿌]	허리부분
			腰身	yāoshēn	[야오션]	허리(통)
			腰子	yāozi	[야오즈]	콩팥
脑	脑		大脑	dànǎo	[따나오]	대뇌
			脑子	nǎozi	[나오즈]	머리, 두뇌
			电脑	diànnǎo	[띠엔나오]	컴퓨터

활용 예문

她有漂亮的大腿。	Tā yǒu piàoliàng de dàtuǐ.	그녀의 허벅지는 매우 아름답다
他腿部有毛病。	Tā tuǐbù yǒu máobìng.	그는 다리에 문제가 있다
他脚指头长。	Tā jiǎozhǐtou cháng.	그는 발가락이 길다
脚心不平。	Jiǎoxīn bùpíng.	족심이 평평하지 않다
他肚子疼。	Tā dùzi téng.	그는 배가 아프다
他肚量很大。	Tā dùliàng hěn dà.	그는 도량이 크다
腰部粗。	Yāobù cū.	허리가 굵다
她的腰身很细。	Tā de yāoshēn hěn xì.	그녀의 허리는 매우 가늘다
他脑子聪明。	Tā nǎozi cōngming.	그는 머리가 똑똑하다
他会打电脑。	Tā huì dǎ diànnǎo.	그는 컴퓨터를 할 줄 안다

成语		
脚踏实地	jiǎo tà shí dì	일하는 것이 견실(착실)하다
脑满肠肥	nǎo mǎn cháng féi	겉만 번지르르하고 머리속은 텅텅 비었다

膊	腕	指	膀	骨
bó[보] 목	wàn[완] 손목	zhǐ[즈] 손가락	bǎng[방] 어깨	gǔ[구] 뼈
月 月 肝 肝 胪 胪 膊 膊	刖 月 肝 胪 脐 腕 腕	十 扌 扌 抃 护 指 指	月 肝 胪 胯 胯 膀 膀	口 口 口 凸 骨 骨 骨

				膊子	bózi	[보즈]	목
膊	膊			膊骨	bógǔ	[보구]	목뼈
腕	腕			手腕	shǒuwàn	[쇼우완]	손목
				腕子	wànzi	[완즈]	손목, 팔목
指	指			指头	zhǐtou	[즈토우]	손가락, 발가락
				手指	shǒuzhǐ	[쇼우즈]	손가락
				指甲	zhǐjia	[즈쟈]	손톱
膀	膀			膀子	bǎngzi	[방즈]	상박, 날개죽지
				膀宽	bǎngkuān	[방콴]	어깨가 넓다
骨	骨			骨头	gǔtou	[구토우]	뼈
				骨盆	gǔpén	[구펀]	골반
				骨气	gǔqì	[구치]	기개

활용 예문

他脖子生病了。	Tā bózi shēngbìng le.	그는 목에 병이 났다
他脖骨疼。	Tā bógǔ téng.	그는 목뼈가 아프다
他手腕有劲儿。	Tā shǒuwàn yǒu jìnr.	그는 손목 힘이 세다
他腕子有伤。	Tā wànzi yǒu shāng.	그는 팔목을 다쳤다
五个指头不一般齐。	Wǔ ge zhǐtou bù yībān qí.	5개의 손가락은 길이가 모두 다르다
剪指甲,讲卫生。	Jiǎn zhǐjiǎ, jiǎng wèishēng.	손톱을 깎아 위생에 주의하다
膀子肥大。	Bǎngzi féidà.	상박이 비대하다
膀宽膀窄。	Bǎngkuān bǎngzhǎi.	넓은 어깨와 좁은 어깨
话里有骨头。	huà lǐ yǒu gǔtou.	말 속에 뼈가 있다
这个人很有骨气。	Zhè ge rén hěn yǒu gǔqì.	이 사람은 매우 기개있다

成语

铁腕人物	tiěwàn rénwù	압제자, 강권을 휘두르는 인물
骨肉相连	gǔròu xiāng lián	뼈와 살처럼 밀접하게 연결되다

爷	奶	爸	妈	姥
yé[예] 할아버지	nǎi[나이] 할머니	bà[빠] 아버지	mā[마] 어머니	lǎo[라오] 노부인
´ ˆ ˘ 父 爷 爷	˱ 乂 女 奶 奶	ˆ ˘ 父 杂 爷 爸 爸	˱ 乂 女 奻 妈 妈	˱ 乂 女 妒 妒 姥 姥

爷	爷	爷爷	yéye	[예예]	할아버지
		老爷	lǎoye	[라오예]	어르신, 외조부
奶	奶	奶奶	nǎinai	[나이나이]	할머니
		奶妈	nǎimā	[나이마]	유모
		奶酪	nǎilào	[나이라오]	치즈
爸	爸	爸爸	bàba	[빠바]	아버지
		老爸	lǎobà	[라오빠]	아버지
妈	妈	妈妈	māma	[마마]	어머니
		妈咪	māmi	[마미]	어머니의 애칭
姥	姥	姥姥	lǎolao	[따라오라오]	외할머니

활용 예문

这位是我爷爷。	Zhè wèi shì wǒ yéye.	이분은 나의 할어버지이시다
老爷今年八十岁。	Lǎoye jīnnián bāshí suì.	어르신은 올해 80세이시다
这是我奶奶。	Zhè shì wǒ nǎinai.	이분은 나의 할머니이시다
奶妈对我很好。	Māma duì wǒ hěn hǎo.	유모는 내게 매우 잘해주신다
我爸爸是老师。	Wǒ bàba shì lǎoshī.	나의 아버지께서는 선생님이시다
老爸虽然老,但有精神。	Lǎobà shīrán lǎo, dàn yǒu jīngshen.	아버지께서는 연로하시지만 활력이 있으시다
我妈妈是大夫。	Wǒ māma shì dàifu.	나의 어머니께서는 의사이시다
妈咪是妈妈的爱称。	Māmi shì māma de àichēng.	'마미'는 '어머니'의 애칭이다
姥姥身体好。	Dà lǎolao shēntǐ hǎo.	외할머니께서는 건강하시다

成语 **妈妈大全**　　māma dàquán　　관습 등 잡다한 일을 모아놓은 책, 어머니의 잔소리

爹	娘	伯	侄	叔
diē[디에] 아버지	niáng[냥] 어머니	bó[보] 백부	zhí[즈] 조카	shū[슈] 숙부
ㅛㄱ父父爹爹爹	ㄥㄥㄴㄴㄴ娘娘娘	ノイイ′伯伯伯伯	ノイイ′侄侄侄侄	ㅣㅏㅓㅓㅓ叔叔

	爹爹	diēdie	[디에디에]	아버지, 할아버지
爹	爹娘	diēniáng	[디에냥]	부모, 양친
娘	姑娘	gūniang	[꾸냥]	처녀, 아가씨
	大娘	dàniáng	[따냥]	아주머니, 큰어머니
伯	伯伯	bóbo	[보보]	백부, 큰아버지
	伯母	bómǔ	[보무]	백모, 큰어머니
	伯父	bófù	[보푸]	백부, 큰아버지
侄	侄子	zhízi	[즈즈]	조카
	贤侄	xiánzhí	[시엔즈]	조카
叔	叔叔	shūshu	[슈슈]	숙부, 아저씨
	叔父	shūfù	[슈푸]	숙부
	叔伯	shūbó	[슈보]	사촌간

활용 예문

中文	拼音	한국어
爹爹出远门了。	Diēdie chū yuǎnmén le.	아버지는 집을 멀리 떠나가셨다
孝顺爹娘。	Xiàoshùn diēniáng.	부모님께 효도하다
姑娘大了要出嫁。	Gūniang dà le yào chūjià.	아가씨가 다 크면 시집을 가야 한다
大娘住在东屋。	Dàniáng zhù zài dōngwū.	아주머니는 동쪽 집에 사신다
这位是我伯伯。	Zhè wèi shì wǒ bóbo.	이분은 나의 백부이시다
我的伯父是大夫。	Wǒ de bófù shì dàifu.	나의 백부님은 의사이시다
这是我侄子。	Zhè shì wǒ zhízi.	이 사람은 나의 조카이다
贤侄非常聪明。	Xiánzhí fēicháng cōngming.	조카는 매우 똑똑하다
这位是我叔叔。	Zhè wèi shì wǒ shūshu.	이분은 나의 삼촌이시다
叔父学问很深。	Shūfù xuéwèn hěn shēn.	숙부님의 학문은 매우 깊다

成语		
伯仲之间	bó zhōng zhī jiān	어슷비슷하다, 난형난제, 백중지세
叔侄相称	bó zhōng shū jì	백중숙계, 형제 장유의 차례

兄 弟 姐 妹 辈

xiōng[시옹] 형	dì[띠] 남동생	jiě[지에] 누나	mèi[메이] 여동생	bèi[뻬이] 항렬
丶口口尸兄	丶丷丷当弟弟弟	乇夕女如如姐姐	乇夕女妤姉妹妹	丨非非非非辈辈

		兄弟	xiōngdi	[시옹띠]	형제
兄	兄	兄长	xiōngzhǎng	[시옹장]	형, 형님
		兄嫂	xiōngsǎo	[시옹싸오]	형수
弟	弟	弟弟	dìdi	[띠디]	남동생
		弟媳	dìxī	[띠씨]	제수
		弟妹	dìmèi	[띠메이]	남동생과 여동생
姐	姐	姐姐	jiějie	[지에제]	언니, 누나
		姐妹	jiěmèi	[지에메이]	여자 형제
		姐夫	jiěfu	[지에푸]	자형, 형부
妹	妹	妹妹	mèimei	[메이메이]	여동생
		妹夫	mèifu	[메이푸]	매부
		表妹	biǎomèi	[뱌오메이]	사촌 여동생
辈	辈	辈分	bèifèn	[뻬이펀]	항렬, 촌수
		长辈	zhǎngbèi	[장뻬이]	선배

활용 예문

这是我兄弟。	Zhè shì wǒ xiōngdi.	이 사람은 나의 형제이다
兄嫂为人厚道。	Xiōngsǎo wéirén hòudào.	형과 형수는 사람됨이 성실하다
弟弟聪明。	Dìdi cōngming.	남동생은 똑똑하다
弟媳贤惠。	Dìxī xiánhuì.	제수는 어질고 지혜롭다
姐姐能干。	Jiějie nénggàn.	누나(언니)는 일을 잘한다
姐夫健壮。	Jiěfu jiànzhuàng.	형부(자형)은 건장하다
妹妹漂亮。	Mèimei piàoliang.	여동생이 아름답다
妹夫精明。	Mèifu jīngmíng.	매부는 똑똑하다
他辈分不分。	Tā bèifèn bù fēn.	그는 항렬을 따지지 않는다
尊敬长辈。	Zūnjìng zhǎngbèi.	선배를 존경하다

成语	难兄难弟	nán xiōng nán dì	난형난제, 막상막하
	人才辈出	rén cái bèi chū	인재가 배출되다

<table>
<tr><td>哥</td><td>嫂</td><td>男</td><td>女</td><td>姑</td></tr>
<tr><td>gē[꺼] 형, 오빠</td><td>sǎo[싸오] 형수</td><td>nán[난] 남자</td><td>nǚ[뉘] 여자</td><td>gū[꾸] 고모</td></tr>
<tr><td>一丁丁可可可哥</td><td>女 女 女 妒 妒 娏 嫂</td><td>丶口曰曰田罗男</td><td>く 女 女</td><td>く 女 女 女 妒 姑 姑</td></tr>
</table>

哥	哥			哥哥	gēge	[꺼거]	형, 오빠
				哥嫂	gēsǎo	[꺼싸오]	형과 형수
				哥们儿	gēmenr	[꺼멀]	형제
嫂	嫂			嫂嫂	sǎosao	[싸오싸오]	형수, 아주머니
				嫂子	sǎozi	[싸오즈]	형수, 아주머니
男	男			男人	nánrén	[난런]	남자
				男孩(儿)	nánhái(r)	[난하이]	남자 아이
				男子汉	nánzǐhàn	[난즈한]	사내대장부
女	女			女人	nǚrén	[뉘런]	여자
				女儿	nǚ'ér	[뉘얼]	딸
				女生	nǚshēng	[뉘성]	여학생
姑	姑			姑姑	gūgu	[꾸구]	고모
				姑母	gūmǔ	[꾸무]	고모
				姑夫	gūfu	[꾸푸]	고모부

활용 예문

哥哥是工程师。	Gēge shì gōngchéngshī.	형은 기술자이다
他们是哥们儿。	Tāmen shì gēmenr.	그들은 형제이다
嫂嫂年龄不大。	Sǎosao niánlíng bú dà.	형수는 나이가 많지 않으시다
嫂子又怀孕了。	Sǎozi yòu huáiyùn le.	형수께서 또 임신하셨다
这个男孩学习努力。	Zhè ge nánhái xuéxí nǔlì.	이 남자아이는 열심히 공부한다
作一个真正的男子汉。	Zuò yī ge zhēnzhèng de nánzǐhàn.	진정한 사내 대장부가 되다
这个女人很厉害。	Zhè ge nǚrén hěn lìhai.	이 여자는 매우 드세다
他有三个女儿。	Tā yǒu sān gè nǚ'ér.	그는 세 명의 딸이 있다
我姑母不工作。	Wǒ gūmǔ bù gōngzuò.	나의 고모는 일을 하지 않는다
姑夫退休了。	Gūfu tuìxiū le.	고모부는 퇴직하셨다.

成语 男大当娶	nán dà dāng qǔ	남자는 어른이 되면 아내를 얻는다
女大当聘	nǚ dà dāng pìn	여자는 어른이 되면 시집을 간다

名	姓	该	叫	谁
míng[밍] 이름	xìng[씽] 성	gāi[까이] …해야 한다	jiào[쟈오] 부르다	shéi[셰이] 누구
ノクタタ名名	く彳女女妙妙姓姓	讠讠讠讠该该该	丨口口叫叫	讠讠讠讠讠谁谁谁

名 名		名字	míngzi	[밍즈]	이름
		名声	míngshēng	[밍셩]	명성
		名人	míngrén	[밍런]	명인
姓 姓		姓名	xìngmíng	[씽밍]	성명
		姓氏	xìngshì	[씽스]	성씨
该 该		应该	yīnggāi	[잉가이]	반드시 …해야 한다
		该当	gāidāng	[까이땅]	해당하다
叫 叫		叫人	jiàorén	[쟈오런]	사람을 부르다
		叫喊	jiàohǎn	[쟈오한]	고함치다
		叫阵	jiàozhèn	[쟈오쩐]	도전하다
谁 谁		谁	shéi	[셰이]	누구
		谁们	shéimen	[셰이먼]	누구들, 누구누구

활용 예문

他的名字叫李白。	Tā de míngzi jiào Lǐbái.	그의 이름은 이백이라고 한다
李白的名声很大。	Lǐbái de míngshēng hěn dà.	이백의 명성은 매우 대단하다
你姓什么？	Nǐ xìng shénme?	당신의 성은 무엇입니까?
姓氏起源于母系和男系。	Xìngshì qǐyuán yú mǔxì hé nánxì.	성씨는 모계와 남계 사회에서 유래한다
你应该去工作。	Nǐ yīnggāi qù gōngzuò.	당신은 반드시 가서 일을 해야 한다
你去叫人吧！	Nǐ qù jiàorén bà!	당신은 가서 사람을 부르세요!
别叫阵了，我认输。	Bié jiàozhèn le, wǒ rènshū.	도전하지 마라, 내가 졌다
你找谁？	Nǐ zhǎo shéi?	당신은 누구를 찾으십니까?
是谁们在那儿说呢？	Shì shéimen zài nàr shuō ne?	누구누구가 거기서 이야기하지?

成语

该当何罪	gāi dāng há zuì	무슨 죄에 해당하는가?
人欢马叫	rén huān mǎ jiào	사람과 말의 왕래가 빈번하다, 사람들의 출입이 잦다

养	教	规	矩	嘱
yǎng[양] 부양하다	jiāo[쟈오] 가르치다	guī[꿰이] 규칙, 규정	jǔ[쥐] 법도, 규칙	zhǔ[주] 부탁하다
゛兰 羊 芙 养 养	ノ ㄨ 孝 孝 孝 教 教	ニ ナ 夫 却 却 规 规	㇉ 矢 矢 矩 矩 矩 矩	口 吓 吁 嘱 嘱 嘱 嘱

养 养		养病	yǎng bìng	[양삥]	요양하다
		养老	yǎng lǎo	[양라오]	노인을 봉양하다
		养神	yǎng shén	[양선]	피로를 풀다
教 教		教育	jiàoyù	[쟈오위]	교육(하다)
		教书	jiāo shū	[쟈오슈]	공부를 가르치다
		教养	jiàoyǎng	[쟈오양]	예절을 가르치다
规 规		规矩	guījǔ	[꿰이쮜]	사물의 준칙
		规定	guīdìng	[꿰이띵]	규정
		规范	guīfàn	[꿰이판]	규범
矩 矩		矩尺	jǔchǐ	[쥐츠]	곱자, 곱척
		矩形	jǔxíng	[쥐씽]	직사각형
嘱 嘱		嘱咐	zhǔfù	[주푸]	분부하다
		嘱托	zhǔtuō	[주투오]	부탁하다
		叮嘱	dīngzhǔ	[딩주]	신신당부하다

활용 예문

他正在养病。	Tā zhèngzài yǎng bìng.	그는 요양하고 있다
要注意养神。	Yào zhùyì yǎng shén.	피로를 푸는 데 주의해야 한다
国家重视教育事业。	Guójiā zhòngshì jiàoyù shìyè.	국가는 교육사업을 중시하여야 한다
他的工作是教书。	Tā de gōngzuò shì jiāo shū.	그의 직업은 선생님이다
这是国家的规定。	Zhè shì guójiā de guīdìng.	이것은 나라의 규정이다
文字要规范。	Wénzì yào guīfàn.	문자는 규범이 있어야 한다
找矩尺量量。	Zhǎo jǔchǐ liángliang.	곱자를 찾아서 재다
这是一个矩形图。	Zhè shì yī ge jǔxíngtú.	이것은 직사각형 지도이다
记住父母的嘱咐。	Jìzhù fùmǔ de zhǔfu.	부모님의 분부를 기억하다
受朋友的嘱托。	Shòu péngyou de zhǔtuō.	친구의 부탁을 받다

成语	养虎遗患	yǎng hǔ yí huàn	호랑이를 키워 후환을 남기다
	千叮万嘱	qiān dìng wàn zhǔ	신신당부하다

举	止	谈	吐	雅
jǔ[쥐] 들다	zhǐ[즈] 그치다	tán[탄] ~와	tǔ, tù[투] 바르다	yǎ[야] 부담하다
⺌ 丷 ⺌ 兴 兴 举 举	ㅣ ㅏ ㅑ 止	丶 讠 讠 讠 讼 谈 谈	ㅣ 口 口 叮 吒 吐	ㄱ 牙 牙 邪 邪 雅 雅

		举行	jǔxíng	[쥐씽]	거행하다
举	举	举止	jǔzhǐ	[쥐즈]	동작, 행동거지
		选举	xuǎnjǔ	[쉬엔쥐]	선출하다
		停止	tíngzhǐ	[팅즈]	정지(하다)
止	止	止步	zhǐbù	[즈뿌]	걸음을 멈추다
		不止	bùzhǐ	[뿌즈]	그치지 않다
		谈话	tánhuà	[탄화]	이야기하다
谈	谈	谈论	tánlùn	[탄룬]	논의하다, 비난하다
		谈吐	tántǔ	[탄투]	말투, 태도
		吐气	tǔqì	[투치]	기, 울분을 토하다
吐	吐	吐痰	tǔ tán	[투탄]	가래를 뱉다
		呕吐	ǒutù	[오우투]	구토하다
		文雅	wényǎ	[원야]	점잖다
雅	雅	高雅	gāoyǎ	[까오야]	고상하고 우아하다
		雅致	yǎzhì	[야쯔]	품위있다

활용 예문

举行集会。	Jǔxíng jíhuì.	집회를 거행하다
选举代表。	Xuǎnjǔ dàibiǎo.	대표를 선출하다
停止供应。	Tíngzhǐ gòngyìng.	공급을 중지하다
流血不止。	Liú xiě bù zhǐ.	출혈이 그치지 않는다
找人谈话。	Zhǎo rén tánhuà.	사람을 찾아 이야기하다
谈吐文明。	Tántǔ wénmíng.	말투가 현대적이다
不断吐气。	Búduàn tǔqì.	끊임없이 울분을 토하다
他呕吐得厉害。	Tā ǒutù de lìhai.	그는 심하게 구토했다
高雅的穿戴	gāoyǎ de chuāndài	고아한 복식
多么雅致的装束。	Duōme yǎzhì de zhuāngshù.	대단히 품위있는 옷차림

成语

百废待举	bǎi fèi dài jǔ	내버려 두었던 많은 일들이 다 손보기를 기다리다
雅俗共赏	yǎ sú gòng xiǎng	문예작품이 훌륭하고도 통속적이라 누구나 감상할 수 있다

逢	迎	献	媚	俗
féng[펑] 만나다	yíng[잉] 맞이하다	xiàn[시엔] 바치다	mèi[메이] 아첨하다	sú[쑤] 속되다
⺈ 夂 夆 夆 逢	⺈ 卬 卬 迎 迎	南 南 南 献 献	女 妒 妒 媚 媚	亻 伀 伀 俗 俗 俗

逢 逢		相逢	xiāngféng	[시앙펑]	상봉(하다)
		初逢	chū féng	[추펑]	처음 만나다
迎 迎		欢迎	huānyíng	[환잉]	환영하다
		迎送	yíngsòng	[잉쏭]	마중과 바램
		迎新	yíngxīn	[잉씬]	새해를 맞다
献 献		贡献	gòngxiàn	[꽁시엔]	공헌하다
		奉献	fèngxiàn	[펑시엔]	삼가 바치다
		献上	xiànshàng	[시엔샹]	헌상하다
媚 媚		谄媚	chǎnmèi	[시엔메이]	아첨하다
		媚颜	mèiyán	[메이옌]	아첨하는 모습
		媚俗	mèisú	[메이쑤]	세상 흐름에 따르다
俗 俗		俗人	súrén	[쑤런]	보통 사람
		俗语	súyǔ	[쑤위]	속어

활용 예문

相逢何必曾相识。	Xiāngféng hébì céng xiāngshì.	구면인 사람을 만날 필요가 없다
初逢初见。	Chū féng chū jiàn.	처음 만나다
欢迎光临。	Huānyíng guānglín.	오신 것을 환영합니다
迎送亲友。	Yíngsòng qīnyǒu.	친구를 마중하다
贡献极大。	Gòngxiàn jí dà.	공헌이 매우 크다
奉献青春。	Fèngxiàn qīngchūn.	청춘을 바치다
媚颜可憎。	Mèiyán kězèng.	아첨하는 모습이 밉살스럽다
媚俗不堪。	Mèisú bùkān.	세상의 흐름을 따라가지 못하다
俗人俗事。	Súrén súshì.	보통 사람의 보통 일
俗语不俗。	Súyǔ bù sú.	속어가 속되지 않다

成语 逢迎拍马	féng xiong huà jí	전화위복, 위험을 벗어나 안전해지다
送旧迎新	sòng jiù yíng xīn	송구영신, 옛것을 보내고 새것을 맞이하다

感 谢 敬 谦 让

感	谢	敬	谦	让
gǎn[간] 느끼다	xiè[씨에] 감사(하다)	jìng[찡] 존경(하다)	qiān[치엔] 겸허하다	ràng[랑] 양보하다
厂 厎 咸 咸 咸 感 感	讠 计 讲 诮 谢 谢 谢	一 艹 艹 苟 苟 敬 敬	讠 讠 讠 许 评 谦 谦	讠 讠 让 让

感谢	gǎnxiè	[간씨에]	감사하다
感动	gǎndòng	[간똥]	감동하다
感冒	gǎnmào	[간마오]	감기
谢谢	xièxie	[씨에시에]	감사하다
谢意	xièyì	[시에이]	사의, 감사의 뜻
重谢	zhòngxiè	[쭝시에]	깊이 감사하다
敬爱	jìng'ài	[찡아이]	경애하다
敬意	jìngyì	[찡이]	경의
尊敬	zūnjìng	[쭌찡]	존경(하다)
谦虚	qiānxū	[치엔쉬]	겸허하다
谦和	qiānhé	[치엔허]	겸손하고 온화하다
谦卑	qiānbēi	[치엔뻬이]	겸손히 자기를 낮추다
让人	ràng rén	[랑런]	남에게 넘겨주다
礼让	lǐràng	[리랑]	예양(하다)
让座	ràng zuò	[랑쭈오]	자리를 양보하다

활용 예문

他感冒了。	Tā gǎnmào le.	그는 감기에 걸렸다
非常感谢您的帮助。	Fēicháng gǎnxiè nín de bāngzhù.	당신의 도움에 정말 감사드립니다
我要好好谢谢您。	Wǒ yào hǎohāo xièxie nín.	나는 당신께 충분히 감사하려고 한다
表示重谢。	Biǎoshì zhòngxiè.	깊은 감사를 표하다
对师长表示敬爱。	Duì shīzhǎng biǎoshì jìng'ài.	스승께 경애를 표시하다
尊敬师长。	Zūnjìng shīzhǎng.	스승과 어른을 존경하다
为人要谦虚。	Wéirén yào qiānxū.	사람됨은 겸허해야 한다
他的态度很谦和。	Tā de tàidù hěn qiānhé.	그의 태도는 매우 겸허하고 온화하다
他经常吃亏让人。	Tā jīngcháng chīkuī rràngrén.	그는 자주 남에게 양보해 손해를 본다
给老人让个座。	Gěi lǎorén ràng gè zuò.	노인에게 자리를 양보하다

成语		
相敬如宾	xiāng jìng rú bīn	부부가 서로 손님을 대하듯 존경하다
当仁不让	dāng rén bù ràng	옳은 일은 사양하지 않는다

<table>
<tr><td colspan="2" align="center">美
měi[메이] 아름답다
⺷ ⺷ ⺷ 美 美 美 美</td><td colspan="2" align="center">态
tài[타이] 모양, 태도
一 ナ 大 太 态 态 态</td><td colspan="2" align="center">笨
bèn[번] 어리석다
⺮ ⺮ ⺮ 竺 笨 笨 笨</td><td colspan="2" align="center">拙
zhuō[주오] 우둔하다
扌 扌 扣 扣 抖 拙 拙</td><td colspan="2" align="center">素
sù[쑤] 수수하다
一 丰 主 素 素 素 素</td></tr>
</table>

		美丽	měilì	[메이리]	아름답다
美	美	美女	měinǚ	[메이뉘]	미녀
		美满	měimǎn	[메이만]	아름답고 원만하다
		态度	tàidù	[타이뚜]	태도
态	态	态势	tàishì	[타이스]	형세, 태세
		固态	gùtài	[구타이]	고체 상태, 고태
		笨人	bènrén	[뻔런]	융통성 없는 사람
笨	笨	笨蛋	bèndàn	[뻔딴]	바보, 멍청이
		笨拙	bènzhuō	[뻔쭈오]	서툴다, 우둔하다
		拙笨	zhuōbèn	[쭈오뻔]	서툴다, 우둔하다
拙	拙	拙著	zhuōzhù	[쭈오주]	졸저
		拙见	zhuōjiàn	[쭈오지엔]	졸견, 어리석은 견해
		素来	sùlái	[쑤라이]	평소부터, 전부터
素	素	素养	sùyǎng	[쑤양]	소양, 평소의 수양
		素常	sùcháng	[쑤창]	평소

활용 예문

她聪明美丽。	Tā cōngming měilì.	그녀는 총명하고 아름답다
美满的婚姻	měimǎn de hūnyīn	아름답고 원만한 혼인
他态度很好。	Tā tàidù hěn hǎo.	그의 태도가 매우 좋다
物质分三态: 气态、液态、固态。	Wùzhì fēn sān tài : qìtài, yètài, gùtài.	물질의 3가지 형태는 기체, 액체, 고체이다
我是一个笨人。	Wǒ shì yī ge bènrén.	나는 바보이다
笨拙不是天生的。	Bènzhuō bú shì tiānshēng de.	우둔한 것은 천성적인 것이 아니다
拙笨的手。	Zhuōbèn de shǒu.	손재주가 서투르다
请对拙著点评。	Qǐng duì zhuōzhù diǎnpíng.	졸저에 대해서 평가를 해주십시오
他素来不吸烟。	Tā sùlái bù xī yān.	그는 전부터 담배를 피우지 않았다
素常他不喝酒。	Sùcháng tā bù hē jiǔ.	그는 평소에 술을 마시지 않는다

成语

美中不足	měi zhōng bù zú	옥에도 티가 있다
笨鸟先飞	bèn niǎo xiān fēi	능력이 모자란 사람이 남에게 뒤질까봐 먼저 행동하다

吃	喝	拉	撒	睡
chī[츠] 먹다	hē[허] 마시다	lā[라] 당기다	sā[싸] 뿌리다	shuì[쉐이] 자다
⺊⺊⺊⺊⺊吃吃	口 吲吲吲吲喝喝喝	一十扌扩扩扩拉	扌扩扩捗捗撒撒	刂目盯盯盯睡睡

吃	吃				吃饭	chī fàn	[츠판]	밥을 먹다
					吃喝	chīhē	[츠허]	먹고 마시다, 음식물
					吃食	chīshí	[츠스]	음식물
喝	喝				喝水	hē shuǐ	[허쉐이]	물을 마시다
					喝酒	hē jiǔ	[허지우]	술을 마시다
					喝醉	hēzuì	[허쭈에이]	취하다
拉	拉				拉手	lāshǒu	[라쇼우]	손을 잡다
					拉住	lāzhù	[라주]	끌어 당겨 붙잡다
					拉关系	lā guānxì	[라꾸안씨]	관계를 맺다
撒	撒				撒水	sāshuǐ	[싸쉐이]	물을 뿌리다
					撒尿	sā niào	[싸니아오]	오줌을 누다
					撒播	sābō	[싸뽀]	씨앗을 뿌리다
睡	睡				睡觉	shuì jiào	[쉐이쟈오]	잠을 자다
					睡床	shuìchuáng	[쉐이추앙]	침대
					睡下	shuìxià	[쉐이샤]	자다

활용 예문

他七点吃饭。	Tā qī diǎn chī fàn.	그는 7시에 식사를 한다
吃食质量高。	Chīshí zhìliàng gāo.	음식물이 고급이다
天天喝酒。	Tiāntian hē jiǔ.	매일 술을 마신다
日日喝醉。	Rìri hēzuì.	매일매일 취한다
我们拉拉手吧。	Wǒmen lā lāshǒu ba.	우리 손을 잡자
做生意，拉关系。	Zuò shēngyì, lā guānxì.	장사를 하며 관계를 맺다
小孩子撒尿了。	Xiǎo háizi sā niào le.	아이가 오줌을 누었다
农民撒播种子。	Nóngmín sābō zhǒngzi.	농부가 씨앗을 고루 뿌려 심었다
睡觉好。	Shuì jiào hǎo.	잘 자다
请你在此睡下。	Qǐng nǐ zài cǐ shuìxià.	당신 여기에서 주무세요

成语

吃一堑长一智	chī yī qiàn zhǎng yī zhì	한번 실패하면 그만큼 현명해진다
拉家带口	lā jiā dài kǒu	가족을 거느리다

煎	炒	烹	炸	煮
jiān[지엔] 지지다	chǎo[차오] 볶다	pēng[펑] 끓이다	zhá[자] 튀기다	zhǔ[주] 삶다
丶丷斺斺首前前煎	丷丬火灯炒炒炒	亠亠亨亨亨烹烹	丶丷丬火灯炸炸炸	一十耂考者者煮

				煎饼	jiānbing	[지엔빙]	전병
煎	煎			煎鱼	jiānyú	[지엔위]	전어
				熬煎	áojiān	[아오지엔]	오래 삶다
炒	炒			炒鱿鱼	chǎo yóuyú	[차오요우위]	오징어 볶음
				炒肉	chǎoròu	[차오로우]	돼지고기 볶음
				炒饭	chǎonfàn	[차오판]	볶음밥
烹	烹			烹茶	pēng chá	[펑차]	차를 끓이다
				烹调	pēngtiáo	[펑탸오]	요리하다
炸	炸			炸鸡	zhájī	[자지]	닭튀김
				炸鱼	zháyú	[자위]	생선 튀김
				爆炸	bàozhà	[빠오자]	폭발하다
煮	煮			煮饭	zhǔ fàn	[주판]	밥을 짓다
				煮肉	zhǔròu	[주로우]	삶은 고기
				煮熟	zhǔshú	[주슈]	삶다

활용 예문

他喜欢做煎饼。	Tā xǐhuan zuò jiānbing.	그는 전병 만들기를 좋아한다
煎鱼味道不错。	Jiānyú wèidào búcuò.	전어의 맛이 좋다
用油炒鱿鱼。	Yòng yóu chǎo yóuyú.	기름으로 오징어를 볶다
我的拿手菜是炒饭。	Wǒ de náshǒucài shì chǎofàn.	내가 제일 잘하는 요리는 볶음밥이다
烹调技术	pēngtiáo jìshù	요리 기술
我在烹茶去。	Wǒ zài pēng chá qù.	나는 지금 차를 끓이러 간다
美国炸鸡	Měiguó zháojī	미국 프라이드치킨
我爱吃炸鱼。	Wǒ àichī zháyú.	나는 생선튀김을 좋아한다.
他会煮饭。	Tā huì zhǔ fàn.	그는 밥할 줄 안다
煮熟了再吃。	Zhǔshú le zài chī.	삶은 뒤에 다시 먹다

成语

相煎太急	xiāng jiān tài jí	몹시 억누르다, 몹시 들볶다
兔死狗烹	tù sǐ gǒu pēng	일이 성공한 뒤에 그 일을 위해 애쓴 사람을 버리다

锅 碗 瓢 勺 盆

guō[궈] 솥, 남비	wǎn[완] 그릇	piáo[퍄오] 표주박	sháo[샤오] 국자, 주걱	pén[펀] 분, 그릇
钅 钅 钊 钊 锅 锅 锅	丆 石 矿 矽 碎 碗 碗	一 西 覀 票 飘 飘 瓢	丿 勹 勺	丿 八 分 分 岔 盆 盆

锅	锅	铁锅	tiěguō	[티에궈]	철 남비
		饭锅	fànguō	[판궈]	밥솥
		锅盖	guōgài	[궈까이]	남비 뚜껑
碗	碗	瓷碗	cíwǎn	[츠완]	자기 그릇, 사발
		木碗	mùwǎn	[무완]	나무 그릇
		竹碗	zhúwǎn	[주완]	대나무 그릇
瓢	瓢	瓢子	piáozi	[퍄오즈]	표주박, 국자, 주걱
		木瓢	mùpiáo	[무퍄오]	나무 주걱
勺	勺	勺子	sháozi	[샤오즈]	숫가락, 국자
		铁勺	tiěsháo	[티에샤오]	쇠 숫가락
		银勺	yínsháo	[인샤오]	은 숫가락
盆	盆	盆子	pénzi	[펀즈]	대야, 화분, 소래기
		瓷盆	cípén	[츠펀]	자기 분
		木盆	mùpén	[무펀]	나무 대야

활용 예문

铁锅结实。	Tiěguō jiēshi.	철 남비는 튼튼하다
锅盖合适。	Guōgài héshi.	남비 뚜껑이 잘 맞는다
景德镇的瓷碗很有名。	Jǐngdézhèn de cíwǎn hěn yǒumíng.	경덕진의 자기 그릇은 매우 유명하다
竹碗是南方人用的。	Zhúwǎn shì Nánfāngrén yòng de.	대나무 그릇을 남방 사람들이 사용한다
瓢子盛水。	Piáozi chéng shuǐ.	표주박에 물이 가득하다
木瓢不怕摔。	Mùpiáo bú pà shuāi.	나무 주걱은 깨질 걱정을 하지 않아도 된다
西方人吃饭用勺子。	Xīfāngrén chī fàn yòng sháozi.	서양 사람들은 식사할 때 숫가락을 쓴다
银勺太讲究。	Yínsháo tài jiǎngjiu.	은수저가 대단히 정교하다[소중하다]
盆子放水。	Pénzi fàng shuǐ.	화분에 물을 주다
瓷盆盛菜。	Cípén chéng cài.	자기 분에 채소를 담다

成语			
瓢泼大雨	piáo pō dà yǔ	억수같이 퍼붓는 비
大雨倾盆	dà yǔ qīng pén	큰 비가 억수로 쏟아지다

杯	盘	叉	筷	壶
bēi[뻬이] 잔, 배	pán[판] 큰 접시	chā[차] 포크	kuài[콰이] 젓가락	hú[후] 주전자, 단지
十 才 木 杧 杯 杯 杯	ノ ノ 舟 舟 舟 盘 盘	フ 又 叉	⺮ ⺮ 竺 筐 筷 筷 筷	十 士 壳 壳 壺 壺 壶

杯	杯			杯子	bēizi	[뻬이즈]	잔
				茶杯	chábēi	[차베이]	찻잔
				一杯	yìbēi	[이뻬이]	한 잔
盘	盘			盘子	pánzi	[판즈]	접시
				茶盘	chápán	[차판]	차반, 다반
				两盘	liǎng pán	[량판]	두 접시
叉	叉			叉子	chāzi	[차즈]	포크
				刀叉	dāochā	[따오차]	나이프와 포크
筷	筷			筷子	kuàizi	[콰이즈]	젓가락
				碗筷	wǎnkuài	[완콰이]	그릇과 젓가락
壶	壶			茶壶	cháhú	[차후]	차 주전자
				水壶	shuǐhú	[쉐이후]	수통
				壶盖	húgài	[후까이]	주전자 뚜껑

활용 예문

这杯子多少钱一个？	Zhè bēizi duōshao qián yī ge?	이 잔은 하나에 얼마입니까?
用茶杯喝茶。	Yòng chábēi hē chá.	찻잔으로 차를 마신다
这种盘子哪儿生产的？	Zhè zhǒng pánzi nǎr shēngchǎn de?	이 접시는 어느 지역에서 생산된 것입니까?
两盘水果	liǎng pán shuǐguǒ	두 접시의 과일
叉子的形状很特别。	Chāzi de xíngzhuàng hěn tèbié.	포크의 모양은 매우 특이하다
三个叉子三块钱。	Sān ge chāzi sān kuài qián.	포크 3개에 3위엔입니다
中国人用筷子吃饭。	Zhōngguórén yòng kuàizi chī fàn.	중국인은 젓가락으로 식사를 한다
碗筷齐备。	Wǎnkuài qíbèi.	그릇과 젓가락이 모두 준비되었다
茶壶是景德镇生产的。	Cháhú shì Jǐngdézhèn shēngchǎn de.	차주전자는 경덕진에서 생산된 것이다
壶盖坏了。	Húgài huài le.	주전자 뚜껑이 깨졌다

成语		
杯水车薪	bēi shuǐ chē xīn	한 잔의 물을 달구지의 불에 끼얹다, 계란으로 바위치기
杯盘狼藉	bēi pán láng jí	술자리가 파한 후 술잔 등이 어지럽게 흩어진 모양

鸭	鹅	虾	肉	蛋
yā[야] 오리	é[어] 거위	xiā[샤] 새우	ròu[로우] 고기	dàn[딴] 알
日 甲 甲' 甲' 甲' 鸭鸭	′ 手 我 我 我' 鹅鹅	口 中 虫 虫 虾 虾 虾	┃ 冂 内 内 肉 肉	一 丁 丑 疋 疋 蛋 蛋

鸭	鸭			鸭子	yāzi	[야즈]	오리
				鸭蛋	yādàn	[야딴]	오리알
				烤鸭	kǎoyā	[카오야]	오리구이
鹅	鹅			鹅蛋	édàn	[어딴]	거위알
				鹅毛	émáo	[어마오]	거위털
虾	虾			虾肉	xiāròu	[샤로우]	새우살
				虾油	xiāyóu	[샤요우]	새우 기름
				虾皮	xiāpí	[샤피]	새우 껍질
肉	肉			肉类	ròulèi	[로우레이]	육류
				吃肉	chī ròu	[츠로우]	고기를 먹다
				烤肉	kǎoròu	[카오로우]	불고기
蛋	蛋			鸡蛋	jīdàn	[지딴]	달걀
				蛋炒饭	dànchǎofàn	[딴차오판]	달걀볶음밥
				混蛋	hùndàn	[훈딴]	바보, 멍청이

활용 예문

鸭子浮水。	Yāzi fú shuǐ.	오리는 물에 뜬다
北京烤鸭很有名。	Běijing kǎoyā hěn yǒumíng.	북경 오리구이는 매우 유명하다
鹅蛋比鸭蛋大。	Édàn bǐ yādàn dà.	거위알이 오리알보다 크다
鹅毛可做冬衣。	Émáo kě zuò dōngyī.	거위털로는 겨울옷을 만들 수 있다
虾肉新鲜。	Xiāròu xīnxiān.	새우살이 신선하다
虾油昂贵。	Xiāyóu ángguì.	새우 기름은 매우 비싸다
他喜欢吃肉。	Tā xǐhuān chī ròu.	그는 고기 먹기를 좋아한다
韩国烤肉很有名。	Hánguó kǎoròu hěn yǒumíng.	한국의 불고기는 매우 유명하다
鸡蛋营养好。	Jīdàn yíngyǎng hǎo.	달걀에는 영양이 많다
你简直是一个大混蛋。	Nǐ jiǎnzhí shì yī ge dàhúndàn.	너는 그야말로 바보 멍청이다

成语

鹅行鸭步	é xíng yā bù	거위와 오리의 걸음, 느릿느릿 걷는 걸음
行尸走肉	xíng shī zǒu ròu	살아있는 송장, 무능한 인간

柴	米	油	盐	醋
chái[차이] 장작, 땔감	mǐ[미] 쌀	yóu[요우] 기름	yán[옌] 소금	cù[추] (식)초, 질투
丬 屮 屮 此 此 柴柴	丶 丷 半 半 米米	冫 氵 沪 油油油	土 吐 盐 盐 盐 盐盐	丆 丙 酉 酉 醋醋醋

		柴火	cháihuo	[차이휘]	장작, 땔나무
柴	柴	柴油	cháiyóu	[차이요우]	중유, 디젤유
		柴门	cháimén	[차이먼]	사립문, 가난한 집
		大米	dàmǐ	[따미]	쌀
米	米	米饭	mǐfàn	[미판]	쌀밥
		米面	mǐmiàn	[미미엔]	쌀과 밀가루
		油条	yóutiáo	[요우탸오]	꽈배기튀김
油	油	豆油	dòuyóu	[또우요우]	콩기름
		汽油	qìyóu	[치요우]	휘발유, 가솔린
		盐水	yánshuǐ	[옌쉐이]	소금물
盐	盐	食盐	shíyán	[스옌]	식염
		醋意	cùyì	[추이]	질투심
醋	醋	吃醋	chīcù	[츠추]	질투하다
		酸醋	suāncù	[쑤안추]	신 식초

활용 예문

柴火烧火。	Cháihuo shāohuǒ.	장작을 태우다
柴油便宜。	Cháiyóu piányi.	디젤유는 저렴하다
米饭好吃。	Mǐfàn hǎochī.	쌀밥은 맛있다
买够米面。	Mǎigòu mǐmiàn.	쌀과 밀가루를 충분히 샀다
北京人喜欢吃油条。	Běijīngrén xǐhuan chī yóutiáo.	북경 사람들은 꽈배기튀김을 즐겨먹는다
豆油价格不低。	Dòuyóu jiàgé bù dǐ.	콩기름 가격이 싸지 않다
喝点盐水。	Hē diǎn yánshuǐ.	소금물을 마시다
食盐不可多吃。	Shíyán bù kě duō chī.	식염을 너무 많이 먹으면 안된다
她有点儿醋意了。	Tā yǒudianr cùyì le.	그녀는 질투심이 조금 있다
她又吃醋了。	Tā yòu chīcù le.	그녀는 또 질투했다

成语 柴门客稀	chái mǐ yóu yán	땔감, 곡식, 기름 소금 등의 생활 필수품
火上加油	huǒ shàng jiā yóu	불난 데 기름을 끼얹다

麻 辣 酸 甜 咸

麻	辣	酸	甜	咸
má[마] 얼얼하다	là[라] 맵다	suān[쑤안] 시다	tián[티엔] 달다	xián[시엔] 짜다
亠广广广麻麻麻	亠亠卉辛辢辢辣	冂酉酉酌酸酸酸	二千舌舌甜甜甜	一厂厂成咸咸咸

		麻味(儿)	máwèi(r)	[마웨이]	얼얼한 맛
麻	麻	麻烦	máfan	[마판]	번거롭다
		麻子	mázi	[마즈]	곰보 자국, 곰보
辣	辣	辣子	làzi	[라즈]	망나니, 독종
		辣椒	làjiāo	[라쟈오]	고추
		泼辣	pōlà	[포라]	악랄하다, 박력있다
酸	酸	酸菜	suāncài	[쑤안니우나이]	요구르트, 발효유
		酸味	suānwèi	[쑤안웨이]	신맛
		酸枣	suānzǎo	[수안자오]	멧대추
甜	甜	甜味	tiánwèi	[티엔웨이]	단맛
		甜菜	tiáncài	[티엔차이]	사탕무우
		甜蜜	tiánmì	[티엔미]	달콤하다
咸	咸	咸盐	xiányán	[시엔옌]	짠 소금
		咸菜	xiáncài	[시엔차이]	짠지, 절인 야채
		咸淡	xiándàn	[시엔딴]	짜고 싱겁다, 간

활용 예문

这事真麻烦。	Zhè shì zhēn máfan.	이 일은 정말 번거롭다
他从小就是个麻子。	Tā cóng xiǎo jiù shì gè mázi.	그는 어릴적부터 곰보였다
农民种辣椒。	Nóngmín zhòng làjiāo.	농민들이 고추를 심다
他的性格泼辣。	Tā de xìnggé pōlà.	그는 성격이 심술궂다
北京人爱喝酸牛奶。	Běijīngrén ài hē suānniúnài.	북경사람들은 요구르트를 즐겨 마신다
他不喜欢酸味。	Tā bù xǐhuan suānwèi.	그는 신맛을 좋아하지 않는다
蛋糕是甜的。	Dàngāo shì tián de.	케이크는 달다
甜蜜的生活	tiánmì de shēnghuó	달콤한 생활
老人要少吃咸盐。	Lǎorén yào shǎo chī xiányán.	노인은 짠 소금을 적게 먹어야 한다
多点儿咸淡味。	Duō diǎnr xiándànwèi.	간을 조금 더 넣어라

成语	麻木不仁	má mù bù rén	(세상 사물에 대해) 반응이 둔하다, 무관심하다
	甜言蜜语	tián yán mì yǔ	달콤한 맛, 감언이설

色 香 味 形 卤

色	香	味	形	卤
sè[써] 색	xiāng[시앙] 향	wèi[웨이] 맛	xíng[씽] 모양	lǔ[루] 간수
ノ ク ク 각 名 色	一 二 千 禾 禾 禾 香 香	口 口 口 叮 吽 味 味	一 二 チ 开 形 形 形	ヽ 亠 广 卢 占 卤 卤

色 色		颜色	yánsè	[옌써]	색깔, 안색
		彩色	cǎisè	[차이써]	천연색
		色盲	sèmáng	[써망]	색맹
香 香		香味	xiāngwèi	[시앙웨이]	향기
		香臭	xiāngchòu	[시앙초우]	향기와 악취
		香油	xiāngyóu	[시앙요우]	향유
味 味		味道	wèidào	[웨이따오]	맛
		怪味	guàiwèi	[과이웨이]	괴상한 맛
		臭味	chòuwèi	[초우웨이]	악취
形 形		形状	xíngzhuàng	[씽주앙]	형상
		形式	xíngshì	[씽스]	형식
		图形	túxíng	[투씽]	도형
卤 卤		卤虾油	lǔxiāyóu	[루샤요우]	새우젓 즙
		卤水	lǔshuǐ	[루쉐이]	간수

활용 예문

买彩色胶卷。	Mǎi cǎisè jiāojuǎn.	천연색 필름을 사다
他是色盲。	Tā shì sèmáng.	그는 색맹이다
他不懂香臭。	Tā bù dǒng xiāngchòu.	그는 향기와 악취를 알지 못한다
香油是芝麻作的。	Xiāngyóu shì zhīma zuò de.	향유는 참깨로 만든다
这是什么味道？	Zhè shì shénme wèidào?	이것은 무슨 맛이지?
屋里有臭味。	Wūlǐ yǒu chòuwèi.	집안에서 악취가 난다
这种形式，人们易于接受。	Zhè zhǒng xíngshì, rénmen yì yú jiēshòu.	이런 형식은 사람들이 쉽게 받아들인다
各种图形	gèzhǒng túxíng	각종 도형
卤虾油真好吃。	Lǔxiāyóu zhēn hǎochī.	새우젓 즙은 정말 맛있다
卤水豆腐	lǔshuǐ dòufu	간수 두부

成语		
五颜六色	wú yán liù sè	여러가지 빛깔, 가지 각색
不知香臭	bù zhī xiāng chòu	선악을 구별하지 못하다

软 硬 稀 稠 淡

软	硬	稀	稠	淡
ruǎn[롼] 부드럽다	yìng[잉] 단단하다	xī[씨] 드물다	chóu[초우] 걸쭉하다	dàn[딴] 싱겁다
一 士 占 车 轫 轫 软	一 丁 石 石 砸 硬 硬	千 禾 和 稀 稀 稀 稀	二 千 禾 利 利 稠 稠	氵 氵 氵 浐 浐 浐 浐 淡

软 软			软卧	ruǎnwò	[롼워]	1등(연석침대)석
			柔软	róuruǎn	[로우롼]	부드럽고 연하다
			软硬	ruǎnyìng	[롼잉]	부드러움과 강함
硬 硬			硬度	yìngdù	[잉뚜]	경도
			硬朗	yìnglang	[잉랑]	건강하다, 단단하다
			坚硬	jiānyìng	[지엔잉]	단단하다, 굳다
稀 稀			稀饭	xīfàn	[시판]	죽
			稀拉	xīlā	[씨라]	드문드문하다
			稀松	xīsōng	[씨쑹]	보통이다, 질이 낮다
稠 稠			稠度	chóudù	[초우뚜]	농도가 짙은 정도
			稠密	chóumì	[초우미]	조밀하다
淡 淡			淡季	dànjì	[딴지]	비수기
			淡色	dànsè	[딴써]	엷은 색
			淡水	dànshuǐ	[딴쉐이]	담수, 민물

활용 예문

坐软卧, 不坐硬卧。	Zuò ruǎnwò, bú zuò yìngwò.	1등 침대석에 타지 일반 침대석에 타지 않는다
性格柔软可亲。	Xìnggé róuruǎn kě qīn.	성격이 부드러워 친할 만하다
这种材料硬度大。	Zhè zhǒng cáiliào yìngdù dà.	이런 재료는 경도가 강하다
这种铁坚硬得很。	Zhè zhǒng tiě jiānyìng de hěn.	이런 철은 매우 단단하다
他爱吃稀饭。	Tā ài chī xīfàn.	그는 죽을 즐겨 먹는다
他的能力稀松平常。	Tā de nénglì xīsōng píngcháng.	그의 능력은 평범하다
血的稠度太大。	Xiě de chóudù tài dà.	피의 농도가 매우 짙다
中国人口稠密。	Zhōngguó rénkǒu chóumì.	중국 인구는 조밀하다
这是旅游淡季。	Zhè shì lǚyóu dànjì.	지금은 여행의 비수기이다
月光是淡色的。	Yuèguāng shì dànsè de.	달빛은 엷은 색이다.

成语	软硬兼施	ruǎn yìng jiān shī	강온 양책을 함께 쓰다
	稠人广众	chóu rù guǎng zhòng	많은 사람이 모이는 곳

汤	粥	包	饺	乳
tāng[탕] 탕, 국	zhōu[조우] 죽	bāo[빠오] 싸다, 만두	jiǎo[쟈오] 만두, 교자	rǔ[루] 젖
丶丶氵沪沪汤汤	フ弓弓弔粥粥粥	ノクク包包	ノ⺉饣饣饣饺饺	一厂四四乎乎乳

汤	汤		喝汤	hē tāng	[허탕]	국을 마시다
			作汤	zuò tāng	[쭈오탕]	국을 만들다
粥	粥		饭汤	fàntāng	[판탕]	밥과 국
			吃粥	chī zhōu	[츠조우]	죽을 먹다
包	包		做粥	zuò zhōu	[쭈오조우]	죽을 만들다
			卖粥	mài zhōu	[마이조우]	죽을 팔다
饺	饺		包子	bāozi	[빠오즈]	포자만두
			包括	bāokuò	[빠오쿠오]	포괄하다
			包起来	bāoqǐlái	[빠오치라이]	싸다
乳	乳		饺子	jiǎozi	[쟈오즈]	교자만두
			水饺	shuǐjiǎo	[쉐이쟈오]	교자만두국
			乳酪	rǔlào	[루라오]	버터, 치즈
			母乳	mǔrǔ	[무루]	모유

我想喝汤。	Wǒ xiǎng hē tāng.	나는 국을 마시려 한다
请作一碗汤。	Qǐng zuò yī wǎn tāng.	국 한 사발 만들어 주세요
每天吃粥。	Měitiān chī zhōu.	매일 죽을 먹는다
他会做粥。	Tā huì zuò zhōu.	그는 죽을 만들 줄 안다
买包子。	Mǎi bāozi.	포자만두를 사다
把衣服包起来。	Bǎ yīfu bāoqǐlái.	옷을 싸기 시작하다
他们都喜欢吃水饺。	Tāmen dōu xǐhuan chī shuǐjiǎo.	그들은 모두 교자만두국 먹기를 좋아한다
他不会包饺子。	Tā bú huì bāo jiǎozi.	나는 교자만두를 만들 줄 모른다
谁动了我的乳酪？	Shéi dòng le wǒ de rǔlào?	누가 내 치즈[버터]를 옮겼을까?
他是吃母乳长大的。	Tā shì chī mǔrǔ zhǎngdà de.	그는 모유를 먹고 자랐다

成语			
赴汤蹈火	fù tāng dǎo huǒ	물 불을 가리지 않다
包罗万象	bāo luó wàn xiàng	만상을 망라하고 있다, 두루 갖추고 있다

烟 酒 茶 糖 饭

yān[옌] 담배	jiǔ[지우] 술	chá[차] 차	táng[탕] 사탕	fàn[판] 밥
⺣ ⺣ ⺣ 灯 炉 烟 烟 烟	氵 汀 沂 沅 洒 酒 酒	⺊ ⺊ ⺊ ⺊ 火 苶 茶	⺌ ⺌ 米 粐 粐 糖 糖	⺋ ⺋ ⺋ 饣 饣 饭 饭

烟	烟			烟火	yānhuǒ	[옌훠]	연기와 불, 불꽃
				烟酒	yānjiǔ	[옌지우]	흡연과 음주
				吸烟	xī yān	[씨옌]	담배피우다
酒	酒			喝酒	hē jiǔ	[허지우]	술을 마시다
				啤酒	píjiǔ	[피지우]	맥주
				白酒	báijiǔ	[바이지우]	백주
茶	茶			茶叶	cháyè	[차예]	차잎
				品茶	pǐnchá	[핀차]	차 맛을 보다[즐기다]
				茶壶	cháhú	[차후]	차 주전자
糖	糖			糖果	tángguǒ	[탕궈]	사탕
				吃糖	chī táng	[츠탕]	사탕을 먹다
				糖类	tánglèi	[탕레이]	사탕류
饭	饭			饭菜	fàncài	[판차이]	요리
				吃饭	chī fàn	[츠판]	밥을 먹다
				饭馆	fànguǎn	[판관]	음식점, 식당

활용 예문

节日放烟火。	Jiérì fàng yānhuǒ.	명절에 불꽃[폭죽]을 쏘다
他烟酒不沾。	Tā yānjiǔ bù zhān.	그는 술담배를 하지 않는다
他天天喝酒。	Tā tiāntian hē jiǔ.	그는 매일 술을 마신다
他喜欢喝啤酒。	Tā xǐhuan hē píjiǔ.	그는 맥주 마시기를 좋아한다
他会品茶。	Tā huì pǐnchá.	그는 차 맛을 볼 줄 안다
茶壶茶盖要配套。	Cháhú chágài yào pèi tào.	차 주전자와 뚜껑을 세트로 맞춰야 한다
糖果种类多。	Tángguǒ zhǒnglèi duō.	사탕의 종류가 많다
小孩子不要多吃糖。	Xiǎoháizi bú yào duō chī táng.	어린이는 사탕을 많이 먹으면 안된다
饭菜好吃。	Fàncài hǎo chī.	반찬이 맛있다
在北京饭馆很多。	Zài Běijīng fànguǎn hěn duō.	북경에는 음식점이 매우 많다

成语	过眼烟云	guò yǎn yān yún	(구름이나 연기처럼) 금방 사라져 버리다
	花天酒地	huā tiān jiǔ dì	주색에 빠진 방탕한 생활

影	视	机	架	厨
yǐng[잉] 그림자, 영화	shì[스] 보다	jī[지] 기계, 기회	jià[쟈] 선반	chú[추] 부엌, 주방
日 旦 昙 景 景 影 影	` 礻 礻 礻 初 初 视 视	一 十 才 木 机 机	力 加 加 加 架 架 架	厂 厂 戶 厨 厨 厨 厨

影	影
视	视
机	机
架	架
厨	厨

电影	diànyǐng	[띠엔잉]	영화
影子	yǐngzi	[잉즈]	그림자
影象	yǐngxiàng	[잉샹]	영상
电视	diànshì	[띠엔스]	텔레비전
视力	shìlì	[스리]	시력
重视	zhòngshì	[쯍스]	중시하다
机器	jīqì	[지치]	기계
机会	jīhuì	[지훼이]	기회
机遇	jīyù	[지위]	좋은 기회
架子	jiàzi	[지아즈]	선반
书架	shūjià	[슈지아]	서가
衣架	yījià	[이쟈]	옷걸이
厨房	chúfáng	[추팡]	부엌
厨师	chúshī	[추스]	요리사
衣厨	yīchú	[이추]	장농, 옷장

활용 예문

他去看电影。	Tā qù kàn diànyǐng.	그는 가서 영화를 본다
儿子是爸爸的影子。	Érzi shì bàba de yǐngzi.	아이는 아버지의 그림자이다
看电视。	Kàn diànshì.	텔레비전을 보다
她的视力太弱。	Tā de shìlì tài ruò.	그녀의 시력은 너무 나쁘다
这台机器是国产的。	Zhè tái jīqì shì guóchǎn de.	이 기계는 국산이다
这是一个大好机会。	Zhè shì yī ge dà hǎo jīhuì.	이것은 매우 좋은 기회이다
这个架子有用。	Zhè ge jiàzi yǒuyòng.	이 선반은 유용하다
衣架太小。	Yījià tài xiǎo.	옷걸이가 너무 작다
进厨房做饭。	Jìn chúfáng zuò fàn.	주방에 들어가 밥을 하다
他是个好厨师。	Tā shì ge hǎochúshī.	그는 훌륭한 요리사이다

成语 虎视眈眈	hǔ shì dān dān	호시 탐탐하다
机不可失	jī bù kě shī	기회를 놓지지 말아야 한나

鞋	袜	衫	裙	带
xié[시에] 신발	wà[와] 양말	shān[샨] 셔츠	qún[췬] 치마	dài[따이] 띠, 대
一 廿 昔 苦 革 革 鞋 鞋	ソ ラ オ ネ ネ ネ ネ	ゝ フ オ ネ ネ ネ 衫	ラ オ ネ ネ 初 裙 裙 裙	一 ⺊ 世 世 世 帯 帯

鞋	鞋			鞋子	xiézi	[시에즈]	신발
				皮鞋	píxié	[피시에]	구두
				凉鞋	liángxié	[량시에]	샌들(sandal)
袜	袜			袜子	wàzi	[와즈]	양말
				丝袜	sīwà	[쓰와]	견양말
				棉袜	miánwà	[미엔와]	면양말
衫	衫			衬衫	chènshān	[천샨]	셔츠
				衣衫	yīshān	[이샨]	홑옷
				汗衫	hànshān	[한샨]	속옷, 런닝셔츠
裙	裙			裙子	qúnzi	[췬즈]	치마
				连衣裙	liányīqún	[리엔이췬]	원피스
				迷你裙	mínǐqún	[미니췬]	미니스커트
带	带			带子	dàizi	[따이즈]	띠, 끈, 밴드
				皮带	pídài	[피따이]	가죽 혁대
				带来	dàilái	[따이라이]	가져 오다

활용 예문

我买一双鞋子。	Wǒ mǎi yī shuāng xiézi.	나는 한 켤레의 신발을 산다
她买一双凉鞋。	Tā mǎi yī shuāng liángxié.	그녀는 한 켤레의 샌들을 산다
我做双袜子。	Wǒ zuò shuāng wàzi.	나는 양말을 만든다
她做双棉袜。	Tā zuò shuāng miánwà.	그녀는 면양말을 만든다
我送你一件衬衫。	Wǒ sòng nǐ yī jiàn chènshān.	나는 네게 셔츠 한 장을 선물한다
我送她一件汗衫。	Wǒ sòng tā yī jiàn hànshān.	나는 그녀에게 속옷 한 벌을 선물한다
他洗了一条裙子。	Tā xǐ le yī tiáo qúnzi.	그는 치마를 세탁했다
她常穿迷你裙。	Tā cháng chuān mínǐqún.	그녀는 미니스커트를 자주 입는다
她捡了一条皮带。	Tā jiǎn le yī tiáo pídài.	그녀는 가죽 혁대를 주웠다
我把衣服带来了。	Wǒ bǎ yīfu dàilái le.	나는 옷을 가지고 왔다

成语 裙带关系	qún dài guānxi	규별관계, 처가의 세력을 중심으로 결정된 파벌 관계
拖泥带水	tuō ní dài shuǐ	일을 맺고 끊는 맛이 없다

被	褥	棉	裤	服
bèi[뻬이] 이불	rù[루] 요	mián[미엔] 면화	kù[쿠] 바지	fú[푸] 옷, 의복
衤 衤 衤 衤 衻 被 被	衤 衤 衤 衤 褙 褥 褥	十 木 木 术 枦 枦 棉 棉	` ㇈ 衤 衤 衤 褚 裤 裤	刀 刀 月 月 刖 那 服 服

被	哥			被子	bèizi	[뻬이즈]	이불
				棉被	miánbèi	[미엔뻬이]	솜이불
褥	嫂			褥子	rùzi	[루즈]	요
				棉褥	miánrù	[미엔루]	솜요
棉	男			棉花	miánhua	[미엔화]	목화, 면, 솜
				棉衣	miányī	[미엔이]	솜옷, 무명옷
裤	女			裤子	kùzi	[쿠즈]	바지
				棉裤	miánkù	[미엔쿠]	솜바지, 면바지
服	姑			衣服	yīfu	[이푸]	옷
				服装	fúzhuāng	[푸주앙]	복장
				服气	fúqì	[푸치]	복종하다, 글복하다

他会做被子。	Tā huì zuò bèizi.	그는 이불을 만들 줄 안다
他会做棉被。	Tā huì zuò miánbèi.	그는 면이불을 만들 줄 안다
他去晒褥子。	Tā qù shài rùzi.	그는 요를 볕에 말린다
他去晒棉褥。	Tā qù shài miánrù.	그는 솜요를 볕에 말린다
他买棉花。	Tā mǎi miánhua.	그는 목화를 산다
买棉衣。	Mǎi miányī.	솜옷을 사다
送朋友裤子。	Sòng péngyou kùzi.	친구에게 바지를 선물하다
送朋友棉裤。	Sòng péngyou miánkù.	친구에게 면바지를 선물하다
给朋友买衣服。	Gěi péngyou mǎi yīfu.	친구에게 옷을 사주다
给朋友买服装。	Gěi péngyou mǎi fúzhuāng.	친구에게 옷을 사주다

成语		
繁文褥节	fán wén rù jié	번거롭고 불필요한 예절, 번잡하고 쓸모없는 일
以理服人	yǐ lǐ fú rén	사리를 밝혀가며 설득하다

针	织	纺	纱	帽
zhēn[쩐] 바늘	zhī[쯔] 방직하다	fǎng[팡] 실을 뽑다	shā[샤] 방적용 실	mào[마오] 모자
ノ ト �ヒ ⵑ 钅 钅 针	⼏ ⼛ ⼝ 纟 纪 织织	⼏ ⼛ ⼝ 纟 纩 纺纺	⼏ ⼛ ⼝ 纟 纱 纱纱	冂 巾 帄 帄 帽帽帽

		针织品	zhēnzhīpǐn	[쩐즈핀]	편직물
针	针	针灸	zhēnjiǔ	[쩐지우]	침구, 침질과 뜸질
		针对	zhēnduì	[쩐뚸이]	겨누다
		纺织品	fǎngzhīpǐn	[팡즈핀]	방직물
织	织	织布	zhībù	[즈뿌]	베를 짜다
		组织	zǔzhi	[주즈]	조직(하다)
		纺织	fǎngzhī	[팡즈]	방직(하다)
纺	纺	纺线	fǎngxiàn	[팡시엔]	방적사
		纺棉花	fǎngmiánhua	[팡미엔화]	솜을 잣다
		纱巾	shājīn	[샤진]	사로된 스카프
纱	纱	纱帽	shāmào	[샤마오]	사모, 신랑용 모자
		纱布	shābù	[샤뿌]	가제
		帽子	màozi	[마오즈]	모자
帽	帽	戴帽	dài mào	[따이마오]	모자쓰다
		摘帽	zhāi mào	[자이마오]	모자를 벗다

활용 예문

针织品便宜。	Zhēnzhīpǐn piányi.	편직물은 저렴하다
针对这个问题进行讨论。	Zhēnduì zhè ge wèntí jìnxíng tǎolùn.	이 문제에 대해서 토론을 진행하다
纺织品贵。	Zhēnzhīpǐn guì.	방직물이 비싸다
组织大家去旅游。	Zǔzhī dàjiā qù lǚyóu.	사람들은 조직하여 여행을 가다
纺线做衣服。	Fǎngxiàn zuò yīfu.	방적사로 옷을 만들다
老太太纺棉花。	Lǎotàitai fǎng miánhua.	노부인이 솜을 잣다
这条纱巾多漂亮！	Zhè tiáo shājīn duō piàoliang!	이 스카프가 얼마나 예쁜가!
纱布可做医用。	Shābù kě zuò yīyòng.	가제는 의료도구로 쓸 수 있다
一顶帽子多少钱?	Yī dǐng màozi duōshao qián?	모자 하나에 얼마입니까?
穿衣戴帽。	Chuān yī dài mào.	옷을 입고 모자를 쓰다

成语	针锋相对	zhēn fēng xiāng duì	일을 맺고 끊는 맛이 없다
	罗织罪名	luó zhī zuì míng	죄명을 꾸며내다

熨	烫	洗	涮	补
yùn[윈] 다리다	tàng[탕] 데다, 다리다	xǐ[씨] 씻다	shuàn[슈안] 헹구다	bǔ[뿌] 보수하다
尸 尽 屈 尉 尉 尉 熨	氵 氵 汤 汤 汤 烫 烫	氵 氵 沪 注 洗 洗 洗	氵 沪 沪 沪 涮 涮 涮	丶 ラ ネ ネ ネ 礼 补

			熨斗	yùndǒu	[윈또우]	다리미, 인두
熨	熨		熨衣服	yùn yīfu	[윈이푸]	다림질하다
烫	烫		烫手	tàngshǒu	[탕쇼우]	손을 데이다
			烫衣服	tàng yīfu	[탕이푸]	옷을 다림질하다
洗	洗		洗手	xǐshǒu	[씨쇼우]	세수하다
			洗衣服	xǐ yīfu	[씨이푸]	옷을 빨다
			洗脸	xǐ liǎn	[씨리엔]	세면하다
涮	涮		涮洗	shuànxǐ	[슈안씨]	물로 헹구다
			涮羊肉	shuànyángròu	[슈안양로우]	양고기 샤브샤브
补	补		补丁	bǔding	[뿌딩]	기운 자리, 헝겊조각
			补课	bǔkè	[뿌커]	보충수업을 하다
			补习	bǔxí	[뿌씨]	보습하다

他特会熨衣服。	Tā tè huì yùn yīfu.	그는 옷을 특히 잘 다린다
熨衣要小心。	Yùn yī yào xiǎoxīn.	옷을 다릴 때에는 조심해야 한다
烤肉烫手。	Kǎoròu tàng shǒu.	불고기에 손을 데다
他会烫衣。	Tā huì tàng yī.	그는 옷을 다릴 줄 안다
每天洗手洗脸。	Měitiān xǐshǒu xǐ liǎn.	매일 손과 얼굴을 씻는다
她喜欢洗衣服。	Tā xǐhuan xǐ yīfu.	그녀는 빨래하기를 좋아한다
勤涮勤洗。	Qín shuàn qín xǐ.	부지런히 헹구고 씻다
我们去吃涮羊肉吧。	Wǒmen qù chī shuànyángròu ba.	우리 가서 양고기 샤브샤브를 먹자
他穿过补丁衣服。	Tā chuānguò bǔding yīfu.	그는 기운 옷을 입었다
他正在补习功课。	Tā zhèngzài bǔxí gōngkè.	그는 지금 보충수업을 한다

成语 洗心革面	xǐ xīn gé miàn	철저히 회개하다, 개과 천선하다
补天浴日	bǔ tiān yù rì	매우 큰 공훈

厅 堂 楼 馆 所

tīng[팅] 큰 방, 청	táng[탕] 큰 방, 홀	lóu[로우] 층집, 층	guǎn[관] 여관, 호텔	suǒ[쑤오] 장소, 소
一厂厅厅	丷丷뿌严严堂堂堂	木 柞 柞 椊 栏 楼 楼 楼	丿 饣 饣 饣 馆 馆 馆	厂 厅 厅 厅 所 所 所

厅 厅		大厅	dàtīng	[따팅]	대청, 홀, 법정
		客厅	kètīng	[커팅]	객실, 응접실
		饭厅	fàntīng	[판팅]	식당
堂 堂		课堂	kètáng	[커탕]	교실
		堂屋	tángwū	[탕우]	응접실
		亮堂	liàngtang	[량탕]	밝다, 환하다
楼 楼		大楼	dàlóu	[따로우]	빌딩, 고층 건물
		高楼	gāolóu	[까오로우]	훌륭한 누각, 빌딩
		楼梯	lóutī	[로우티]	계단, 층계
馆 馆		图书馆	túshūguǎn	[투슈관]	도서관
		饭馆	fànguǎn	[판관]	식당
所 所		研究所	yánjiūsuǒ	[옌지우쑤오]	연구소
		事务所	shìwùsuǒ	[스우쑤오]	사무소
		所以	suǒyǐ	[쑤오이]	그래서

활용 예문

我去大厅。	Wǒ qù dàtīng.	나는 대청으로 간다
他去客厅。	Tā qù kètīng.	그는 응접실에 간다
他来课堂。	Tā lái kètáng.	그가 교실에 왔다
客厅很亮堂。	Kètīng hěn liàngtang.	응접실은 매우 환하다
建筑大楼。	Jiànzhù dàlóu.	고층 건물을 짓다
楼梯设备。	Lóutī shèbèi.	층계를 설비하다
他常去图书馆。	Tā cháng qù túshūguǎn.	그는 자주 도서관에 간다
去饭馆吃饭。	Qù fànguǎn chī fàn.	그는 식당에서 밥을 먹는다
他在研究所上班。	Tā zài yánjiūsuǒ shàng bān.	그는 연구소에서 근무한다
他在事务所工作。	Tā zài shìwùsuǒ gōngzuò.	그는 사무소에서 일한다

成语 | 堂堂正正 | táng táng zhèng zhèng | 정정 당당하다, 늠름하다
空中楼阁 | kōng zhōng lóu gé | 공중누각, 현실과 동떨어진 환상

场	院	房	舍	屋
cháng[창] 마당, 장소	yuàn[위엔] 틀, 기관	fáng[팡] 주택, 방	shè[셔] 집, 가옥	wū[워] 집, 방
一 十 土 圹 圬 场 场	㇒ 阝 阝 阝 阼 陘 院 院	㇏ ㇊ ㇕ 户 户 房 房	𠆢 𠆢 𠆢 仐 仐 仐 舍 舍	㇕ ㇕ 尸 厔 厔 屋 屋

		场院	chángyuàn	[창위엔]	마당, 탈곡장
场	场	场地	chǎngdì	[창띠]	운동장, 장소
		场面	chǎngmiàn	[창미엔]	장면
		院子	yuànzi	[위엔즈]	뜰, 정원
院	院	院落	yuànluò	[위엔루오]	뜰, 정원
		大院	dàyuàn	[따위엔]	안뜰, 안마당
		房子	fángzi	[팡즈]	집, 건물
房	房	房间	fángjiān	[팡지엔]	방
		房屋	fángwū	[팡워]	가옥, 집, 건물
		宿舍	sùshè	[쑤셔]	기숙사
舍	舍	校舍	xiàoshè	[샤오셔]	교사
		旅舍	lǚshè	[뤼셔]	여인숙
		屋子	wūzi	[우즈]	방
屋	屋	屋顶	wūdǐng	[우딩]	지붕, 옥상
		里屋	lǐwū	[리우]	안방

활용 예문

打扫场院。	Dǎsǎo chángyuàn.	마당을 청소하다
感人的场面	gǎn rén de chǎngmiàn	감동적인 장면
收拾院子。	Shōushi yuànzi.	정원을 치우다
收拾大院。	Shōushi dàyuàn.	안마당을 치우다
买卖房子。	Mǎimài fángzi.	집을 매매하다
有空房间吗?	Yǒu kòng fángjiān ma?	빈 방 있습니까?
清理宿舍。	Qīnglǐ sùshè.	기숙사를 정리하다
清理校舍。	Qīnglǐ xiàoshè.	교사를 깨끗이 정리하다
装修屋子。	Zhuāngxiū wūzi.	방을 공사하다
装修屋顶。	Zhuāngxiū wūdǐng.	옥상을 공사하다

成语 退避三舍	tuì bì sān shè	앞날을 헤아려 양보하다, 양보해서 충돌을 피하다
爱屋及乌	ài wū jí wū	아내가 이쁘면 처가집 말뚝에다 절을 한다

墙 壁 庭 室 池

qiáng[치앙] 담	bì[삐] 벽	tíng[팅] 뜰, 가정	shì[스] 방, 실	chí[츠] 연못
土圹圹坢墙墙墙	ᐟ 尸 层 月辟辟壁	广广庄庄庭庭庭	宀宀宏宏室室室	ᐟ ᐟ 氵 氵 汕池

墙	墙	墙壁	qiángbì	[치앙삐]	벽
		墙根	qiánggēn	[치앙껀]	담[벽]의 밑
		墙角	qiángjiǎo	[치앙쟈오]	담의 모퉁이
壁	壁	壁画	bìhuà	[삐화]	벽화
		壁报	bìbào	[삐빠오]	벽보, 벽신문
		壁纸	bìzhǐ	[삐즈]	벽지
庭	庭	前庭	qiántíng	[치엔팅]	앞뜰
		家庭	jiātíng	[쟈팅]	가정
室	室	卧室	wòshì	[워스]	침실
		室内	shìnèi	[스네이]	실내
		办公室	bàngōngshì	[빤꽁스]	사무실
池	池	游泳池	yóuyǒngchí	[요우융츠]	수영장
		池塘	chítáng	[츠탕]	못, 못의 둑
		电池	diànchí	[띠엔츠]	전지

활용 예문

墙壁上挂着很多画。	Qiángbì shàng guàzhe hěn duō huà.	벽에 매우 많은 그림이 걸려 있다
站在墙根。	Zhàn zài qiánggēn.	담 밑에 서다
他善长壁画。	Tā shàncháng bìhuà.	그는 벽화를 잘 그린다
他去买壁纸。	Tā qù mǎi bìzhǐ.	그는 가서 벽지를 산다
前庭后院	qiántíng hòuyuàn	앞뜰과 뒤뜰
他有一个幸福的家庭。	Tā yǒu yī ge xìngfú de jiātíng.	그는 행복한 가정을 갖고 있다
他的卧室很舒服。	Tā de wòshì hěn shūfu.	그의 침실은 매우 편안하다
他去办公室了。	Tā qù bàngōngshì le.	그는 사무실에 갔다
去游泳池游泳。	Qù yóuyǒngchí yóuyǒng.	수영장에 가서 수영을 하다
用两节电池。	Yòng liǎng jié diànchí.	두 개의 전지를 쓰다

成语		
祸起萧墙	huò qǐ xiāo qiáng	내부에서 재난이 일어나다
室怒市色	shì nù shì sè	아무에게나 무턱대고 분풀이하다

寺	庙	碑	牌	筑
sì[쓰] 절	miào[먀오] 사당, 절	bēi[뻬이] 비석	pái[파이] 간판, 상표	zhù[쭈] 건축하다
一十土丰寺寺	广广广庐庐庙庙	一厂石矿矿碑碑	ノナ片牌牌牌牌	ノ丿竹竹竺筑筑

寺	寺			寺庙	sìmiào	[쓰먀오]	절, 사원
				寺院	sìyuàn	[쓰위엔]	절, 사원
庙	庙			庙宇	miàoyǔ	[먀오위]	사당, 묘당
				太庙	Tàimiào	[타이먀오]	왕실의 종묘
碑	碑			石碑	shíbēi	[스뻬이]	석비
				碑文	bēiwén	[뻬이원]	비문
牌	牌			牌子	páizi	[파이즈]	상표
				名牌	míngpái	[밍파이]	유명 상표
筑	筑			建筑	jiànzhù	[지엔쭈]	건축(하다)
				筑路	zhùlù	[쭈루]	도로를 건설하다

활용 예문

这座寺庙历史很久。	Zhè zuò sìmiào lìshǐ hěn jiǔ.	이 사원은 역사가 매우 깊다
这座庙宇很古老。	Zhè zuò miàoyǔ hěn gǔlǎo.	이 사당은 아주 오래 되었다.
为名人立块石碑。	Wéi míngrén lì kuài shíbēi.	명망있는 사람을 위해 석비를 세우다
碑文是名家所写的。	Bēiwén shì míngjiā suǒ xiě de.	비문은 명망있는 사람이 쓰는 것이다
这个牌子有名。	Zhè ge páizi yǒumíng.	이 상표는 유명하다
他穿名牌衣服。	Tā chuān míngpái yīfu.	그는 유명 상표의 옷을 입었다
这座建筑很特别。	Zhè zuò jiànzhù hěn tèbié.	이 건축물은 매우 특별하다
筑房造屋，百年大计。	Zhùfáng zào wū, bǎi nián dà jì.	도로를 건설하고 집을 짓는 것은 큰 계획이다

成语	有口皆碑	yǒu kǒu jiē bēi	칭송이 자자하다
	债台高筑	zhài tái gāo bìng	빚이 산더미같다

16. 건축 · 가구 · 물품 **113**

桌	椅	板	凳	床
zhuō[쭈오] 탁자	yǐ[이] 의자	bǎn[반] 판자	dèng[떵] 걸상	chuáng[추앙] 침대
⌐ ⊦ ⌐ 占 卓 卓 桌 桌	木 木 朾 朾 柠 柠 柠 椅	十 才 木 朾 朾 板 板	⁊ ⁊ ⁊ ⁊ 凡 癶 凳 凳	⌐ ⌐ 广 广 庁 床 床 床

		桌子	zhuōzi	[쭈오즈]	탁자
桌	桌	桌面儿	zhuōmiànr	[쭈오미얼]	테이블 윗면, 공개석상
椅	椅	椅子	yǐzi	[이즈]	의자
		桌椅	zhuōyǐ	[쭈오이]	테이블과 의자
板	板	板子	bǎnzi	[반즈]	판자
		板凳	bǎndèng	[반떵]	등받이 없는 긴 목걸상
		老板	lǎobǎn	[라오반]	주인, 사장
凳	凳	凳子	dèngzi	[떵즈]	등받이 없는 의자
		桌凳	zhuōdèng	[쭈오떵]	탁자와 걸상
床	床	床头	chuángtóu	[추앙토우]	침대 머리맡
		床单	chuángdān	[추앙딴]	침대 시트
		上床	shàng chuáng	[상추앙]	침대에 오르다

활용 예문

一张桌子	yī zhāng zhuōzi	탁자 한 개
这是个圆桌面儿。	Zhè shì ge yuán zhuōmiànr.	이것은 둥근 테이블 윗면이다
一把椅子	yī bǎ yǐzi	의자 한 개
屋内放着桌椅。	Wūnèi fàngzhe zhuōyǐ.	집안에 탁자와 의자가 놓여있다
这种板子质量好。	Zhè zhǒng bǎnzi zhìliàng hǎo.	이 판자는 품질이 좋다
一条板凳	yī tiáo bǎndèng	등받이 없는 긴 의자 하나
一个凳子	yī ge dèngzi	등받이 없는 걸상 하나
床头放着台灯。	Chuángtóu fàngzhe táidēng.	침대 머리맡에 스탠드를 두다
上床睡觉。	Shàng chuáng shuì jiào.	침대에 올라 잠을 자다

成语

板上钉钉	bǎn shàng dìng dīng	확고부동하다, 한 치의 빈틈도 없다
同床异梦	tóng chuáng yì mèng	동상이몽, 한 이불 속에서 다른 꿈을 꾸다

门	窗	灯	帘	烛
mén[먼] 문	chuāng[추앙] 창문	dēng[떵] 등, 등불	lián[리엔] 발, 커튼	zhú[주] 양초, 초
`丶丶门	宀宀宀宀穷穷窗窗	丶丶丷火火灯	丶丶宀宀宀宀宀帘	丶丶丷火炬炬烛烛

		门口	ménkǒu	[먼코우]	입구
门	门	大门	dàmén	[따먼]	대문
		门外	ménwài	[먼와이]	문밖
窗	窗	窗户	chuānghu	[추앙후]	창문
		窗口	chuāngkǒu	[추앙코우]	창구, 창가
		窗台	chuāngtái	[추앙타이]	창턱
灯	灯	灯光	dēngguāng	[떵꽝]	불빛, 광도(lux)
		灯台	dēngtái	[떵타이]	등대, 등잔 받침
		台灯	táidēng	[타이떵]	탁상용 전등
帘	帘	窗帘	chuānglián	[추앙리엔]	커튼, 블라인드
		帘子	liánzi	[리엔즈]	발, 커튼
烛	烛	烛光	zhúguāng	[주꽝]	촉광(W)
		烛台	zhútái	[주타이]	촛대
		蜡烛	làzhú	[라주]	양초

활용 예문

他站在门口。	Tā zhàn zài ménkǒu.	그는 문 입구에 서있다
门外有人敲门。	Ménwài yǒu rén qiāo mén.	문밖에서 누가 문을 두드린다
窗户很大。	Chuānghu hěn dà.	창문이 매우 크다
窗台放花。	Chuāngtái fàng huā.	창턱에 꽃을 놓았다
灯光明亮。	Dēngguāng míngliàng.	불빛이 밝고 환하다
台灯漂亮。	Táidēng piàoliang.	전기 스탠드가 이쁘다
好漂亮的窗帘	hǎo piàoliang de chuānglián	아주 이쁜 창문 커튼
这个帘子很别致。	Zhè ge liánzi hěn biézhì.	이 발은 매우 독특하다
40支烛光的灯泡。	sìshí zhī zhúguāng de dēngpào.	40촉(W)의 전구
买点蜡烛来。	Mǎi diǎnr làzhú lái.	양초를 사가지고 오다

成语 门当户对	mén dāng hù duì	(혼인 관계에서) 두 집안이 엇비슷하다
灯红酒绿	dēng hóng jiǔ lǜ	홍등녹주, 사치스럽고 방탕한 생활

箱	柜	盒	袋	装
xiāng[시앙] 상자	guì[꿰이] 장, 계산대	hé[허] 통, 함, 갑	dài[따이] 부대, 자루	zhuāng[주앙] 담다
⺮ 竹 竺 笃 笤 箱 箱 箱	一 十 木 朾 朾 柜 柜 柜	人 人 合 合 盒 盒 盒	亻 代 代 俗 袋 袋 袋	丬 爿 壯 壯 壯 奘 奘 装

		箱子	xiāngzi	[시앙즈]	상자, 궤짝, 트렁크
箱 箱		装箱	zhuāngxiāng	[주앙시앙]	포장(하다)
柜 柜		柜子	guìzi	[꿰이즈]	장, 찬장, 계산대
		床柜	chuángguì	[추앙꿰이]	침대 테이블
		衣柜	yīguì	[이꿰이]	옷장
盒 盒		盒子	hézi	[허즈]	작은 상자, 함, 갑
		盒饭	héfàn	[허판]	도시락 밥
		饭盒	fànhé	[판허]	도시락 통
袋 袋		袋子	dàizi	[따이즈]	봉지
		口袋	kǒudài	[코우따이]	주머니
		袋装	dàizhuāng	[따이주앙]	봉지에 넣다, 봉지들이
装 装		装箱	zhuāngxiāng	[주앙시앙]	포장(하다)
		装上	zhuāngshàng	[주앙샹]	채워 넣다
		假装	jiǎzhuāng	[쟈주앙]	가장하다

활용 예문

行李箱子。	xíngli xiānzi.	짐상자
装箱衣服。	Zhuāngxiāng yīfu.	옷을 포장하다
床柜太小。	Chuángguì tài xiǎo.	침대 테이블이 너무 작다
衣柜太重。	Yīguì tài zhòng.	옷장이 대단히 무겁다
买一个小盒子。	Mǎi yī ge xiǎo hézi.	작은 상자 하나를 사다
一个饭盒。	yī ge fànhé.	도시락통 한 개
买个袋子。	Mǎi ge dàizi.	주머니를 사다
用口袋装吧！	Yòng kǒudài zhuāng ba!	호주머니에 넣어라!
请装上电池。	Qǐng zhuāngshàng diànchí.	건전지를 넣어 주세요
他假装病了。	Tā jiǎzhuāng bìng le.	그는 꾀병이다

成语	翻箱倒柜	fān xiāng dào guì	철저하게 검사하다, 의견을 남김없이 발표하다
	装腔作势	zhuāng qiāng zuò shì	거드름피우다, 허장 성세하다

进	退	几	请	出
jìn[찐] 들어가다	tuì[퉤이] 물러서다	jǐ[지] 몇	qǐng[칭] 청하다	chū[추] 나가다
一 二 尸 井 井 讲 进	フ ヲ ㄸ 艮 ㄸ 退 退	ノ 几	丶 亻 讠 讲 请 请 请	ㅣ ㅐ 屮 出 出

进	进			进去	jìnqù	[찐취]	들어가다
				前进	qiánjìn	[치엔찐]	전진하다
				进步	jìnbù	[찐뿌]	진보(하다)
退	退			退出	tuìchū	[퉤이추]	물러나다
				退步	tuìbù	[퉤이뿌]	퇴보하다
				退票	tuì piào	[퉤이파오]	표를 무르다
几	几			几个	jǐ gè	[지거]	몇 개
				几年	jǐnián	[지니엔]	몇 년
				几岁	jǐ suì	[지쒜이]	몇 살
请	请			请进	qǐng jìn	[칭찐]	들어오세요
				请坐	qǐng zuò	[칭쭈오]	앉으세요
出	出			出去	chūqù	[추취]	나가다
				出来	chūlái	[추라이]	나오다
				进出	jìnchū	[찐추]	출입하다, 수지

활용 예문

我进教室去。	Wǒ jìn jiàoshì qù.	나는 교실에 들어간다
他进步很快。	Tā jìnbù hěn kuài.	그는 진보가 매우 빠르다
请你退出去。	Qǐng nǐ tuìchūqù.	당신 물러나세요
我不去, 你去退飞机票吧。	Wǒ bú qù, nǐ qù tuì fēijīpiào ba.	나는 안 가니 너는 가서 비행기표를 물러라
有几个学生?	Yǒu jǐ ge xuésheng?	학생이 몇 명 있습니까?
你几岁了?	Nǐ jǐ suì le?	너 몇 살이니?
请喝茶。	Qǐng hē chá.	차를 드세요
请你出去!	Qǐng nǐ chūqù!	나가세요!
请你出来!	Qǐng nǐ chūlái!	나오세요!

成语	进退两难	jìn tuì liǎng nán	진퇴양난
	出以公心	chū yǐ gōng xīn	만민에게 봉사하는 정신으로 행동하다

16. 건축 · 가구 · 물품 **117**

砖 瓦 煤 汽 电

砖	瓦	煤	汽	电
zhuān[주안] 벽돌	wǎ[와] 기와	méi[메이] 석탄	qì[치] 증기	diàn[띠엔] 전기
一丆石石砖砖砖	一丆瓦瓦瓦	丷火炒炒炒煤煤	丶丶氵氵汽汽汽	丨口曰日电

砖 砖		砖瓦	zhuānwǎ	[주안와]	벽돌과 기와
		红砖	hóngzhuān	[홍주안]	빨간 벽돌
瓦 瓦		瓦工	wǎgōng	[와꽁]	미장이
		瓦匠	wǎjiang	[와지앙]	미장이
煤 煤		煤球	méiqiú	[메이치우]	알탄, 조개탄
		煤炭	méitàn	[메이탄]	석탄
		煤油	méiyóu	[메이요우]	석유
汽 汽		汽车	qìchē	[치처]	자동차
		汽水	qìshuǐ	[치쉐이]	사이다
电 电		电话	diànhuà	[띠엔화]	전화
		电脑	diànnǎo	[띠엔나오]	컴퓨터
		电影	diànyǐng	[띠엔잉]	영화

활용 예문

房子是砖瓦结构。	Fángzi shì zhuānwǎ jiégòu.	집은 벽돌 기와 구조이다
红砖绿瓦的房子	hóngzhuān lǜwǎ de fángzi	빨간 벽돌과 녹색 기와의 집
他是个瓦工。	Tā shì ge wǎgōng.	그는 미장이다
这个瓦匠能干。	Zhè ge wǎjiang nénggàn.	이 미장이는 일을 잘한다
北京人做饭用煤球。	Běijīngrén zuò fàn yòng méiqiú.	북경 사람들은 알탄으로 밥을 짓는다
中国煤炭资源丰富。	Zhōngguó méitàn zīyuán fēngfù.	중국은 석탄 자원이 풍부하다
我每天坐公共汽车上下班。	Wǒ měitiān zuò gōnggòng qìchē shàng xià bān.	나는 매일 버스로 출퇴근 한다
买一瓶汽水吧。	Mǎi yì píng qìshuǐ ba.	사이다 한 병 사자
打电话。	Dǎ diànhuà.	전화를 걸다
看电影去吧！	Kàn diànyǐng qù bà!	영화 보러 가자!

成语 一气呵成	yī qì hē chéng	단숨에 일을 해치우다
风驰电掣	fēng chí diàn chè	번개불처럼 빠른 모양, 신속한 모양

银	炭	钢	铁	塑
yín[인] 은	tàn[탄] 목탄, 숯	gāng[깡] 강철	tiě[티에] 쇠, 철	sù[쑤] 빚다
⸌ 钅 钌 钌 钼 银 银	⸌ ⸌ 广 严 炭 炭 炭	⸌ ⸌ 钅 钌 钌 钢 钢	⸌ ⸌ 钅 钌 钌 铁 铁	⸌ ⸌ 朔 朔 朔 朔 塑

银	银			银子	yínzi	[인즈]	은의 통칭
				金银	jīnyín	[찐인]	금은
				银行	yínháng	[인항]	은행
炭	炭			煤炭	méitàn	[메이탄]	석탄
				炭火	tànhuǒ	[탄훠]	탄화, 숯불
				木炭	mùtàn	[무탄]	목탄
钢	钢			钢铁	gāngtiě	[깡티에]	강철
				钢材	gāngcái	[깡차이]	강재
				钢筋	gāngjīn	[깡찐]	철근
铁	铁			铁矿	tiěkuàng	[티에쾅]	철광(석)
				铁路	tiělù	[티에루]	철로
				地铁	dìtiě	[띠티에]	지하철
塑	塑			塑料	sùliào	[쑤랴오]	가소성 고분자 화합물
				塑胶	sùjiāo	[쑤쟈오]	플라스틱
				塑造	sùzào	[쑤자오]	형상화하다

활용 예문

他手中有银子。	Tā shǒuzhōng yǒu yínzi.	그의 수중에 은이 있다
去银行换钱。	Qù yínháng huànqián.	은행에 가서 환전하다
煤炭工业	méitàn gōngyè	석탄 공업
炭火烤肉	tànhuǒ kǎoròu	숯불구이(불고기), 숯불로 고기를 굽다
钢铁很硬。	Gāngtiě hěn yìng.	강철은 매우 단단하다
盖房子用钢筋。	Gài fángzi yòng gāngjīn.	철근으로 집을 덮다
铁矿丰富。	Tiěkuàng fēngfù.	철광(석)이 풍부하다
地铁站在哪儿？	Dìtiězhàn zài nǎr?	지하철 역이 어디있습니까?
买一个塑料胶布带。	Mǎi yī ge sùliào jiāobùdài	비닐 테이프를 사다
塑造一个人的性格。	Sùzào yī ge rén de xìnggé.	한 사람의 성격을 형상화하다

成语 雪中送炭	xuě zhōng sòng tàn	다른 사람이 급할 때 도움을 주다
铁面无私	tiě miàn wú sī	인정에 구애됨이 없이 공평 무사하다

开	关	闭	锁	紧
kāi[카이] 열다	guān[꾸안] 닫다	bì[삐] 닫다, 다물다	suǒ[쑤오] 자물쇠	jǐn[진] 죄다
一 二 干 开	` ` ` ` ` 关 关	` 门 门 闭 闭	` ` ` ` ` ` 锁 锁	` ` ` 紧 紧 紧 紧

开 开		开开	kāikai	[카이카이]	열다

开头	kāikai	[카이카이]	열다
开关	kāiguān	[카이꾸안]	스위치, 셔터
开始	kāishǐ	[카이스]	시작하다
关门	guānmén	[꾸안먼]	닫다, 폐업하다
关上	guānshang	[꾸안샹]	닫다, 끄다
关心	guānxīn	[꾸안씬]	관심(있다)
闭上	bìshàng	[삐샹]	눈을 감다, 닫다
关闭	guānbì	[꾸안삐]	닫다, 파산하다
闭口	bìkǒu	[삐코우]	입을 다물다
锁头	suǒtou	[쑤토우]	자물쇠
锁门	suǒmén	[쑤오먼]	문을 잠그다
车锁	chē suǒ	[처쑤오]	차 잠금장치
紧张	jǐnzhāng	[진장]	긴장(하다)
紧急	jǐnjí	[진지]	긴급(하다)
紧密	jǐnmì	[진미]	긴밀(하다)

활용 예문

门的开关坏了。	Mén de kāiguān huài le.	문의 자물쇠가 고장났다
我们开始学习吧。	Wǒmen kāishǐ xuéxí ba.	우리 공부 시작하자
把收音机关上。	Bǎ shōuyīnjī guānshàng.	라디오를 끄다
没有人关心这件事。	Méiyǒu rén guānxīn zhè jiàn shì.	아무도 이 일에 관심이 없다
闭上眼睛。	Bìshàng yǎnjing.	눈을 감다
闭口不说。	Bìkǒu bù shuō.	입을 다물고 말하지 않다
买把锁头。	Mǎi bǎ suǒtóu.	자물쇠를 사다
出去锁好门。	Chū qù suǒhǎo mén.	나가서 문을 잠궈라
考试紧张。	Kǎoshì jǐnzhang.	시험이 긴장된다
紧急的事，要紧急办。	Jǐnjí de shì, yào jǐnjí bàn.	긴급한 일은 긴급히 처리해야 한다

成语 开天辟地	kāi tiān bì dì	천지개벽
闭关自守	bì guān zì shǒu	관문을 닫고 외부와 왕래를 끊다, 쇄국정책을 펴다

新	旧	兴	衰	复
xīn[씬] 새롭다	jiù[지우] 과거의	xīng[씽] 흥성하다	shuāi[슈아이] 쇠하다	fù[푸] 반복하다
立 辛 亲 亲 新 新 新	丨 刂 旧 旧 旧	丶 丷 丷 兴 兴 兴	亠 亡 古 声 卓 亨 衰	丿 广 个 旨 戶 复 复

新	新			新衣	xīnyī	[씬이]	새 옷
				新鲜	xīnxian	[씬시엔]	신선하다
				新人	xīnrén	[신런]	새로운 사람
旧	旧			旧书	jiùshū	[지우슈]	오래된 책
				旧式	jiùshì	[지우스]	구식, 구형(의)
				旧事	jiùshì	[지우스]	옛날 일
兴	兴			兴起	xīngqǐ	[씽치]	흥기하다
				高兴	gāoxìng	[까오씽]	기뻐하다
				兴盛	xīngshèng	[씽셩]	흥성하다
衰	衰			衰败	shuāibài	[슈아이빠이]	쇠패하다
				衰落	shuāiluò	[슈아이루오]	쇠락하다
				衰弱	shuāiruò	[슈아이루오]	쇠약하다
复	复			复杂	fùzá	[푸자]	복잡하다
				复习	fùxí	[푸씨]	복습하다
				复信	fù xìn	[푸씬]	회답하다, 회신

활용 예문

穿新衣, 戴新帽。	Chuān xīnyī, dài xīnmào.	새 옷을 입고 새 모자를 쓰다
水果很新鲜。	Shuǐguǒ hěn xīnxian.	과일이 매우 신선하다
旧书要仔细保存。	Jiùshū yào zǐxì bǎocún.	고서는 주의해서 보존해야 한다
这些都是过去的旧事。	Zhè xiē dōu shì guòqù de jiùshì.	이것은 모두 지나간 옛날 일이다
这是一种新兴起的工业。	Zhè shì yī zhǒng xīn xīngqǐ de gōngyè.	이것은 일종의 신흥 공업이다
你为什么如此高兴？	Nǐ wèi shénme rúcǐ gāoxìng.	당신은 왜 그렇게 기뻐합니까?
腐败使国家衰败。	Fǔbài shǐ guójiā shuāibài.	부정부패는 나라를 쇠패하게 한다
他身体太衰弱了。	Tā shēntǐ tài shuāiruò le.	그의 몸은 너무 쇠약하다
这个问题太复杂了。	Zhè ge wèntí tài fùzá le.	이 문제는 너무 복잡하다
要天天复习功课。	Yào tiāntian fùxí gōngkè.	매일 수업의 복습을 해야 한다

成语 除旧更新 chú jiù gēng xīn 낡은 것을 제거하고 새로운 것을 건립하다
兴高采烈 xìng gāo cǎi liè 기뻐 어찌할 바를 모르다, 매우 흥겹다

葱	蒜	芹	姜	韭
cōng[총] 파	suàn[쑤안] 마늘	qín[친] 미나리	jiāng[지앙] 생강	jiǔ[지우] 부추
一 艹 芍 芴 芴 葱 葱	一 艹 芏 芓 荪 蒜 蒜	一 十 艹 艹 芦 芹 芹	丷 ⺷ 羊 羊 姜 姜 姜	丨 丿 彐 扌 非 非 韭

葱	葱			
	大葱	dàcōng	[따총]	대파
	小葱	xiǎocōng	[샤오총]	실파
蒜	蒜头	suàntóu	[쑤안토우]	통마늘
	蒜苗	suànmiáo	[쑤안먀오]	마늘 싹
	大蒜	dàsuàn	[따쑤안]	마늘
芹	芹菜	qíncài	[친차이]	미나리
	生芹	shēngqín	[셩친]	생 미나리
姜	生姜	shēngjiāng	[셩지앙]	생강
	姜汁	jiāngzhī	[지앙즈]	생강즙
韭	韭菜	jiǔcài	[지우차이]	부추
	韭黄	jiǔhuáng	[지우황]	누런 연한 부추

활용 예문

大葱很辣。	Dàcōng hěn là.	대파는 매우 맵다
小葱不辣。	Xiǎocōng bú là.	실파는 맵지 않다
山东生产大蒜。	Shāndōng shēngchǎn dàsuàn.	산동에서 마늘이 생산된다
蒜头很贵。	Suàntóu hěn guì.	통마늘은 매우 비싸다
炒芹菜。	Chǎo qíncài.	미나리를 볶다
生芹下酒。	Shēngqín xià jiǔ.	생 미나리를 안주로 술을 마시다
生姜作调味品。	Shēngjiāng zuò tiáowèipǐn.	생강으로 조미료를 만들다
做菜需姜汁调料。	Zuò cài xū jiāngzhī tiáoliào.	요리할 때 생강즙 조미료가 필요하다
包韭菜馅饺子。	Bāo jiǔcàixiàn jiǎozi.	부추 소를 싼 교자만두
韭黄比较稀少。	jiǔhuáng bǐjiào xīshǎo.	(겨울에 재배한) 누런 연한 부추는 비교적 드물다

成语 **郁郁葱葱** yù yù cōng cōng (초목이) 매우 무성하다

笋	豆	芽	菜	蔬
sǔn[쑨] 죽순	dòu[또우] 콩	yá[야] 싹	cài[차이] 채소, 요리	shū[슈] 채소
⺮ ⺮ 笁 笁 笁 笋 笋	一 厂 丆 戸 戸 豆 豆	⺌ ⺌ 艹 艹 芌 芽 芽	⺌ ⺌ 艹 苎 苎 苹 菜 菜	艹艹 芐 芐 葫 菡 蔬 蔬

笋	笋		春笋	chūnsǔn	[춘쑨]	봄 죽순
			笋干	sǔngān	[쑨깐]	삶아 말린 죽순
			笋叶	sǔnyè	[쑨예]	죽순 잎
豆	豆		豆子	dòuzi	[또우즈]	콩, 콩알
			种豆	zhòngdòu	[쫑또우]	콩을 심다
芽	芽		发芽	fāyá	[파야]	발아하다, 싹이 트다
			豆芽	dòuyá	[또우야]	콩나물
			出芽	chūyá	[추야]	싹이 트다
菜	菜		种菜	zhòngcài	[쫑차이]	채소를 심다
			买菜	mǎicài	[마이차이]	채소를 사다
			菜肴	càiyáo	[차이야오]	(고기)요리, 반찬
蔬	蔬		蔬菜	shūcài	[슈차이]	채소
			菜蔬	càishū	[차이슈]	채소, 반찬, 요리

활용 예문

春笋好吃。	Chūnsǔn hǎochī.	봄 죽순은 맛있다
笋叶可做菜。	Sǔnyè kě zuò cài.	죽순 잎으로 요리할 수 있다
豆子出土了。	Dòuzi chūtǔ le.	콩이 흙에서 나왔다
山田种豆。	Shāntián zhòngdòu.	산의 밭에 콩을 심다
豆芽有营养。	Dòuyá yǒu yíngyǎng.	콩나물은 영양이 있다
豆出芽了。	Dòu chūyá le.	콩에 싹이 텄다
农民种了各种蔬菜。	Nóngmín zhǒng le gèzhǒng shūcài.	농민들이 각종 채소를 심었다
他去市场买菜。	Tā qù shìchǎng mǎi cài.	그는 시장에 가서 채소[반찬]를 산다
要多吃蔬菜, 有益健康。	Yào duō chī shūcài, yǒu yì jiànkāng.	채소를 많이 먹으면 건강에 유익하다
菜蔬新鲜。	Càishū xīnxiān.	채소가 신선하다

成语 雨后春笋	yǔ hòu chūn sǔn	우후죽순
蔬食主义	shū shí zhǔyì	채식주의

瓜	果	梨	桃	杏
guā[꽈] 박과 식물	guǒ[궈] 과실, 열매	lí[리] 배	táo[타오] 복숭아	xìng[씽] 살구
´ ㄏ ㄏ 瓜 瓜	口 日 旦 里 甲 果 果	´ 二 千 禾 利 梨 梨	十 木 札 杉 机 桃 桃	一 十 才 木 木 杏 杏

瓜 瓜	西瓜	xīguā	[씨꽈]	수박
	南瓜	nánguā	[난꽈]	호박
	瓜果	guāguǒ	[꽈궈]	과일
果 果	水果	shuǐguǒ	[쉐이궈]	과일
	果品	guǒpǐn	[궈핀]	과일류
	果实	guǒshí	[궈스]	과실, 열매
梨 梨	梨子	lízi	[리즈]	배
	梨味	líwèi	[리웨이]	배맛
	梨树	líshù	[리슈]	배나무
桃 桃	桃子	táozi	[타오즈]	복숭아
	桃花	táohuā	[타오화]	복숭아꽃
	桃树	táoshù	[타오슈]	복숭아나무
杏 杏	杏子	xìngzi	[씽즈]	살구
	杏花	xìnghuā	[씽화]	살구꽃
	杏树	xìngshù	[씽슈]	살구나무

활용 예문

我喜欢吃西瓜。	Wǒ xǐhuan chī xīguā.	나는 수박 먹기를 좋아한다
我喜欢吃南瓜。	Wǒ xǐhuan chī nánguā.	나는 호박 먹기를 좋아한다
水果冬季较贵。	Shuǐguǒ dōngjì jiào guì.	과일은 겨울에 비교적 비싸다
成功的果实, 大家分享。	Chénggōng de guǒshí, dàjiā fēnxiǎng.	성공의 열매를 모두가 나누어 누리다
梨子的味道好。	Lízi de wèidào hǎo.	배 맛이 좋다
梨树开花。	Líshù kāihuā.	배나무에 꽃이 피었다
桃子个儿很大。	Táozi gèr hěn dà.	복숭아나무가 매우 크다
桃花遍野。	Táohuā biànyě.	복숭아 꽃이 온 들에 만발하다
杏花开了。	Xìnghuā kāi le.	살구꽃이 피었다
杏树死了。	Xìngshù sǐ le.	살구나무가 죽었다

成語

瓜熟自落	guā shú zì luò	조건이 성숙되면 일은 쉽게 이루어진다
食不果腹	shí bù guǒ fù	먹어도 허기를 채우지 못하다, 배불리 못 먹다

桔	柑	菠	蕉	葡
jú[쥐] 귤	gān[깐] 홍귤나무	bō[뽀] 파인애플	jiāo[쟈오] 바나나	pú[푸] 포도
一 十 オ 木 朾 柿 桔 桔	十 オ 木 朾 柑 柑 柑	一 艹 艹 艻 荢 荺 菠 菠	艹 艹 艿 荏 荏 蕉 蕉 蕉	艹 芍 芍 苟 葡 葡 葡

		桔子	júzi	[쥐즈]	귤
桔	桔	桔柑	júgān	[쥐깐런]	귤(나무)
		桔树	júshù	[쥐슈]	귤나무
柑	柑	柑橘	gānjú	[깐쥐]	감귤
		柑树	gānshù	[깐슈]	감귤나무
菠	菠	菠菜	bōcài	[뽀차이]	시금치
		菠萝	bōluó	[뽀루오]	파인애플
蕉	蕉	香蕉	xiāngjiāo	[시앙쟈오]	바나나
		美人蕉	měirénjiāo	[메이런쟈오]	홍초, 칸나
葡	葡	葡萄	pútao	[푸타오]	포도
		葡萄酒	Pútaojiǔ	[푸타오지우]	포도주
		葡萄牙	Pútaoyá	[푸타오야]	포르투갈

활용 예문

桔子水好喝。	Júzishuǐ hǎo hē.	귤 즙은 맛있다
桔树难种。	Júshù nán zhòng.	귤나무는 심기 어렵다
柑橘是一种水果。	Gānjú shì yī zhǒng shuǐguǒ.	귤나무은 과일이다
柑树易活。	Gānshù yì huó.	감귤나무는 쉽게 자란다
炒菠菜。	Chǎo bōcài.	시금치를 볶다
菠萝生在南方。	Bōluó shēng zài nánfāng.	파인애플은 남쪽 지역에서 자란다
以香蕉代饭。	Yǐ xiāngjiāo dài fàn.	바나나로 식사를 대신하다
焦树不太高。	Jiāoshù bú tài gāo.	바나나 나무는 그다지 크지 않다
吃葡萄，喝葡萄酒。	Chī pútao, hē pútaojiǔ.	포도를 먹고 포도주를 마시다
葡萄牙是一个西欧国家。	Pútaoyá shì yī gè xī'ōu guójiā.	포르투갈은 서유럽의 국가이다

成语　蕉风椰雨　　jiāofēng yēyǔ　　열대 지방의 풍토[풍물]

榆	槐	椿	杨	柳
yú[위] 느릅나무	huái[화이] 회화나무	chūn[춘] 참죽나무	yáng[양] 백양나무	liǔ[리우] 버드나무
十 木 朴 朴 榆 榆 榆	十 木 㭗 槐 椚 槐 槐	十 木 栏 栏 柣 椿 椿	一 十 才 木 杉 杨 杨	十 木 㭉 柯 栁 栁 柳 柳

榆	榆			榆树	yúshù	[위슈]	느릅나무
				榆木	yúmù	[위무]	느릅나무 목재
				榆叶	yúyè	[위예]	느릅나무 잎
槐	槐			槐树	huáishù	[화이슈]	회화나무
				槐木	huáimù	[화이무]	회화나무 목재
				槐叶	huáiyè	[화이예]	회화나무 잎
椿	椿			椿树	chūnshù	[춘슈]	참죽나무
				椿木	chūnmù	[춘무]	참죽나무 목재
				椿叶	chūnyè	[춘예]	참죽나무 잎
杨	杨			杨树	yángshù	[양슈]	백양나무
				杨木	yángmù	[양무]	백양나무 목재
				杨叶	yángyè	[양예]	백양나무 잎
柳	柳			柳树	liǔshù	[리우슈]	버드나무
				柳木	liǔmù	[리우무]	버드나무 잎
				柳叶	liǔyè	[리우예]	버들잎

활용 예문

榆木家具。	Yúmù jiājù.	느릅나무 목재로 만든 가구
榆叶可吃。	Yúyè kě chī.	느릅나무 잎은 먹을 수 있다
槐木硬, 可做家具	Huáimù yìng, kě zuò jiājù.	회화나무는 단단해서 가구를 만들 수 있다
槐叶苦。	Huáiyè kǔ.	회화나무 잎은 쓰다
椿木非常软。	Chūnmù fēicháng ruǎn.	참죽나무는 무척 연하다
香椿叶做菜吃。	Xiāngchūnyè zuò cài chī.	참죽나무 잎을 요리해 먹다
杨树长得快。	Yángshù zhǎng de kuài.	백양나무는 매우 빨리 자란다
杨木家具不好。	Yángmù jiājù bù hǎo.	백양나무 가구는 좋지 않다
柳树长得很高。	Liǔshù zhǎng de hěn gāo.	버드나무는 높이 자란다
柳木不太硬。	Liǔmù bú tài yìng.	버드나무는 그다지 단단하지 않다

成语 百步穿杨   bǎi bù chuān yáng   백보 거리에서 버들잎을 맞추다, 백발백중이다
柳眉细腰   liǔ méi xì yāo   버들잎 모양의 고운 눈썹과 가는 허리

松	柏	菊	梅	竹
sōng[쏭] 소나무	bǎi[바이] 측백나무	jú[쥐] 국화	méi[메이] 매화	zhú[주] 대나무
十 才 木 术 松 松 松	十 才 木 术 柏 柏 柏	` `` 艻 菊 菊 菊 菊	十 木 栌 柠 梅 梅 梅	ノ ´ ﾟ ﾟ 竹 竹

松 松		松树	sōngshù	[쏭슈]	소나무
		放松	fàngsōng	[팡쏭]	늦추다
		松散	sōngsǎn	[쏭싼]	풀어지다, 느슨하다
柏 柏		柏树	bǎishù	[바이슈]	측백나무
		柏木	bǎimù	[바이무]	측백나무 목재
菊 菊		菊花	júhuā	[쥐화]	국화
		菊叶	júyè	[쥐예]	국화잎
梅 梅		梅花	méihuā	[메이화]	매화
		梅干儿	méigānr	[메이깔]	말린 매실
		梅雨	méiyǔ	[메이위]	장마(비)
竹 竹		竹子	zhúzi	[주즈]	대나무
		竹器	zhúqì	[주치]	대나무 목기
		竹叶	zhúyè	[주예]	죽엽, 대나무 잎

활용 예문

山上种松树。	Shānshàng zhòng sōngshù.	산 위에 소나무를 심다
不要放松学习。	Búyào fàngsōng xuéxí.	학업을 늦추면 안된다
千年柏树万年松。	Qiānnián bǎishù wànniánsōng.	천년의 측백나무와 만년의 소나무
柏木有香味。	Bǎimù yǒu xiāngwèi.	측백나무 목재에는 향기가 있다
人们九九赏菊。	Rénmen jiǔ jiǔ shǎng jú.	사람들이 정월부터 81일째 되는 날 국화를 감상하다
菊叶可入药。	Júyè kě rù yào.	국화잎은 약으로 쓸 수 있다
人们欣赏梅花。	Rénmen xīnshǎng méihuā.	사람들이 매화꽃을 감상한다
梅干儿好吃。	Méigānr hǎochī.	말린 매실은 맛있다
竹子生在南方。	Zhúzi shēngzài Nánfāng.	대나무는 남쪽 지방에서 자란다
熊猫喜欢吃竹叶。	Xióngmāo xǐhuān chī zhúyè.	팬더는 대나무 잎 먹기를 좋아한다
成语 青梅竹马	qīng méi zhú mǎ	남녀 아이들이 천진하게 소꿉 장난하다, 소꿉동무
胸有成竹	xiōng yǒu chéng zhú	일을 하기 전에 이미 전반적인 고려가 되어 있다

鹰 燕 凤 雀 飞

鹰	燕	凤	雀	飞
yīng[잉] 기러기	yàn[옌] 제비	fèng[펑] 봉황	què[취에] 참새	fēi[페이] 날다
广 广 广 庐 庶 鹰 鹰 鹰	一 艹 芐 芐 莊 燕 燕	丿 几 凤 凤	丶 丷 少 少 雀 雀 雀	乁 飞 飞

| 鹰 | 鹰 | | | | 大鹰 | dàyīng | [따잉] | 큰기러기 |
| 鹰翅 | yīngchì | [잉츠] | 기러기 날개 |

			燕子	yànzi	[옌즈]	제비
飞燕	fēiyàn	[페이옌]	나르는 제비
燕群	yànqún	[옌췬]	제비떼

			凤凰	fènghuáng	[펑황]	봉황
凤凰卫视中文台		fènghuáng wèishì zhōngwéntái
		[펑황웨이스중원타이] 봉황 위성 T.V

			麻雀	máquè	[마취에]	참새
麻雀窝	máquèwō	[마취에워]	참새 둥지
燕雀	yàn què	[옌취에]	연작, 제비와 참새

			飞舞	fēiwǔ	[페이우]	비무
飞机	fēijī	[페이지]	비행기
飞去	fēiqù	[페이취]	날아가다

활용 예문

大鹰展翅。	Dàyīng zhǎn chì.	큰 기러기가 날개를 펴다
燕群南飞。	Yànqún nán fēi.	제비 무리가 남쪽으로 날다
飞燕成群。	Fēiyàn chéng qún.	나르는 제비가 무리를 이루다
凤凰从何处飞来?	Fènghuáng cóng hé chù fēi lái?	봉황이 어디에서 날아왔지?
燕雀不知鸿鹄之志。	Yàn què bùzhī hóng hù zhī zhì.	참새와 제비는 큰기러기와 고니의 뜻을 모른다
房檐下有个麻雀窝。	Fángyánxià yǒu gè máquèwō.	처마 밑에 참새 둥지가 있다
飞机八点起飞。	Fēijī bā diǎn qǐfēi.	비행기는 8시에 이륙한다
燕子向南飞。	Yànzi xiàng nán fēi.	제비가 남쪽을 향해 날아간다

成语			
莺歌燕舞	yīng gē yàn wǔ	꾀꼬리가 노래하고 제비가 춤추다, 정세가 아주 좋다
眉飞色舞	méi fēi sè wǔ	희색이 만면하다, 득의 만만하다

蜂	蚁	蚊	蝇	舞
fēng[펑] 벌	yì[이] 개미	wén[원] 모기	yíng[잉] 파리	wǔ[우] 춤추다
口 虫 虫' 蚁 蚁 蜂 蜂	口 中 虫 虫 蚁 蚁 蚁	口 中 虫 虫 虻 蚊 蚊	口 中 虫 虫 虹 蝐 蝇	仁 無 無 舞 舞 舞 舞

蜂	蜂	蜜蜂 mìfēng [미펑] 꿀벌 蜂群 fēngqún [펑췬] 벌떼 蜂窝 fēngwō [펑워] 벌집		
蚁	蚁	蚂蚁 mǎyì [마이] 개미 蚁穴 yìxuè [이쉬에] 개미굴		
蚊	蚊	蚊子 wénzi [원즈] 모기 蚊帐 wénzhàng [원장] 모기장 蚊香 wénxiāng [원시앙] 모기향		
蝇	蝇	蝇子 yíngzi [잉즈] 파리 苍蝇 cāngying [창잉] 파리		
舞	舞	舞蹈 wǔdǎo [우다오] 춤(추다) 跳舞 tiào wǔ [탸오우] 춤추다		

활용 예문

蜜蜂作蜜有分工。	Mìfēng zuòmì yǒu fēngōng.	꿀벌은 꿀을 만들 때 분업을 한다
满山是蜂窝。	Mǎn shān shì fēngwǒ.	온 산이 벌집이다
蚂蚁分黑蚁白蚁。	Mǎyì fēn hēiyì báiyì.	개미는 검은 개미와 흰개미로 나뉜다
蚊子咬人很厉害。	Wénzi yǎorén hěn lìhai.	모기가 매우 매섭게 사람을 문다
应该点蚊香。	Yīnggāi diǎn wénxiāng.	반드시 모기향을 피워야 한다
蝇子最令人讨厌。	Yíngzi zuì lìngrén tǎoyàn.	파리는 정말 사람을 귀찮게 한다
天天打苍蝇。	Tiāntiān dǎ cāngying.	매일매일 파리를 잡다
她学舞蹈。	Tā xué wǔdǎo.	그녀는 춤을 배운다
她跳舞跳得特别好。	Tā tiàowǔ tiào de tèbié hǎo.	그녀는 춤을 아주 잘춘다

成语			
蝇营狗苟	yíng yíng gǒu gǒu	공명과 출세를 위해서 방법과 수단을 가리지 않는다
群魔乱舞	qún mó luàn wǔ	악당들이 마구 날뛰다

甲	乙	丙	丁	历
jiǎ[쟈] 갑, 십간의 첫째	yǐ[이] 을, 십간의 둘째	bǐng[삥] 병, 십간의 세째	dīng[띵] 정, 네번째	lì[리] 경험, 역법
丨冂冃日甲	乙	一丆丙丙丙	一丁	一厂历历

甲 甲		甲级	jiǎjí	[쟈지]	갑급, 1등급

甲 甲	甲级　jiǎjí　[쟈지]　갑급, 1등급 花甲　huājiǎ　[화쟈]　환갑 甲天下　jiǎtiānxià　[쟈티엔샤]　천하 제일
乙 乙	乙等　yǐděng　[이덩]　2등급 乙级　yǐjí　[이지]　2등급 乙夜　yǐyè　[이예]　을야(오후9~11시)
丙 丙	丙等　bǐngděng　[삥덩]　3등급 丙级　bǐngjí　[삥지]　3등급
丁 丁	一丁点儿　yī dīng diǎnr　[이딩디엔]　아주 조금 丁字路口　dīngzìlùkǒu　[띵쯔루코우]　정자로(丁字路)
历 历	历史　lìshǐ　[리스]　역사 经历　jīnglì　[징리]　경력, 경험 历代　lìdài　[리따이]　역대

甲级茶贵。	Jiǎjíchá guì.	1등급 차는 비싸다
年过花甲。	Nián guò huājiǎ.	나이가 환갑을 지났다
乙等茶。	yǐděngchá.	2등급 차
乙等酒。	yǐděngjiǔ.	2등급 술
丙等成绩。	bǐngděng chéngji.	3등급의 성적
丙级花茶。	bǐngjí huāchá.	3등급의 화차
他有一丁点儿钱。	Tā yǒu yīdīngdiǎnr qián.	그는 돈이 아주 조금 있다
丁字路口有路灯。	Dīngzìlùkǒu yǒu lùdēng.	정자로에 신호등이 있다
他经历了大小磨难。	Tā jīnglì le dàxiǎo mónàn.	그는 크고 작은 어려움을 경험했다
历代都有清官和贪官。	Lìdài dōu yǒu qīngguān hé tānguān.	시대마다 청백리와 탐관 모두 있었다

成语

目不识丁	mù bù shí dīng	낫 놓고 기역자도 모른다
历历在目	lì lì zài mù	눈 앞에 선하다

子	丑	寅	卯	宿
zǐ[즈] 지지의 첫째	chǒu[초우] 지지의 둘째	yín[인] 지지의 셋째	mǎo[마오] 지지의 네째	sù[쑤] 숙박하다
ㄱ了子	ㄱㄇㅋ丑	宀宀宀亩宙审寅寅	´ ㄈ ㄌ ㄌㄐ卯	宀宀宀宿宿宿宿

子	子		子时 zǐshí [즈스] 자시(밤 11시~1시)
丑	丑		儿子 érzi [얼즈] 아들
寅	寅		孩子 háizi [하이즈] 아이

			子时	zǐshí	[즈스]	자시(밤 11시~1시)
子	子		儿子	érzi	[얼즈]	아들
			孩子	háizi	[하이즈]	아이
丑	丑		丑角	chǒujué	[초우쮀에]	어릿광대 역
			丑人	chǒurén	[초우런]	못생긴 사람
			丑相	chǒuxiàng	[초우샹]	추한 용모
寅	寅		寅时	yínshí	[인스]	새벽 3시~5시
			寅夜	yínyè	[인예]	인야, 인시
卯	卯		卯时	mǎoshí	[마오스]	새벽 5시~7시
			卯窍	mǎoqiào	[마오치아오]	예상
宿	宿		宿舍	sùshè	[쑤셔]	기숙사
			宿怨	sùyuán	[쑤위엔]	숙원

활용 예문

她儿子工作了。	Tā érzi gōngzuò le.	그녀의 아들은 일을 한다
他的孩子们都有出息。	Tā de háizimen dōu yǒu chūxi.	그의 아이들은 모두 발전성이 있다
丑人演丑角。	Chǒurén yǎn chǒujué.	못생긴 사람이 어릿광대역을 연기하다
表现出丑相。	Biǎoxiànchū chǒuxiàng.	추한 용모를 표현하다
寅时出征。	Yínshí chūzhēng.	인시에 출정하다
卯时闻讯。	Mǎoshí wén xùn.	묘시에 소식을 묻다
合他的卯窍。	Hé tā de mǎoqiào.	그가 예상한 바대로 되다
宿怨难解。	Sùyuán nán jiě.	숙원은 풀기 어렵다
他住大学宿舍。	Tā zhù dàxué sùshè.	그는 대학 기숙사에 산다

成语 丑声四溢	chǒu shēng sì yì	악명이 사해에 넘치다
宿怨得偿	sù yuàn dé chāng	숙망이 이루어지다

申	酉	戌	亥	类
shēn[션] 12지의 9위	yǒu[요우] 12지의 10위	xū[쉬] 12지의 11위	hài[하이] 12지의 12위	lèi[레이] 종류
⺽ 口 日 由 申	一 丆 丙 丙 酉 酉 酉	丿 厂 厂 戌 戌	一 二 亠 亥 亥 亥	丷 丷 半 米 米 米 类

申 申	申辩	shēnbiàn	[션비엔]	변명하다
	申诉	shēnsù	[션쑤]	제소하다
	申请	shēnqǐng	[션칭]	신청하다
酉 酉	酉时	yǒushí	[요우스]	오후 5시~7시
戌 戌	戌时	xūshí	[쉬스]	저녁 7시~9시
	戌夜	xūyè	[쉬예]	술시
亥 亥	亥时	hàishí	[하이스]	밤 9시 ~11시
	亥夜	hàiyè	[하이예]	해시
类 类	种类	zhǒnglèi	[종레이]	종류
	各类	gèlèi	[꺼레이]	각종
	分类	fēnlèi	[펀레이]	분류(하다)

활용 예문

对他提起申诉。	Duì tā tíqǐ shēnsù.	그에 대하여 제소를 했다
我申请了一套房子。	Wǒ shēnqǐng le yī tào fángzi.	나는 방 한 칸을 신청했다
酉时出发。	Yǒushí chūfā.	유시에 출발하다
戌时劳作。	Xūshí láozuò.	술시에 노동을 하다
戌夜长眠。	Xūyè chángmián.	술시에 서거하다
亥时耕田。	Hàishí gēngtián.	해시에 밭을 갈다
亥夜纺织。	Hàiyè fǎngzhī.	해시 밤에 방직을 하다
种类繁多。	Zhǒnglèi fánduō.	종류가 대단히 많다
不同的产品要分类。	Bùtóng de chǎnpǐn yào fēnlèi.	서로 다른 생산품들을 분류하다

成语 三令五申　sān lìng wǔ shēn　여러 번 명령하다, 몇 번이고 되풀이하여 경계하다
物以类聚　wù yǐ lèi jù　(나쁜 사람들이 의기 투합하여)끼리끼리 어울리다

<table>
<tr><td colspan="2" align="center">鼠</td><td align="center">牛</td><td align="center">虎</td><td align="center">兔</td><td align="center">属</td></tr>
<tr><td colspan="2" align="center">shǔ[슈] 쥐</td><td align="center">niú[니우] 소</td><td align="center">hǔ[후] 호랑이</td><td align="center">tù[투] 토끼</td><td align="center">shǔ[슈] 띠, 부류</td></tr>
<tr><td colspan="2" align="center">𠂉 𭃫 𭃫 鼠 鼠 鼠</td><td align="center">丿 一 二 牛</td><td align="center">丿 一 广 广 虍 虎 虎</td><td align="center">丁 刀 刀 刍 刍 兔 兔</td><td align="center">丁 尸 尸 居 属 属 属</td></tr>
</table>

鼠 鼠	老鼠	lǎoshǔ	[라오슈]	쥐
	鼠辈	shǔbèi	[슈뻬이]	쥐떼, 소인배들

牛 牛	母牛	mǔniú	[무니우]	암소
	牛脾气	niúpíqì	[니우피치]	고집불통, 황소고집
	牛肉	niúròu	[니우로우]	소고기

| 虎 虎 | 老虎 | lǎohǔ | [라오후] | 호랑이 |
| | 虎仔 | hǔzǎi | [후자이] | 새끼 호랑이 |

兔 兔	兔子	tùzi	[투즈]	토끼
	属兔	shǔ tù	[슈투]	토끼띠
	兔肉	tùròu	[투로우]	토끼 고기

属 属	家属	jiāshǔ	[쟈슈]	가솔, 가족
	属于	shǔyú	[슈위]	…에 속하다
	属性	shǔxìng	[슈씽]	속성

활용 예문

老鼠打洞。	Lǎoshǔ dǎdòng.	쥐가 굴을 파다
鼠辈无能。	Shǔbèi wúnéng.	소인배들은 무능하다
他有点牛脾气。	Tā yǒu diǎn niúpíqì.	그는 고집이 좀 있다
他喜欢吃牛肉。	Tā xǐhuān chī niúròu.	그는 소고기 먹기를 좋아한다
老虎吃人。	Lǎohǔ chī rén.	호랑이가 사람을 잡아먹다
虎仔可爱。	Hǔzǎi kě'ài.	새끼 호랑이는 귀엽다
兔子跑得快。	Tùzi pǎo de kuài.	토끼는 빨리 뛴다
他属兔。	Tā shǔ tù.	그는 토끼띠이다
他是我的家属。	Tā shì wǒ de jiāshǔ.	그는 나의 가족이다
财产本来属于他。	Cáichǎn běnlái shǔyú tā.	재산은 본래 그의 것이다

成语

鼠目寸光	shǔ mù cùn guāng	쥐의 눈빛, 식견이 좁다
狐假虎威	hú jiǎ hǔ wēi	호가호위, 남의 권세를 빌어 위세를 부리다

辰 巳 午 未 推

辰	巳	午	未	推
chén[천] 12지의 5위	sì[쓰] 12지의 6위	wǔ[우] 12지의 7위	wèi[웨이] 12지의 8위	tuī[퉤이] 밀다, 추천하다
一 厂 厂 厂 辰 辰 辰	フ コ 巳	ノ ノ 仁 午	一 二 丰 未 未	扌 扌 扌 扩 护 护 推

辰 辰			时辰	shíchen	[스천]	시진(1시진은 2시간)
			星辰	xīngchén	[씽천]	별
			辰时	chénshí	[천스]	오전 7시~9시
巳 巳			巳时	sìshí	[쓰스]	오전 9시~11시
午 午			上午	shàngwǔ	[상우]	오전
			午饭	wǔfàn	[우판]	점심
			午时	wǔshí	[우스]	오전 11시~오후1시
未 未			未时	wèishí	[웨이스]	오후1시~3시
			未来	wèilái	[웨이라이]	미래
			未成年	wèichéngnián	[웨이청니엔]	미성년
推 推			推倒	tuīdǎo	[이거런]	밀어 넘어뜨리다
			推测	tuīcè	[이거런]	추측하다
			推算	tuīsuàn	[이거런]	추산하다

활용 예문

请你再等一个时辰。	Qǐng nǐ zài děng yī gè shíchēn.	한 시진[두 시간]만 더 기다리세요
空中的星辰稀少。	Kōngzhōng de xīngchén xīshǎo.	하늘에 별이 적다
巳时点火。	Sìshí diǎnhuǒ.	사시에 불을 붙이다
午饭在家吃。	Wǔfàn zài jiā chī.	점심 식사를 집에서 먹는다
未来的前途。	wéilái de qiántú.	미래의 전도[앞길]
她还未成年。	Tā hái wèichéngnián.	그녀는 아직 미성년이다
推测命运。	Tuīcè mìngyùn.	운명을 추측하다
推算时日。	Tuīsuàn shírì.	시일을 추산하다

成语	日月星辰	rì yuè xīng chén	일월성신
	推心置腹	tuī xīn zhì fù	남을 믿고 성의를 가지고 대하다

<table>
<tr><td colspan="2">戌</td><td colspan="2">己</td><td colspan="2">庚</td><td colspan="2">辛</td><td colspan="2">族</td></tr>
<tr><td colspan="2">wù[우] 10간의 5위</td><td colspan="2">jǐ[지] 자신, 10간의 6위</td><td colspan="2">gēng[껑] 경, 10간의 7위</td><td colspan="2">xīn[씬] 천간의 8위, 맵다</td><td colspan="2">zú[주] 족, 가족</td></tr>
<tr><td colspan="2">ノ 厂 广 戊 戊</td><td colspan="2">フ コ 己</td><td colspan="2">一 广 广 庐 庐 庚 庚</td><td colspan="2">、 亠 亠 立 立 辛 辛</td><td colspan="2">一 方 方 扩 旂 族 族</td></tr>
</table>

戌 戌		戌时 戌夜 戌戌政变	wùshí wùyè Wùxū Zhèngbiàn	[우스] [우예] [우쉬쩡비엔]	무시 새벽 3~5시 무술정변(1898)
己 己		自己	zìjǐ	[쯔지]	자신, 스스로
庚 庚		庚时 庚伏	gēngshí gēngfú	[껑스] [껑푸]	오후 4시 반~5시 반 삼복(三伏) 때
辛 辛		辛时 辛苦 辛劳	xīnshí xīnkǔ xīnláo	[씬스] [씬쿠] [씬라오]	오후 6시 반~7시 반 고되다, 고생하다 고생하다
族 族		民族 种族 少数民族	mínzú zhǒngzú shǎoshù mínzú	[민주] [종주] [샤오슈민주]	민족 종족 소수민족

활용 예문

戌时决定出发。	Wùshí juédìng chūfā.	무시에 출발하기로 결정하다
戌夜动身出征。	Wùyè dòngshēn chū zhēng.	무야에 출정하다
己自己的事自己办。	Zìjǐ de shì zìjǐ bàn.	자기의 일을 스스로 처리하다
庚时工作。	Gēngshí gōngzuò.	경시에 일을 하다
工作辛苦。	Gōngzuò xīnkǔ.	일이 고되다
辛劳的一辈人。	Xīnláo de yībèizi.	고생하는 한 무리의 사람들
中华民族勤劳勇敢。	Zhōnghuá mínzú qínláo yǒnggǎn.	중국 민족은 근면하고 용감하다
少数民族有自己的习俗。	Shǎoshù mínzú yǒu zìjǐ de xísú.	소수민족은 자신들의 습속을 가지고 있다

成语 己所不欲, 勿施于人 辛辛苦苦	jǐ suǒ bù yù, wù shì yú rén xīn xīn kǔ kǔ	자기가 싫은 것을 남에게 강요하지 마라 매우 수고로운 모양

龙 蛇 羊 马 配

lóng[롱] 용	shé[셔] 뱀	yáng[양] 양	mǎ[마] 말	pèi[페이] 교배시키다
一 ナ 九 龙 龙	丶 口 中 虫 虫 蚧 蚧 蛇	丶 丷 丷 并 羊	7 马 马	一 亓 酉 酉 酉 酉 配

龙 龙		属龙	shǔ lóng	[슈롱]	용띠
		龙马精神	lóngmǎ jīngshen	[롱마징션]
				건전하고 활기찬 정신

属龙 shǔ lóng [슈롱] 용띠
龙马精神 lóngmǎ jīngshen [롱마징션] 건전하고 활기찬 정신

属蛇 shǔ shé [슈셔] 뱀띠
怕蛇 pàshé [파셔] 뱀을 무서워하다
蛇肉 shéròu [셔로우] 뱀고기

羊群 yángqún [양췬] 양떼
放羊 fàngyáng [팡양] 양을 방목하다
羊肉 yángròu [양로우] 양고기

马匹 mǎpí [마피] 마필[말의 통칭]
骑马 qí mǎ [치마] 말을 타다
马肉 mǎròu [마로우] 말고기

配合 pèihé [페이허] 배합하다, 섞다
分配 fēnpèi [펀페이] 분배하다
配种 pèizhǒng [페이종] 교미시키다

활용 예문

他属龙。	Tā shǔ lóng.	그는 용띠이다
人要有龙马精神。	Rén yào yǒu lóng mǎ jīngshen.	사람은 건전하고 활기찬 정신이 있어야 한다
他属蛇。	Tā shǔ shé.	그는 뱀띠이다
她怕蛇。	Tā pà shé.	그녀는 뱀을 무서워한다
这是他家的羊群。	Zhè shì tā jiā de yángqún.	이는 그의 집에 양떼이다
他会放羊。	Tā huì fàngyáng.	그는 양을 방목할 줄 안다
他会骑马。	Tā huì qí mǎ.	그는 말을 탈 줄 안다
韩国人不吃马肉。	Hánguórén bù chī mǎròu.	한국 사람들은 말고기를 먹지 않는다
要好好配合。	Yào hǎohǎo pèihé.	잘 섞어야 한다
这是配种的马。	Zhè shì pèizhǒng de mǎ.	이는 교배용 말[종마]이다

成语 龙腾虎跃 lóng téng hǔ yuè 기세가 등등하여 동작에 활력이 넘치다
虎头蛇尾 hǔ tóu shé wěi 용두사미

猴	狗	鸡	猪	畜
hóu[호우] 원숭이	gǒu[고우] 개	jī[지] 닭	zhū[주] 돼지	chù[추] 가축
´ ㄱ ㄛ ㄛ 犭 猚 猚 猴	´ ㄱ ㄛ ㄛ 犭 狗 狗 狗	ㄱ ㄡ ㄡ ㄡ 邓 鸡 鸡	´ ㄱ ㄛ ㄛ 犭 狞 狞 猪	⺾ ⺾ 苎 莕 莕 蓄 蓄

猴	猴		猴子	hóuzi	[호우즈] 원숭이
			猴头	hóutóu	[호우토우] 버섯의 일종
			属猴	shǔ hóu	[슈호우] 원숭이띠
狗	狗		属狗	shǔ gǒu	[슈고우] 개띠
			狗叫	gǒu jiào	[고우쟈오] 개가 짖다
			狗肉	gǒuròu	[고우로우] 개고기
鸡	鸡		属鸡	shǔ jī	[슈지] 닭띠
			鸡叫	jī jiào	[지쟈오] 닭이 울다
			鸡肉	jīròu	[지로우] 닭고기
猪	猪		属猪	shǔ zhū	[슈주] 돼지띠
			猪仔	zhūzǎi	[주자이] 새끼 돼지
			猪肉	zhūròu	[주로우] 돼지고기
畜	畜		牲畜	shēngchù	[성추] 가축, 집짐승
			畜类	chùlèi	[추레이] 가축류
			畜生	chùsheng	[추성] 짐승, 금수

带孩子去看猴子。	Dài háizi qù kàn hóuzi.	아이를 데리고 가서 원숭이를 보다
他属猴。	Tā shǔ hóu.	그는 원숭이띠이다
她属狗。	Tā shǔ gǒu.	그녀는 개띠이다
吃狗肉。	Chī gǒuròu.	개고기를 먹다
他属鸡。	Tā shǔ jī.	그는 닭띠이다
鸡叫天明。	Jī jiào tiān míng.	닭이 울고 하늘이 밝는다
他属猪。	Tā shǔ zhū.	그는 돼지띠이다
吃猪肉。	Chī zhūròu.	돼지고기를 먹다
他养了很多牲畜。	Tā yǎng le hěn duō shēngchù.	그는 가축을 아주 많이 기른다
你这个畜生，太不懂事。	Nǐ shè ge chùsheng, tài bù dǒngshì.	이 짐승같은 놈, 너무 분별이 없구나.

成语 鸡犬不宁	jī quǎn bù níng	개나 닭까지도 편하지 못하다, 치안이 어지럽다
沟胆包天	gǒu dǎn bāo tiān	어처구니 없을 정도로 당돌하다

壬	癸	骡	猫	鹿
rèn[런] 천간의 9위	guǐ[궤이] 천간의 10위	luó[루오] 노새	māo[마오] 고양이	lù[루] 사슴
ノ 二 千 壬	フ ヌ ゲ 癶 癶 癸 癸	フ 马 马 骡 骡 骡 骡	ノ ノ オ 狆 狆 猫 猫	广 广 户 庐 庐 鹿 鹿

		壬时	rénshí	[런스]	임시
壬	壬	壬夜	rènyè	[런예]	22시 30분~23시 30분
癸	癸	癸时	guǐshí	[궤이스]	0시 30분~1시 30분
		癸夜	guǐyè	[궤이예]	계시의 밤
骡	骡	骡子	luózi	[루오즈]	노새
		骡马	luómǎ	[루오마]	노새와 말
猫	猫	猫眼	māoyǎn	[마오옌]	고양이 눈
		养猫	yǎngmāo	[양마오]	고양이를 기르다
鹿	鹿	鹿肉	lùròu	[루로우]	사슴고기
		鹿血	lùxiě	[루쉬에]	사슴피
		鹿茸	lùróng	[루롱]	녹용

활용 예문

壬时行动。	Rénshí xíngdòng.	임시에 행동하다
壬夜决定。	Rènyè juédìng.	임야에 결정하다
癸时说定。	guǐshí shuōdìng.	계시에 정하다
癸夜完成。	guǐyè wánchéng.	계야에 완성하다
去买匹骡子。	Qù mǎi pǐ luózi.	가서 노새를 사다
骡与马相似。	Luó yǔ mǎ xiāngsì.	노새와 말은 닮았다
猫眼儿玉石	māoyǎnr yùshí	캣츠아이 보석
养猫能修性。	Yǎng māo néng xiūxìng.	고양이를 기르면 마음을 수양할 수 있다
鹿肉是宝，可做补药。	Lùròu shì bǎo, kě zuò bǔyào.	사슴고기는 매우 귀한데 보약으로 만들 수 있다
鹿茸甚贵。	Lùróng shèn guì.	녹용은 대단히 귀하다

成语	骡马成群	luó mǎ chéng qún	노새와 말이 떼를 이루다
	指鹿为马	zhǐ lù wéi mǎ	지록위마, 사슴을 말이라 하다, 흑백을 전도하다

豺	狼	熊	狮	狐
chái[차이] 승냥이	láng[랑] 늑대, 이리	xióng[시옹] 곰	shī[스] 사자	hú[후] 여우
´ ⺍ ⺈ ⺈ 豸 豸 豺 豺	´ ⼁ ⺈ ⺈ ⺈ 狼 狼 狼	⼀ ⺈ ⺈ ⺈ 能 能 熊	´ ⼁ ⺈ ⺈ ⺈ 狮 狮 狮	´ ⼁ ⺈ ⺈ ⺈ 狐 狐 狐

豺	豺		豺狼	chái láng	[차이랑]	승냥이와 이리
			豺虎	cháihǔ	[차이후]	잔혹한 악인
狼	狼		狼心	lángxīn	[랑씬]	악한 마음
			狼子野心	láng zǐ yě xīn	[랑즈예씬]	흉폭한 야심
熊	熊		熊猫	xióngmāo	[시옹마오]	팬더
			熊仔	xióngzǎi	[시옹자이]	새끼 곰
			大熊猫	dàxióngmāo	[따시옹마오]	자이언트 팬더
狮	狮		狮子	shīzi	[스즈]	사자
			幼狮	yòushī	[요우스]	어린 사자
			狮子吼	shīzihǒu	[스즈호우]	사자후
狐	狐		狐狸	húli	[후리]	여우
			狐臭	húchòu	[후초우]	액취, 암내

豺狼凶恶	Chái láng xiōng'è	늑대와 이리는 흉악하다
豺狼虎豹	chái láng hǔ bào.	승냥이, 늑대, 호랑이, 표범, 짐승같은 놈들
狼心狗肺	láng xīn gǒu fèi.	흉악하고 잔인한 마음(을 지닌 사람)
狼狈为奸	láng bèi wéi jiān	서로 결탁하여 나쁜 일을 하다
熊猫可爱	Xióngmāo kě'ài.	팬더는 귀엽다
熊仔不伤人。	Xióngzǎi bù shāng rén.	새끼 곰은 사람을 다치게 하지 않는다
动物之王是狮子。	Dòngwù zhī wáng shì shīzi.	동물의 왕의 사자이다
培育幼狮	Péiyù yòushī.	어린 사자를 기르다
狐狸狡猾	Húli jiǎohuá.	여우는 교활하다
他有狐臭	Tā yǒu húchòu.	그는 악취가 난다
成语 豺狼当道	chái láng dāng dào	나쁜 놈들이 세도를 부리다
虎背熊腰	hǔ bèi xióng yāo	범의 등과 곰의 허리, 아주 크고 튼튼한 몸집

旅　营　连　排　班

旅	营	连	排	班
lǚ[뤼] 여행하다, 여단	yíng[잉] 경영하다, 병영	lián[리엔] 잇대다, 중대	pái[파이] 배열하다, 소대	bān[빤] 반, 조, 분대
亠 方 方 扩 施 旅 旅	艹 艹 艹 芦 营 营 营	一 匕 年 车 车 连 连	一 扌 扌 扌 扑 捆 排	王 王 刅 玒 玌 班 班 班

			旅行	lǚxíng	[뤼싱]	여행(하다)
旅	旅		旅客	lǚkè	[뤼커]	여행객
			旅馆	lǚguǎn	[뤼관]	여관
			营业	yíngyè	[잉예]	영업(하다)
营	营		营养	yíngyǎng	[잉양]	영양, 양분
			经营	jīngyíng	[찡잉]	경영(하다)
			连结	liánjié	[리엔지에]	연결하다
连	连		连接	liánjiē	[리엔지에]	연접하다
			接连	jiēlián	[지에리엔]	연이어, 잇달아
			排球	páiqiú	[파이치우]	배구
排	排		排队	pái duì	[파이뛔이]	줄을 서다
			并排	bìngpái	[삥파이]	나란히 하다
			班级	bānjí	[빤지]	반, 학급
班	班		分班	fēn bān	[펀빤]	분반하다
			升班	shēng bān	[성빤]	승급하다

활용 예문

我常去旅行。	Wǒ chéng qù lǚxíng	나는 자주 여행을 간다
为旅客服务。	Wèi lǚkè fúwù.	여행객을 위해 서비스한다
营业时间长。	Yíngyè shíjiān cháng.	영업시간이 길다
经营有方。	Jīngyíng yǒufāng.	경영하는 능력[방법이]이 좋다
连结两个城市。	Liánjié liǎng ge chéngshì.	두 도시를 연결하다
接连不断	jiēlián búduàn	끊임없다
打排球很有意思。	Dǎ páiqiú hěn yǒu yìsi.	배구는 매우 재미있다
他们并排站着。	Tāmen bìngpái zhànzhe.	그들은 나란히 서 있다
分班合适	Fēn bān héshì.	분반이 적합하다
他可以升班。	Tā kěyǐ shēng bān.	그는 승급할 수 있다

成語			
	排山倒海	pái shān dào hǎi	산을 밀어내고 바다를 뒤집다, 위세가 대단하다
	班门弄斧	bān mén nòng fǔ	공자 앞에서 문자 쓴다

军　校　将　帅　卒

jūn[쥔] 군대	xiào[샤오] 학교	jiàng[지앙] 장군	shuài[슈아이] 원수	zú[주] 병사, 병졸
丶冖冖冝军军	十木杧杧杧桥校	丶丬扪捋将将将	丨丿巾帅帅	亠亠文文卒卒卒

		军官	jūnguān	[쥔관]	장교, 사관
		军队	jūnduì	[쥔뛔이]	군대
		军事	jūnshì	[쥔스]	군사
		学校	xuéxiào	[쉬에샤오]	학교
		校舍	xiàoshè	[샤오셔]	교사
		校训	xiàoxùn	[샤오쉰]	교훈
		将来	jiānglái	[지앙라이]	장래에
		将军	jiāngjūn	[지앙쥔]	장군
		将要	jiāngyào	[지앙야오]	장래에 …하려 한다
		将帅	jiàngshuài	[지앙슈아이]	사령관
		帅哥	shuàigē	[슈아이꺼]	멋진 사내
		小卒	xiǎozú	[샤오주]	소졸, 병사
		卒业	zúyè	[주예]	졸업하다

활용 예문

他当军官了。　　　　　Tā dāng jūnguān le.　　　　그는 군대의 장교가 되었다

他在军队伏兵役。　　　Tā zài jūnduì fú bīngyì.　　그는 군대에서 병역을 하고 있다

学校要开学了。　　　　Xuéxiào yào kāi xué le.　　학교가 곧 개학한다

校舍整洁。　　　　　　Xiàoshè zhěngjié.　　　　　교사가 깨끗하다

将来他想当医生。　　　Jiānglái tā xiǎng dāng yīshēng　장래에 그는 의사가 되려고 한다

他将要回国。　　　　　Tā jiāng yào huí guó.　　　　그는 귀국하려고 한다

韩信是汉国的将帅。　　Hán xìn shì Hànguó de jiàngshuài.　한신은 한나라의 사령관이다

他是个帅哥　　　　　　Tā shì ge shuàigē.　　　　　그는 멋진 사내이다

他卒业于北京。　　　　Tā zúyè yú Běijīng.　　　　　그는 북경에서 졸업했다

成语　韩信将兵, 多多益善　Hán Xìn jiàng bīng, duō duō yì shàn
한신은 병사가 많으면 많을수록 더 잘 지휘한다

坐 站 爬 起 卧

zuò[쭈오] 앉다	zhàn[짠] 일어서다	pá[파] 기어 오르다	qǐ[치] 일어나다	wò[워] 눕다
丶 亻 亻 亻 坐 坐 坐	一 亠 立 立 站 站	厂 爪 爪 爬 爬 爬 爬	士 丰 走 走 起 起 起	厂 臣 臣 臣 卧 卧 卧

坐	坐		坐着	zuòzhe	[쭈오저]	앉아있다
			坐起来	zuòqǐlái	[쭈오치라이]	일어나 앉다
			坐下	zuòxia	[쭈오샤]	앉다
站	站		站立	zhànlì	[짠리]	서다, 일어나다
			站起	zhànqǐ	[짠치]	일어나다
			站住	zhànzhù	[짠주]	멈추다
爬	爬		爬山	pá shān	[파샨]	등산하다
			爬出	páchū	[파추]	기어나오다
			爬进	pá jìn	[파찐]	기어들어가다
起	起		起来	qǐlái	[치라이]	일어서다
			起立	qǐlì	[치리]	일어서다, 기립!
			起飞	qǐfēi	[치페이]	이륙하다
卧	卧		卧着	wòzhe	[워저]	누워있다
			卧室	wòshì	[워스]	침실
			卧倒	wòdǎo	[워따오]	드러눕다, 엎드리다

활용 예문

他坐着看书。	Tā zuòzhe kàn shū.	그는 앉아서 책을 본다
你坐下吧。	Nǐ zuòxia ba.	앉으세요
站起说话	Zhànqǐ shuō huà.	일어나서 말하다
你站住！	Nǐ zhànzhù!	너 멈춰라!
爬山是一种很好的运动	Pá shān shì yì zhǒng hěn hǎo de yùndòng.	등산은 매우 좋은 운동이다
爬进楼道去了。	Pá jìn lóudào qù le.	복도로 기어들어갔다
起来回答问题。	Qǐ lái huídá wèntí.	일어나서 문제에 답하다
飞机在十一点起飞。	Fēijī zài shíyī diǎn qǐfēi.	비행기는 11시에 이륙한다
狗卧着睡觉。	Gǒu wòzhe shuì jiào.	개가 누워서 잔다
他卧倒了。	Tā wòdǎo le.	그는 드러누웠다

成语

坐立不安	zuò lì bù ān	안절부절 못하다
起死回生	qǐ sǐ huí shēng	기사 회생하다

追 赶 跑 跳 扑

zhuī[쮀에이] 쫓다	gǎn[간] 뒤쫓다	pǎo[파오] 달리다	tiào[탸오] 도약하다	pū[푸] 달려들다
⺮⺈⻌㠯㠯追	⼟⺩⺩⺫走走赶	⼞⼞⼞⻊跑跑跑	⼞⼞⼞跙跙跳跳	一十扌扑扑

追	追			追赶 zhuīgǎn [쮀에이간] 따라잡다
				追上 zhuīshang [쮀에이상] 따라잡다
				追问 zhuīwèn [쮀에이원] 캐묻다, 추궁하다

赶	赶			赶上 gǎnshang [간상] 시간에 대다
				赶快 gǎnkuài [간콰이] 빨리, 얼른
				赶来 gǎnlái [간라이] 서둘러 오다

跑	跑			跑步 pǎobù [파오뿌] 구보
				跑到 pǎodào [파오따오] …까지 달리다
				跑去 pǎoqù [파오취] 달려가다

跳	跳			跳舞 tiào wǔ [탸오우] 춤을 추다
				跳高 tiào gāo [탸오까오] 높이뛰기(하다)
				跳远 tiào yuǎn [탸오위엔] 멀리뛰기(하다)

扑	扑			扑面 pū miàn [푸미엔] 얼굴에 확 스쳐오다
				扑打 pūdǎ [푸다] 세게 내려치다
				扑过去 pūguòqù [푸궈취] 돌진해 가다

활용 예문

他追赶小偷。	Tā zhuīgǎn xiǎotōu.	그는 도둑을 따라잡았다
他追上她了。	Tā zhuīshang tā le.	그는 그녀를 따라잡았다
赶上时代	Gǎnshang shídài	시대를 따라잡다
赶来赶去也没赶着。	Gǎnlái gǎnqù yě méi gǎnzháo.	이리저리 쫓아다녔으나 따라잡지 못했다
跑到终点站	Pǎodào zhōngdiǎnzhàn.	종점까지 달려갔다
跑去迎接	Pǎoqù yíngjiē.	달려가서 영접하다
他跳得高。	Tā tiào de gāo.	그는 높이 뛴다
他跳不远	Tā tiào bù yuǎn.	그는 멀리 못 뛴다
清风扑面。	qīngfēng pū miàn.	시원한 바람이 얼굴에 스쳐오다
扑打一只苍蝇。	Pūdǎ yī zhī cāngying.	파리 한 마리를 때려잡다

成语 你追我赶	nǐ zhuī wǒ gǎn	(선의의 경쟁에서) 앞서거니 뒤서거니 하다
赶尽杀绝	gǎn jìn shā jué	철저하게 해치우다

来	去	往	返	看
lái[라이] 오다	qù[취] 가다	wǎng[왕] 가다	fǎn[판] 돌아오다	kàn[칸] 보다
一 厂 厂 口 平 来 来	一 十 土 去 去	丿 彳 彳 彳 衤 往 往	一 厂 反 反 返 返 返	三 手 看 看 看 看 看

来	来		来到	láidào	[라이따오]	오다
			来回	lái huí	[라이훼이]	왕복하다, 바꾸다
			来家	lái jiā	[라이쟈]	집에 오다
去	去		走去	zǒu qù	[조우취]	걸어가다
			跑去	pǎo qù	[파오취]	뛰어가다
			去处	qùchù	[취추]	행선지, 행방
往	往		往返	wǎngfǎn	[왕판]	왕복(하다)
			往来	wǎnglái	[왕라이]	교제, 왕래(하다)
			往后	wǎng hòu	[왕호우]	앞으로, 뒷날
返	返		返回	fǎn huí	[판훼이]	되돌아가다
			返去	fǎn qù	[판취]	돌아가다
看	看		看书	kàn shū	[칸슈]	책을 보다
			看画	kàn huā	[칸화]	그림을 보다
			看朋友	kàn péngyou	[칸펑요우]	친구를 만나다

활용 예문

他来到北京	Tā lái dào Běijīng.	그가 북경에 왔다
来回走了三天。	Lái huí zǒu le sān tiān.	왕복 3일을 갔다
他一直往前走。	Tā yīzhí wǎng qián zǒu.	그는 곧장 앞으로 간다
跑去买东西	Pǎoqù mǎi dōngxi.	뛰어가서 물건을 사다
往返三天	wǎngfǎn sān tiān	왕복 3일
来往日多	Láiwǎng rì duō.	교제한 날이 많다, 교제한 지 오래되다
返回原地	Fǎn huí yuándì.	본토로 되돌아가다
来了又返去	Lái le yòu fǎnqù.	와서 또 돌아갔다
看书写字	Kàn shū xiě zì.	책을 보고 글씨를 쓰다
他去看朋友。	Tā qù kàn péngyou.	그는 친구를 만나러 간다

成语	去题万里	qù tí wàn lǐ	본래의 문제와는 거리가 멀다, 전혀 동떨어지다
	走马看花	zǒu mǎ kàn huā	말타고 꽃구경하다, 대충대충 보고 지나치다

走	累	困	相	扶
zǒu[조우] 걷다	lèi[레이] 지치다	kùn[쿤] 피곤하다	xiāng[시앙] 서로	fú[푸] 기대다
一十土キ丰走走	丶口田甲甲罗累累	丨冂冂用用闲困	一十才利相相相	一十扌扩扚扶扶

走	走			走来	zǒulái	[조우라이]	걸어오다
				走去	zǒu qù	[조우취]	걸어가다
				走着	zǒuzhe	[조우저]	걸어서
累	累			累人	lèirén	[레이런]	고달프게 하다
				积累	jīlěi	[지레이]	쌓다, 쌓이다
				累年	lěinián	[레이니엔]	해마다, 매년
困	困			困难	kùnnan	[쿤난]	곤란(하다)
				困境	kùnjìng	[쿤징]	곤경
				困苦	kùnkǔ	[쿤쿠]	생활상의 어려움
相	相			互相	hùxiāng	[후샹]	서로
				相互	xiānghù	[샹후]	서로
				相当	xiāngdāng	[샹땅]	상당하다
扶	扶			扶助	fúzhù	[푸쭈]	원조하다
				扶起	fúqǐ	[푸치]	부축하여 일으키다
				扶手	fúshou	[푸쇼우]	난간 손잡이

활용 예문

他向我走来。	Tā xiàng wǒ zǒu lái.	그는 나를 향해 걸어왔다
他走着去大学。	Tā zǒu zhe qù dàxué.	그는 걸어서 대학에 간다
孩子真累人。	Háizi zhēn lèi rén.	아이가 정말 피곤하게 한다
积累经验。	Jīlèi jīngyàn.	경험이 쌓이다
太困难了。	Tài kùnnán le.	너무 곤란하다
他陷入了困境。	Tā xiànrù le kùnjìng.	그는 곤경에 빠졌다
互相帮助	hùxiāng bāngzhù	서로 돕다
相当困难	Xiāngdāng kùnnan.	상당히 곤란하다
扶助弱者	Fúzhù ruòzhě.	약자를 원조하다
扶起老人	Fúqǐ lǎorén.	노인을 부축하여 일으키다

成语 日积月累	rì jī yuè lěi	세월이 쌓이다
相辅相承	xiāng fǔ xiāng chéng	서로 도와 일이 잘 되도록 하다

22. 동작　**145**

诗	词	歌	赋	文
shī[스] 시	cí[츠] 사, 단어	gē[꺼] 노래	fù[푸] 부, 부여하다	wén[원] 글, 문장
讠 讠 讠 讠 讠 诗 诗	讠 讠 讠 词 词 词 词	哥 哥 哥 哥 歌 歌 歌	贝 贝 贝 贝 贝 赋 赋	亠 亠 方 文

诗	诗	写诗	xiěshī	[씨에스]	시를 쓰다
		诗文	shīwén	[스원]	시문
		诗作	shīzuò	[스쭈오]	시작
词	词	生词	shēngcí	[셩츠]	새로운, 단어
		词语	cíyǔ	[츠위]	단어와 어구, 구절
		词汇	cíhuì	[츠훼이]	어휘
歌	歌	唱歌	chànggē	[창꺼]	노래부르다
		歌唱家	gēchàngjiā	[꺼창쟈]	가수
		歌唱	gēchàng	[꺼창]	노래하다
赋	赋	赋诗	fùshī	[푸스]	시를 짓다
		赋予	fùyǔ	[푸위]	주다, 부여하다
		赋税	fùshuì	[푸쉐이]	옛날 세금의 총칭
文	文	文章	wénzhāng	[원장]	문장
		作文	zuòwén	[쭈오원]	작문(하다)
		文化	wénhuà	[원화]	문화

활용 예문

他会写诗。	Tā huì xiě shī.	그는 시를 쓸 줄 안다
他的诗文漂亮。	Tā de shīwén piàoliang.	그의 시문은 아름답다
记生词。	Jì shēngcí.	새 단어를 기억하다
懂词汇	dǒng cíhuì	어휘를 이해하다
他歌唱得很好。	Tā gē chàng de hěn hǎo.	그는 노래를 아주 잘 부른다
她是一个有名的歌唱家。	Tā shì yí ge yǒumíng de gēchàngjiā.	그녀는 유명한 가수이다
父母赋予他天分。	Fùmǔ fùyǔ tā tiānfēn.	부모가 그에게 재능을 물려주다
赋税高。	Fùshuì gāo.	세금이 높다
他作文第一名。	Tā zuòwén dì-yī míng.	그는 작문에서 1등을 했다
学文化很重要。	Xué wénhuà hěn zhòngyào.	문화를 배우는 것은 매우 중요하다

成语 诗情画意	shī qíng huà yì	시나 그림처럼 아름답다
文不对题	wén bù duì tí	문장 내용이 제목과 맞지 않다, 동문서답하다

<table>
<tr><td colspan="2">琴
qín[친] 악기, 거문고
一 = チ 丟 玨 珏 琹琴</td><td>棋
qí[치] 바둑
十 木 村 村 村 棋 棋</td><td>字
zì[쯔] 글씨
丶 宀 宁 字 字</td><td>画
huà[화] 그림
一 厂 冂 団 画 画 画</td><td>符
fú[푸] 부호, 부적
丷 竹 竹 竺 符 符 符</td></tr>
</table>

琴	琴			弹琴 tānqín [탄친] 거문고를 타다 琴弦 qínxián [친시엔] 악기 줄	
棋	棋			下棋 xià qí [샤치] 바둑을 두다 棋子 qízi [치즈] 바둑돌, 장기짝 棋盘 qípán [치판] 바둑판	
字	字			写字 xiězì [시에쯔] 글씨 쓰다 字迹 zìjì [쯔이] 필적 字画 zìhuà [쯔화] 글씨와 그림, 서화	
画	画			画画 huà huā [화화] 그림그리다 画报 huàbào [화빠오] 화보 画笔 huàbǐ [화삐] 화필	
符	符			符号 fúhào [푸하오] 부호, 기호 音符 yīnfú [인푸] 음부 符合 fúhé [푸허] 부합하다	

他会弹琴。	Tā huì tánqín.	그는 악기를 연주할 줄 안다
需换琴弦了。	Xū huàn qínxián le.	악기 줄을 갈아야 한다
他棋下得不好。	Tā qí xià de bùhǎo.	그는 바둑을 잘 못둔다
去找个棋盘来。	Qù zhǎo ge qípán lái.	가서 바둑판을 찾아와라
读书写字	Dú shū xiě zì.	책을 읽고 글씨를 쓰다
字画有名	Zì huà yǒumíng.	글과 그림이 유명하다
他正在画画儿。	Tā zhèngzài huà huār.	그는 그림을 그리고 있다
买本画报。	Mǎi běn huàbào.	화보를 사다
这种符号很特别。	Zhè zhǒng fúhào hěn tèbié.	이 기호는 매우 특별하다
符合要求	fúhé yāoqiú	요구에 부합하다

成语		
棋逢对手	qí féng duì shǒu	호적수를 만나다
名符其实	míng fú qí míng	명실 상부하다, 명성과 실제가 부합하다

曲	调	音	声	振
qǔ[취] 노래, 곡	diào[댜오] 어조, 조	yīn[인] 음, 소리	shēng[성] 소리	zhèn[쩐] 흔들다
丨冂冂曲曲曲	讠讠讠讱调调调	亠亠立立产音音音	一十土耂耂吉声声	扌扌扩扩护护振振

曲	曲		乐曲	yuèqǔ	[웨취]	악곡, 음악 작품
			插曲	chāqǔ	[차취]	삽입곡, 간주곡
			曲调	qǔdiào	[취댜오]	곡조, 가락
调	调		音调	yīndiào	[인댜오]	음조, 음률
			调门	diàomén	[댜오먼]	음조, 논조
音	音		音乐	yīnyuè	[인웨]	음악
			声音	shēngyīn	[성인]	목소리, 소리
			音响	yīnxiǎng	[인시앙]	음향
声	声		大声	dàshēng	[따성]	큰 소리
			出声	chū shēng	[추성]	소리내다
			音声	yīnshēng	[인성]	음성
振	振		振兴	zhènxìng	[쩐씽]	진흥하다
			振作	zhènzuò	[쩐쭈오]	진작하다
			振动	zhèndòng	[쩐똥]	진동

활용 예문

乐曲高雅。	Yuèqǔ gāoyǎ.	악곡이 고아하다
曲调和谐。	Qǔdiào héxié.	곡조가 잘 어울린다
音调高。	Yīndiào gāo.	음조가 높다
调门低。	Diàomén dī.	음조가 낮다
音乐会成功了。	Yīnyuèhuì chénggōng le.	음악회가 성공했다
他的声音太大。	Tā de shēngyīn tài dà.	그의 목소리는 너무 크다
大声说话不好。	Dàshēng shuōhuà bùhǎo.	크게 이야기하는 것은 좋지 않다
改变音声。	Gǎibiàn yīnshēng.	음성이 변하다
振兴音乐事业。	Zhènxìng yīnyuè shìyè.	음악 사업을 진흥하다
振作起来	zhènzuò qǐlái	진작시키다

成语

声嘶力竭	shēng sī lì jié	목이 쉬도록 외치다, 기진맥진하다
振振有辞	zhèn zhèn yǒu cí	(제딴에는) 이유가 당당한 듯이 말하다

吹	奏	弹	唱	谱
chuī[췌이] 불다	zòu[쪼우] 연주하다	tán[탄] 튕기다	chàng[창] 노래하다	pǔ[푸] 작곡하다
ノ ロ ロ 叭 吹吹吹	三 丰 夫 表 表 奏 奏	ヮ ヮ 弓 弓' 弹 弹 弹	ロ 叭 叩叩 咀 唱 唱	ヽ 讠 讠 讠 讠 讠 谱

吹	吹			吹风	chuī fēng	[췌이펑]	바람 불다
				吹气	chuīqì	[췌이치]	허풍을 떨다
				吹牛	chuīniú	[췌이니우]	허풍떨다
奏	奏			奏乐	zòu yuè	[쪼우웨]	음악을 연주하다
				独奏	dúzòu	[두쪼우]	독주
				合奏	hézòu	[허쪼우]	합주
弹	弹			弹唱	tán chàng	[탄창]	(연주하며) 노래하다
				弹琴	tánqín	[탄친]	거문고를 타다
				弹性	tánxìng	[탄씽]	탄(력)성
唱	唱			唱歌	chànggē	[창꺼]	노래하다
				独唱	dúchàng	[두창]	독창(하다)
				合唱	héchàng	[허창]	합창(하다)
谱	谱			谱写	pǔxiě	[푸시에]	작곡하다
				乐谱	yuèpǔ	[웨푸]	악보
				谱儿	pǔr	[니엔푸얼]	기준, 표준

활용 예문

他在吹风。	Tā zài chuī fēng.	그가 바람을 불고 있다
吹牛大王	chuīniú dàwáng	거짓말 대장
开始奏乐。	Kāishǐ zòuyuè.	음악 연주를 시작하다
弹唱一曲。	Tán chàng yī qū.	한 곡을 노래하며 연주하다
又软又有弹性的袜子。	Yòu ruǎn yòu yǒu tánxìng de wàzi.	부드럽고 탄력성 있는 양말
他喜欢唱歌。	Tā xǐhuan chànggē.	그는 노래부르기를 좋아한다
她是合唱团的团员。	Tā shì héchàngtuán de tuányuán.	그녀는 합창단 단원이다
这支曲是他谱写的。	Zhè zhī qǔ shì tā pǔxiě de.	이 곡은 그가 작곡한 것이다
心中有谱。	Xīnzhōng yǒupǔ.	마음 속에 계획이 서 있다

成语 弹冠相庆	tán guān xiāng qìng	친구의 임관·승진을 축하하다
大奏奇功	fū zǐ zì dào	자기를 과시하다

精 英 比 岁 龄

精	英	比	岁	龄
jīng[징] 훌륭하다	yīng[잉] 뛰어나다	bǐ[비] 비교하다	suì[쒜이] 살, 세월	líng[링] 나이, 연령
丷 半 米 籽 精 精 精	艹 艹 艹 英 英 英	匕 上 比 比	丨 屮 屮 岁 岁 岁	一 匕 生 齿 齿 齿 龄 龄 龄

精神	jīngshen	[징선]	정신, 활력
精密	jīngmì	[징미]	정밀(하다)
精练	jīngliàn	[징롄]	깔끔하다
英雄	yīngxióng	[잉시옹]	영웅
英才	yīngcái	[잉차이]	영재
英俊	yīngjùn	[잉쥔]	영준(하다)
比较	bǐjiào	[비쟈오]	비교(하다)
比赛	bǐsài	[비싸이]	시합
比比	bǐbǐ	[비비]	비교하다
岁数	suìshu	[쒜이슈]	나이, 연령, 연세
年岁	niánsuì	[니엔쒜이]	연령, 연대
岁月	suìyuè	[쒜이웨]	세월
年龄	niánlíng	[니엔링]	연령
妙龄	miàolíng	[먀오링]	묘령, 꽃다운 나이

활용 예문

他真有精神。	Tā zhēn yǒu jīngshen.	그는 정말 활력있다
精练的文章	jīngliàn de wénzhāng	깔끔한 문장
英雄无用武之地。	Yīngxióng wú yòng wǔ zhī dì.	영웅이 재능을 발휘할 기회를 얻지 못하다
英才早逝。	Yīngcái zǎo shì.	영재는 일찍 죽는다
比较冷。	Bǐjiào lěng.	비교적 춥다
我们俩比比。	Wǒmen liǎ bǐ bǐ	우리 둘을 비교하다
你多大岁数?	Nǐ duōdà suìshu?	당신은 나이가 어떻게 됩니까?
岁月不待人。	Suìyuè bù dài rén.	세월은 사람을 기다리지 않는다
你年龄多大?	Nǐ niánlíng duōdà?	당신의 연령은 얼마입니까?
妙龄青春	miàolíng qīngchūn	꽃다운 나이 청춘

成语	精益求精	jīng yì qiú jīng	훌륭한 것을 더 훌륭하게 하려 하다, 더욱 공을 들이다
	比肩继踵	bǐ jiān jì zhǒng	사람으로 혼잡하다

绝 艺 伴 艰 苦

jué[쮜에] 단절하다	yì[이] 예술	bàn[빤] 동반자	jiān[지엔] 어렵다	kǔ[쿠] 고되다
纟 纟 纱 纱 绝 绝 绝	一 艹 艺	丿 亻 亻 伫 伴 伴 伴	丁 又 汉 汉 艰 艰 艰	一 艹 艹 艹 苦 苦 苦

			拒绝	jùjué	[쮜쮜에]	거절하다
绝	绝		绝对	juéduì	[쮜에뛔이]	절대 (의)
			绝不	jué bù	[쮜에뿌]	절대 …하지 않다
艺	艺		艺术	yìshù	[이슈]	예술
			文艺	wényì	[원이]	문예
			艺人	yìrén	[이런]	연예인
伴	伴		伴侣	bànlǚ	[빤뤼]	반려, 동료
			作伴	zuò bàn	[쭈오빤]	짝이 되다
			伴随	bànsuí	[빤쒜이]	함께 가다
艰	艰		艰苦	jiānkǔ	[지엔쿠]	고달프다
			艰难	jiānnán	[지엔난]	어렵다
			艰辛	jiānxīn	[지엔씬]	고생(스럽다)
苦	苦		痛苦	tòngkǔ	[통쿠]	고통, 아픔
			苦难	kǔnán	[쿠난]	고난
			苦心	kǔxīn	[쿠씬]	고심(하다)

활용 예문

我坚决拒绝了他。	Wǒ jiānjué jùjué le tā.	나는 단호하게 그를 거절했다
我绝对不答应。	Wǒ juéduì bù dāying.	나는 절대 허락하지 않는다
艺术人生	yìshù rénshēng	예술인생
他是受欢迎的艺人。	Tā shì shòu huānyíng de yìrén.	그는 사랑받는 연예인이다
她是我的好伴侣。	Tā shì wǒ de hǎobànlǚ.	그녀는 나의 좋은 반려자이다
作伴同行。	Zuò bàn tóngxíng.	짝이 되어 함께 가다
艰苦的日子	jiānkǔ de rìzi	고달픈 인생
艰难的路程	jiānnán de lùchéng	힘든 노정
我很痛苦。	Wǒ hěn tòngkǔ.	나는 매우 고통스럽다
苦心研究。	Kǔxīn yánjiū.	고심하여 연구하다

成语	赞不绝口	zàn bù jué kǒu	칭찬이 입에서 그치지 않다, 칭찬이 자자하다
	艰苦奋斗	jiān kǔ fèn dòu	각고 분투하다

听	说	读	念	写
tīng[팅] 듣다	shuō[슈오] 말하다	dú[두] 읽다	niàn[니엔] 생각하다	xiě[시에] 쓰다
丨口口叮听听	讠讠讠说说说	讠讠讠读读读读	人人今今念念念	写写写写写

听说	tīngshuō	[팅슈오]	듣건데
细听	xìtīng	[씨팅]	자세히 듣다
听见	tīngjiàn	[팅지엔]	듣다
说话	shuōhuà	[슈오화]	이야기하다
小说	xiǎoshuō	[샤오슈오]	소설
说明	shuōmíng	[슈오밍]	설명하다
读书	dú shū	[두슈]	공부하다
苦读	kǔdú	[쿠두]	힘들게 공부하다
熟读	shúdú	[슈두]	속독
念书	niànshū	[니엔슈]	공부하다
想念	xiǎngniàn	[시앙니엔]	생각하다
纪念	jìniàn	[지니엔]	기념하다
写字	xiě zì	[시에쯔]	글씨를 쓰다
写文章	xiě wénzhāng	[시에원장]	글을 쓰다
写信	xiě xìn	[이거런]	편지를 쓰다

활용 예문

听说他病了。	Tīngshuō tā bìng le.	듣자하니 그는 병이 났다
要细听才能听懂。	Yào xìtīng cáinéng tīng dǒng.	자세히 들어야 비로소 이해할 수 있다
别说话了！	Bié shuōhuà le!	말하지 말아라!
请你说明一下。	Qǐng nǐ shuōmíng yíxià.	설명해 주세요
读书认真。	Dú shū rènzhēn.	열심히 공부하다
要熟读课文。	Yào shúdú kèwén.	본문을 속독해야 한다
他喜欢念书。	Tā xǐhuan niànshū.	그는 책읽기를(공부하기를) 좋아한다
她想念父母。	Tā xiǎngniàn fùmǔ.	그녀는 부모님을 생각한다
他会写文章。	Tā huì xiě wénzhāng.	그는 글을 쓸 줄 안다
给朋友写信。	Gěi péngyou xiě xìn.	친구에게 편지를 쓰다

成语	能说会道	néng shuō huì dào	말솜씨가 좋다, 말이 능란하다
	百读不厌	bǎi dú bù yàn	아무리 읽어도 싫증이 나지 않다

听说读念写

<table>
<tr><td colspan="2">笔
bǐ[비] 붓</td><td>墨
mò[모] 먹</td><td>纸
zhǐ[즈] 종이</td><td>砚
yàn[옌] 벼루</td><td>书
shū[슈] 책</td></tr>
<tr><td colspan="2">⺮ ⺮ 竺 竺 笠 笔 笔</td><td>口 口 甲 里 黑 墨 墨</td><td>ㄥ ㄥ 乡 纟 纤 纸 纸</td><td>一 丁 石 矴 矶 砚 砚</td><td>㇖ 乛 书 书</td></tr>
</table>

笔	笔			毛笔　máobǐ　[마오삐]　모필 笔译　bǐyì　[삐이]　서면 번역 笔试　bǐshì　[삐스]　필기시험
墨	墨			研墨　yánmò　[옌모]　먹을 갈다 墨宝　mòbǎo　[모바오]　훌륭한 글씨 墨水　mòshuǐ　[모쉐이]　먹물, 글공부
纸	纸			纸张　zhǐzhāng　[즈장]　종이 白纸　báizhǐ　[바이즈]　흰 종이 报纸　bàozhǐ　[빠오즈]　신문, 신문지
砚	砚			砚台　yàntái　[옌타이]　벼루 砚友　yànyǒu　[옌요우]　학우, 동학 笔砚　bǐyàn　[삐옌]　붓과 벼루
书	书			书籍　shūjí　[슈지]　서적, 책 书法　shūfǎ　[슈파]　서법 读书　dú shū　[두슈]　독서, 공부

활용 예문

用毛笔写字。	Yòng máobǐ xiě zì.	붓으로 글씨를 쓰다
他的笔译不错。	Tā de bǐyì búcuò.	그의 번역은 좋다
他学习研墨。	Tā xuéxí yánmò.	그는 먹 가는 것을 배운다
墨宝难得。	Mòbǎo nán dé.	훌륭한 글씨[그림]는 얻기 힘들다
纸张便宜。	Zhǐzhāng piányi.	종이가 싸다
报纸还没送过来。	Bàozhǐ hái méi sòngguolái.	신문이 아직 오지 않았다
买块好砚台。	Mǎi kuài hǎo yàntái.	좋은 벼루를 사다
他们是砚友。	Tāmen shì yànyóu.	그들은 동문수학한 친구이다
他的书法真有功夫。	Tā de shūfǎ zhēn yǒu gōngfu.	그의 서법은 정말 대단하다
读书是一种苦事。	Dú shū shì yì zhǒng kǔshì.	공부는 힘든 일이다

成语

书归正传	shū guī zhèng zhuàn	이야기를 본 화제로 되돌리다
笔底生花	bǐ dǐ shēng huā	붓 끝에 꽃이 피다, 문장이 아름답다

学	识	知	记	忆
xué[쉬에] 배우다	shí[스] 인식하다	zhī[즈] 알다	jì[지] 기억하다	yì[이] 회상하다
ヽ ヽヽ ヽ 些 学 学 学	ヽ ミ 训 识 识 识 识	ᄼ ᄼ 矢 矢 知 知 知	ヽ ミ 证 记 记	ィ 忄 忄 忆

学	学			学生	xuésheng	[쉬에셩]	학생
				学校	xuéxiào	[쉬에샤오]	학교
				学习	xuéxí	[쉬에시]	학습
识	识			识字	shí zì	[스쯔]	글씨를 알다
				知识	zhīshi	[쯔스]	지식
				识别	shíbié	[스비에]	식별하다
知	知			知道	zhīdào	[쯔다오]	알다, 이해하다
				知心	zhīxīn	[쯔씬]	절친하다
记	记			记住	jìzhù	[찌쭈]	기억하다
				记录	jìlù	[찌루]	기록하다
				记好	jìhǎo	[찌하오]	기억하다
忆	忆			回忆	huíyì	[훼이이]	회상하다
				追忆	zhuīyì	[쭈에이이]	추억(하다)
				记忆力	jìyìlì	[지이리]	기억력

활용 예문

我是学生。	Wǒ shì xuésheng.	나는 학생이다
他学习中文。	Tā xuéxí Zhōngwén.	나는 중국어를 공부한다
读书识字。	Dú shū shí zì.	공부를 하여 글자를 알다
知识无限。	Zhīshi wúxiàn.	지식은 무한하다
这件事我知道。	Zhè jiàn shì wǒ zhīdào.	이 일은 내가 안다
她是我的知心朋友。	Tā shì wǒ de zhīxīn péngyou.	그녀는 나의 마음을 터놓는 친구이다
把这个情况记录下来。	Bǎ zhè ge qíngkuàng jìlù xiàlái.	이 일을 기록하다
记好他的地址。	Jìhǎo tā de dìzhǐ.	그의 주소를 기억했다
我回忆起来了。	Wǒ huíyì qǐlái le.	나는 회상하기 시작했다
她有很强的记忆力。	Tā yǒu hěn qiáng de jìyìlì.	그녀는 매우 좋은 기억력을 가지고 있다

成语	心领神会	xīn lǐng shén huì	마음속으로 깨닫고 이해하다
	记忆犹新	jì yì yóu xīn	아직도 기억에 생생하다

编	译	辑	解	注
biān[삐엔] 편집하다	yì[이] 번역[통역]하다	jí[지] 편집하다	jiě[지에] 해석하다	zhù[쭈] 주석(하다)
纟 纟 纟 纩 纺 纺 编 编	丶 讠 讠 讠 讠 讠 译	土 车 车 車 車 輯 辑 辑	⺈ 角 角 角 解 解 解	丶 氵 氵 氵 沣 注 注

编	编		编写	biānxiě	[삐엔시에]	편집하여 쓰다
			编号	biān hào	[삐엔하오]	번호를 매기다
			编者	biānzhě	[삐엔저]	편자, 엮은이
译	译		翻译	fānyì	[판이]	번역하다
			译文	yìwén	[이원]	번역문
			口译	kǒuyì	[코우이]	통역
辑	辑		编辑	biānjí	[삐엔지]	편집(하다)
			辑要	jíyào	[지야오]	요점을 모으다
			辑录	jílù	[지루]	집록하다
解	解		解决	jiějué	[지에쥐에]	해결하다
			解放	jiěfàng	[지에팡]	해방하다
			解开	jiěkāi	[지에카이]	해체하다
注	注		注释	zhùshi	[쭈스]	주석(하다)
			注解	zhùjiě	[쭈지에]	주해(하다)
			关注	guānzhù	[꾸안주]	관심을 갖다

编写一本书。	biānxiě yì běn shū.	한 권의 책을 편집하여 만들다
他是这本书的编者。	Tā shì zhè běn shū de biānzhě.	그는 이 책의 편자이다
他愿当翻译。	Tā yuàn dāng fānyì.	나는 번역가가 되고싶다
他口译好。	Tā kǒuyì hǎo.	그는 통역을 잘한다
把书稿编辑出版。	Bǎ shūgǎo biānjí chūbǎn.	원고를 편집하여 출판하다
你去解决一下。	Nǐ qù jiějué yíxià.	네가 가서 해결해라
我解放了，自由了！	Wǒ jiěfàng le, zìyóu le!	나는 해방되었다, 자유다!
注释详细。	Zhùshi xiángxì.	주석이 상세하다
关注别人。	Guānzhù biérén.	다른 사람에게 관심을 갖다

成语	难解难分	nán jiě nán fēn	(경쟁에서) 서로 맞붙어 양보하지 않다
	全神贯注	quán shén guàn zhù	온 정신을 기울이다, 혼신의 힘을 기울이다

研	讨	议	论	辩
yán[옌] 연구하다	tǎo[타오] 토론하다	yì[이] 의견, 주장	lùn[룬] 의논하다	biàn[삐엔] 논쟁하다
一ナ丆石石矸研研	讠 讠 讨讨	丶讠 讠 议议	丶讠 讠 讠论论	二 亠 亠 亨 亨 辛 辛 辩

研	研	研究	yánjiu	[옌지우]	연구하다
		研讨	yántǎo	[옌타오]	연구 토론하다
		钻研	zuānyán	[쭈안옌]	깊이 연구하다
讨	讨	讨论	tǎolùn	[타오룬]	토론하다
		讨好	tǎohǎo	[타오하오]	비위를 맞추다
		商讨	shāngtǎo	[상타오]	협의하다
议	议	议论	yìlùn	[이룬]	의론(하다)
		会议	huìyì	[훼이이]	회의
		决议	juéyì	[쥐에이]	결의(하다)
论	论	争论	zhēnglùn	[쩡룬]	말다툼하다
		辩论	biànlùn	[삐엔룬]	변론하다
		论文	lùnwén	[룬원]	논문
辩	辩	辩证	biànzhèng	[삐엔쩡]	변증하다
		辩解	biànjiě	[삐엔지에]	변명하다
		辩驳	biànbó	[삐엔보]	논박하다

활용 예문

研究问题。	Yánjiu wèntí.	문제를 연구하다
刻苦钻研。	Kèkǔ zuānyán.	몹시 애쓰며 깊이 연구하다
讨论情况。	Tǎolùn qíngkuàng.	일을 토론하다
进行商讨。	Jìnxíng shāngtǎo.	협의를 진행하다
议论纷纷。	Yìlùn fēnfēn.	의견이 분분하다
参加会议。	Cānjiā huìyì.	회의에 참가하다
一场争论	yī chǎng zhēnglùn	한바탕 쟁론
辩论到底。	Biànlùn dàodǐ.	끝까지 변론하다
要辨证地看问题。	Yào biànzhèng de kàn wèntí.	변증적으로 문제를 봐야 한다
无法辩驳的真理。	Wúfǎ biànbó de zhēnlǐ.	논박할 수 없는 진리

成语

苦心钻研	kǔ xīn zuān yán	고심하여 연구하다
讨价还价	tǎo jià huán jià	흥정하다

演	讲	表	达	著
yǎn[옌] 서술하다	jiǎng[지앙] 말하다	biǎo[뱌오] 나타내다	dá[다] 전하다, 알리다	zhù[쭈] 저술하다
氵汒汒汒演演演	丶讠讠讠讲讲	二 宝 丰 耒 耒 表	一 大 大 达 达	十 芏 芏 芏 著 著 著

演	演			演说	yǎnshuō	[옌슈오]	연설(하다)
讲	讲			表演	biǎoyǎn	[뱌오옌]	연기하다
				演出	yǎnchū	[옌추]	공연(하다)
讲	讲			讲课	jiǎng kè	[지앙커]	수업을 하다
				演讲	yǎnjiǎng	[옌지앙]	강연(하다)
				讲台	jiǎngtái	[지앙타이]	강단
表	表			表达	biǎodá	[뱌오다]	표현하여 나타내다
				表示	biǎoshì	[뱌오스]	표시하다
				表扬	biǎoyáng	[뱌오양]	칭찬하다
达	达			达到	dádào	[다따오]	달성하다
				到达	dàodá	[따오다]	도달하다
				豁达	huòdá	[훠다]	활달하다
著	著			著述	zhùshù	[쭈슈]	저술
				著作	zhùzuò	[쭈쭈오]	저작
				著名	zhùmíng	[쭈밍]	저명하다

활용 예문

他表演得不错。	Tā biǎoyǎn de búcuò.	그의 연기가 대단하다
这场演出很有意思。	Zhè chǎng yǎnchū hěn yǒu yìsi.	이 연극 매우 재미있다
教授讲课好。	Jiàoshòu jiǎng kè hǎo.	교수님의 수업이 좋다
他演讲的题目是……。	Tā yǎnjiǎng de tímù shì….	그의 강연 제목은 …
对他表示尊敬。	Duì tā biǎoshì zūnjìng.	그에게 존경을 표시하다
老师表扬她。	Lǎoshī biǎoyáng tā.	선생님께서 그녀를 칭찬하시다
他达到了一定水平。	Tā dádào le yīdìng shuǐpíng.	그는 일정한 수준을 달성했다
性格豁达。	Xìnggé huòdá.	성격이 활달하다
他的著述受欢迎。	Tā de zhùshù shòu huānyíng.	그의 저술은 환영받는다
他的著作很多。	Tā de zhùzuò hěn duō.	그의 저작은 매우 많다

成语

| 徒有其表 | tú yǒu qí biǎo | 겉만 번지르르할 뿐 내용이 없다 |
| 通宵达旦 | tōng xiāo dá dān | 밤을 새우다 |

24. 학습 · 연구 · 저술　　**157**

期 望 道 理 懂

期	望	道	理	懂
qī[치] 기다리다	wàng[왕] 바라다	dào[따오] 도덕, 도	lǐ[리] 도리, 이치	dǒng[동] 알다
一 卄 其 其 期 期 期	亠 亡 亡 切 切 望 望	亠 产 � 首 首 首 道	二 Ŧ 王 珇 珇 理 理	忄 忄 忄 忄 懂 懂 懂

期	期	星期	xīngqī	[씽치]	요일
		日期	rìqī	[르치]	날짜, 기간
		期待	qīdài	[치따이]	기대하다
望	望	希望	xīwàng	[씨왕]	희망하다
		望见	wàngjiàn	[왕지엔]	바라보다
		欲望	yùwàng	[위왕]	욕망
道	道	道理	dàolǐ	[따오리]	도리, 이치
		道德	dàodé	[따오더]	도덕
		道路	dàolù	[따오루]	길, 도로
理	理	理论	lǐlùn	[리룬]	이론
		理解	lǐjiě	[리지에]	이해하다
		有理	yǒulǐ	[요우리]	도리가 있다
懂	懂	懂礼貌	dǒnglǐmào	[동리마오]	예의를 알다
		弄懂	nòngdǒng	[농동]	이해하게 하다
		懂事	dǒng shì	[동스]	분별이 있다

활용 예문

一个星期有七天。	Yī ge xīngqī yǒu qītiān.	1주일은 7일이다
我期待着命运转机。	Wǒ qīdàizhe mìngyùn zhuǎnjī.	나는 운명의 전기를 기대한다
我希望去上海。	Wǒ xīwàng qù Shànghǎi.	나는 상해에 가기를 희망한다
他望见了月亮。	Tā wàngjiàn le yuèliang.	그는 달을 바라보았다
他非常懂道理。	Tā fēicháng dǒng dàolǐ.	그는 이치를 매우 잘 이해한다
道路宽广。	Dàolù kuānguǎng.	도로가 넓다
我十分理解她。	Wǒ shífēn lǐjiě tā.	나는 그녀를 십분 이해한다
谁都说自己有理。	Shéi dōu shuō zìjǐ yǒulǐ.	누구나 자기 스스로 이치에 맞다고 말한다
他弄懂了。	Tā nòngdǒng le.	그가 이해하게 했다
这孩子很懂事。	Zhè ge háizi hěn dǒngshì.	이 아이는 매우 철이 들었다

成语 得道多助	dé dào duō zhù	도에 맞으면 도움이 많고 도에 맞지 않으면 도움이 적다
理直气壮	lǐ zhí qì zhuàng	이유가 충분하여 하는 말이 당당하다, 떳떳하다

言	辞	话	语	楚
yán[옌] 말, 언어	cí[츠] 말, 언사	huà[화] 말, 이야기	yǔ[위] 말	chǔ[추] 분명하다
丶 亠 亠 亖 言 言 言	二 千 舌 舌 舌 辞 辞 辞	丶 讠 讠 讠 讠 话 话	讠 讠 讠 语 语 语 语	木 林 梺 梺 楚 楚 楚 楚

言	言			言论	yánlùn	[옌룬]	언론
				言辞	yáncí	[옌츠]	언사, 말
				言语	yányǔ	[옌위]	언어
辞	辞			告辞	gàocí	[까오츠]	작별을 고하다
				推辞	tuīcí	[퉤이츠]	거절하다
				辞别	cíbié	[츠비에]	고별하다
话	话			说话	shuōhuà	[슈오화]	말하다
				话语	huàyǔ	[화위]	말, 문구
				话题	huàtí	[화티]	화제
语	语			语言	yǔyán	[위옌]	언어
				语气	yǔqì	[위치]	어기
				语调	yǔdiào	[위댜오]	어조
楚	楚			清楚	qīngchu	[칭추]	분명하다
				苦楚	kǔchǔ	[쿠추]	고초
				楚国	Chǔguó	[추궈]	초나라

言论激烈。	yánlùn jīliè.	언론이 격렬하다
他的言辞厉害。	Tā de yáncí lìhài.	그의 언사가 지독하다
不要推辞了。	Búyào tuīcí le.	거절하지 말아라
辞别朋友。	Cíbié péngyou.	친구와 고별하다
他从来不多说话。	Tā cónglái bù duō shuōhuà.	그는 항상 말이 많지 않다
话题转了。	Huàtí zhuǎn le.	화제가 바뀌었다
汉语并不难学。	Hànyǔ bìng bù nánxué.	중국어는 배우기 어렵지 않다
他的语调有点怪。	Tā de yǔdiào yǒudiǎn guài.	그의 어조는 조금 이상하다
把事情说清楚。	Bǎ shìqing shuō qīngchu.	사정을 분명히 말하다

成语 义正词严 — yì zhèng cí yán — 이치가 정당하고 말이나 글이 날카롭고 엄숙하다
言不由衷 — yán bù yóu zhōng — 속에 없는 소리를 하다, 말이 진심이 아니다

习	练	作	背	诵
xí[씨] 연습하다	liàn[리엔] 연습하다	zuò[쭈오] 글을 쓰다	bèi[뻬이] 암기하다	sòng[쏭] 낭송하다
フ フ 习	ㄥ ㄠ ㅿ ㅿ ㅿ 纟 纟 练 练	ノ イ イ 作 作 作 作	一 コ コ 斗 北 背 背 背	ㆍ ㅣ ㄱ ㄱ 诏 诵 诵 诵

习	习
练	练
作	作
背	背
诵	诵

练习	liànxí	[리엔씨]	연습하다
习惯	xíguàn	[씨꾸안]	습관, 버릇
习作	xízuò	[시쭈오]	습작(하다)
练习本	liànxíběn	[리엔씨번]	연습장
练字	liànzì	[리엔쯔]	글씨를 연습하다
演练	yǎnliàn	[옌리엔]	훈련(하다)
作文	zuòwén	[쭈오원]	작문
作事	zuò shì	[쭈오스]	일을 하다
工作	gōngzuò	[꽁쭈오]	일, 업무, 직업
背书	bèishū	[뻬이슈]	책을 외우다
背下来	bèixiàlái	[뻬이샤라이]	외우다
背熟	bèishú	[뻬이슈]	완전히 암기하다
吟诵	yīnsòng	[인쏭]	음송하다, 읊다
诵读	sòngdú	[쏭두]	소리내어 읽다

활용 예문

他练习太极拳。	Tā liànxí tàijíquán.	그는 태극권을 연습한다
习惯成自然。	Xíguàn chéng zìrán.	습관이 천성처럼 되어버리다
买些练习本。	Mǎi xiē liànxíběn.	연습장을 조금 사다
常常练字, 便能写好。	Chángcháng liànzì, biàn néng xiěhǎo.	자주 글씨 연습을 하면 곧 잘 쓸 수 있게 된다
他的作文优秀。	Tā de zuòwén yōuxiù.	그의 작문은 우수하다
他在公司工作。	Tā zài gōngsī gōngzuò.	그는 회사에서 일을 한다
他喜欢背书。	Tā xǐhuan bèishū.	그는 책 외우기를 좋아한다
把课文背下来。	Bǎ kèwén bèixiàlai.	본문을 외우다
诵读诗词。	Sòngdú shīcí.	시와 사를 소리내어 읽다

成语	习以为常	xí yǐ wéi cháng	습관이 되다, 버릇이 되어 예사로운 일로 되다
	腹背受敌	fù bèi shòu dí	앞뒤로 적의 공격을 받다

想 xiǎng[시앙] 생각하다	愿 yuàn[위엔] 원하다	意 yì[이] 생각, 마음	见 jiàn[지엔] 의견, 견해	呼 hū[후] 외치다
十 木 相 相 相 想 想	厂 厂 厈 原 原 愿 愿	产 音 音 音 意 意	丨 冂 贝 见	丶 口 口 吁 吁 呼 呼

想	思想	sīxiǎng	[쓰샹]	생각, 사상
	想念	xiǎngniàn	[샹니엔]	생각하다
	想法	xiǎngfǎ	[샹파]	생각
愿	愿意	yuànyì	[위엔이]	원하다
	愿望	yuànwàng	[위엔왕]	희망하다
	意愿	yìyuàn	[이위엔]	바람, 소원, 염원
意	意见	yìjiàn	[이지엔]	의견
	意想	yìxiǎng	[이시앙]	생각하다
	意识	yìshí	[이스]	의식(하다)
见	见面	jiàn miàn	[지엔미엔]	만나다
	见识	jiànshi	[지엔스]	식견
	相见	xiāngjiàn	[시앙지엔]	만나다, 선보다
呼	呼吸	hūxī	[후씨]	호흡
	呼吁	hūyù	[후위]	호소하다, 청하다
	招呼	zhāohu	[자오후]	인사하다

활용 예문

他的思想先进。	Tā de sīxiǎng xiānjìn.	그의 사상은 진보적이다
他的想法正确。	Tā de xiǎngfǎ zhèngquè.	그의 생각은 옳다
他愿意学英文。	Tā yuànyì xué Yīngwén.	그는 영어 배우기를 희망한다
他的愿望是中文系毕业。	Tā de yuànwàng shì Zhōngwénxì bìyè.	그의 바람은 중문과를 졸업하는 것이다
他的意见不对。	Tā de yìjiàn búduì.	그의 의견은 잘못되었다
有意想不到的效果。	Yǒu yìxiǎng budào de xiàoguǒ.	예기치 않은 효과가 있다
他们在北京见面。	Tāmen zài Běijīng jiàn miàn.	그들은 북경에서 만난다
见识短浅。	Jiànshi duǎnqiǎn.	견식이 짧고 얕다
呼吸新鲜空气。	Hūxī xīnxiān kōngqì.	신선한 공기를 마시다
打招呼	dǎ zhāohu	인사하다

成语 想方设法	xiǎng fāng shè fǎ	온갖 방법을 생각하다, 갖은 방법을 다하다
见异思迁	jiàn yì sī qiān	색다른 것을 보면 그것에 마음이 쏠리다

典	章	籍	册	函
diǎn[디엔] 서적, 전고	zhāng[얼] 문장	jí[지] 서적, 책	cè[처] 책, 권	hán[한] 편지, 서한
冂 冋 曲 曲 曲 典 典	亠 亠 产 产 音 音 章 章	八 竺 竺 竺 筹 籍 籍 籍	丨 冂 冂 冊 册	了 了 犭 汞 汞 函 函

典	典			词典	cídiǎn	[츠디엔]	사전
				字典	zìdiǎn	[쯔디엔]	자전
章	章			文章	wénzhāng	[원장]	문장
				章法	zhāngfǎ	[장파]	구성, 구도, 순서
籍	籍			书籍	shūjí	[슈지]	서적
				籍贯	jíguàn	[지꾸안]	본적
册	册			上册	shàngcè	[샹처]	상권
				下册	xiàcè	[샤처]	하권
函	函			函电	hándiàn	[한디엔]	편지와 전보
				函件	hánjiàn	[한지엔]	서신, 우편물

활용 예문

我有一本词典。	Wǒ yǒu yī běn cídiǎn	나는 사전 한 권을 가지고 있다
我去买字典。	Wǒ qù mǎi zìdiǎn.	나는 가서 자전을 산다
他的文章写得很好。	Tā de wénzhāng xiě de hěn hǎo.	그는 문장을 아주 잘 쓴다
他做事有章法。	Tā zuòshì yǒu zhāngfǎ.	그는 일하는 데 순서가 있다
他的书籍很多。	Tā de shūjí hěn duō.	그의 서적은 매우 많다
他的籍贯是北京。	Tā de jíguàn shì Běijīng.	그의 본적은 북경이다
上册容易。	Shàngcè róngyì.	상권은 쉽다
下册难。	Xiàcè nán.	하권은 어렵다
函电已收。	Hándiàn yǐ shōu.	편지와 전보를 이미 받았다
他有很多函件。	Tā yǒu hěn duō hánjiàn.	그는 매우 많은 서신을 가지고 있다

成語

数典忘祖	shǔ diǎn wàng zǔ	사물의 근원을 잊다, 자국의 역사를 망각하다
章句之学	zhāng jù zhī xué	고서의 장구 분석과 해석을 하는 학문

票	据	集	史	录
piào[퍄오] 표, 증서	jù[쮜] 증거, 증서	jí[지] 모으다	shǐ[스] 역사	lù[루] 기록하다
一 币 币 西 西 票 票 票	扌 扌 扩 护 护 护 据 据	亻 忙 忙 住 隹 隹 集 集	丶 口 口 史 史	フ ㄱ ㄱ ㅋ ㅋ 큯 큯 큯

| 票 | 票 | | | **电影票** diànyǐngpiào [띠엔잉퍄오] 영화표 |
| **门票** ménpiào [먼퍄오] 입장권 |
| **发票** fāpiào [퍄오즈] 영수증 |

票	据	集	史	录

票	票
据	据
集	集
史	史
录	录

电影票	diànyǐngpiào	[띠엔잉퍄오]	영화표
门票	ménpiào	[먼퍄오]	입장권
发票	fāpiào	[퍄오즈]	영수증
收据	shōujù	[쇼우쮜]	영수증
根据	gēnjù	[껀쮜]	…에 근거하다
据说	jùshuō	[쮜슈오]	듣자하니
集子	jízi	[지즈]	문집, 시문집
集中	jízhōng	[지쫑]	집중하다
集市	jíshì	[지스]	정기 시장
历史	lìshǐ	[리스]	역사
史书	shǐshū	[스슈]	역사책
史实	shǐshí	[스스]	역사적 사실
录像带	lùxiàngdài	[루샹따이]	비디오 테이프
录音机	lùyīnjī	[루인지]	녹음기
记录片	jìlùpiān	[지루피엔]	다큐멘터리

활용 예문

凭电影票入场。	Píng diànyǐngpiào rùchǎng.	영화표를 사서 입장하다
公园收门票。	Gōngyuán shōu ménpiào.	공원에서 입장권을 받다
根据事实讲话。	Gēnjù shìshí jiǎnghuà.	사실에 근거하여 이야기하다
据说他结婚了。	Jùshuō tā jiéhūn le.	듣자하니 그는 결혼했다
这是刚出版的集子。	Zhè shì gāng chūbǎn de jízi.	이것은 막 출판된 문집이다
集市的人真多。	Jíshì de rén zhēn duō.	정기 시장에 사람들이 정말 많다
读懂历史。	Dú dǒng lìshǐ.	책을 읽어 역사를 알다
这是不可改变的史实。	Zhè shì bù kě gǎibiàn de shǐshí.	이는 변할 수 없는 역사의 사실이다
他有一台录音机。	Tā yǒu yī tái lùyīnjī.	그는 녹음기를 한 대 가지고 있다
大型记录片。	Dàxíng jìlùpiān.	대형 다큐멘터리

成语

据理力争	jù lǐ lì zhēng	도리에 입각하여 끝가지 논쟁하다
集思广益	jí sī guǎng yì	다수의 의견을 모으면 보다 큰 효과를 얻을 수 있다

问 答 等 虚 实

wèn[원] 묻다	dá[다] 답하다	děng[덩] 기다리다	xū[쉬] 거짓	shí[스] 실제
丶冫门冋问问	丷𠂉 𥫗 𥫗 竺 竺 答	丷𠂉 𥫗 筁 笁 竿 等 等	丶广 卢 庐 虏 虏 虚	丶丶宀宀宁 实 实

问	问		

		问题	wèntí	[원티]	문제
		问好	wènhǎo	[원하오]	인사하다
		问答	wèndá	[원다]	문답

答	答

		答复	dāfù	[다푸]	회답하다
		答应	dāying	[다잉]	허락하다
		答问	dáwèn	[다원]	질문에 답하다

等	等

		等(一)会儿	děng (yī)huìr	[덩이훨]	좀 기다리다
		等待	děngdài	[덩따이]	기다리다
		等着	děngzhe	[덩저]	기다리고 있다

虚	虚

		虚心	xūxīn	[쉬씬]	겸허하다
		虚词	xūcí	[쉬츠]	허사(문장성분)
		虚假	xūjiǎ	[쉬쟈]	거짓(의)

实	实

		实际	shíjì	[스지]	실제
		实话	shíhuà	[스화]	진실된 말
		事实	shìshí	[스스]	사실

활용 예문

我问老师一个问题。	Wǒ wèn lǎoshī yī ge wèntí.	나는 선생님께 문제 하나를 여쭈었다
向朋友问好。	Xiàng péngyou wènhǎo.	친구에게 인사하다
我已经答复了他。	Wǒ yǐjing dāfù le tā.	나는 이미 그에게 회답했다
答应我的请求吧。	Dāying wǒ de qǐngqiú ba.	나의 요청을 수락해 주세요
等(一)会儿再来吧。	Děng (yī)huìr zài lái ba.	조금 있다가 다시 오세요
我在这儿等着。	Wǒ zài zhèr děngzhe.	나는 여기에서 기다리고 있다
做人要虚心。	Zuòrén yào xūxīn.	사람됨됨이가 겸허해야 한다
虚假的情况。	xūjiǎ de qíngkuàng.	거짓된 상황
小孩子说实话。	Xiǎoháizi shuō shíhuà.	아이는 진실을 말한다
事实上你错了。	Shìshíshang nǐ cuò le.	사실상 네가 틀렸다

成语

对答如流	duì dá rú liú	막힘없이 술술 대답하다
等量齐观	wèn dào yú máng	아무것도 모르는 사람에게 가르침을 청하다

得	失	利	害	辅
dé[더] 얻다	shī[스] 잃다	lì[리] 이익	hài[하이] 손해	fǔ[푸] 돕다, 보좌하다
彳 彳 彳 彳 彳 得 得 得	ノ 乍 乍 失 失	一 二 千 禾 禾 利 利	丶 宀 宙 宝 害 害 害	一 七 车 轫 轫 辅 辅

得	得			得失	déshī	[더스]	득실
				得到	dédào	[더따오]	얻다
				得病	dé bìng	[더삥]	병을 얻다
失	失			失败	shībài	[스바이]	실패하다
				失望	shīwàng	[스왕]	실망하다
				失去	shīqù	[스취]	잃어버리다
利	利			利益	lìyì	[리이]	이익
				利害	lìhài	[리하이]	이해
				有利	yǒulì	[요우리]	유리하다
害	害			害病	hàibìng	[하이삥]	병들다
				害人	hài rén	[하이런]	사람을 해치다
				害怕	hài pà	[하이파]	두려워하다
辅	辅			辅导	fǔdǎo	[푸다오]	도우며 지도하다
				辅助	fǔzhù	[푸쭈]	도와주다
				辅音	fǔyīn	[푸인]	자음(子音)

他太计较个人得失。	Tā tài jìjiào gèrén déshī.	그는 너무 개인의 득실을 계산한다
他得病了。	Tā dé bìng le.	그는 병을 얻었다
他真让我失望。	Tā zhēn ràng wǒ shīwàng.	그는 정말로 나를 실망시켰다
他失去了大好机会。	Tā shīqù le dàhǎo jīhuì.	그는 대단히 좋은 기회를 놓쳤다
保护每个人的利益。	Bǎohù měi ge rén de lìyì.	개개인의 이익을 보호하다
要懂事物的利害关系。	Yào dǒng shìwù de lìhài guānxi.	사물의 이해관계를 이해해야 한다
他害病了。	Tā hàibìng le.	그는 병들었다
他害怕打针。	Tā hài pà dǎ zhēn.	그는 주사 맞는 것을 두려워한다
学生要求辅导。	Xuéshēng yāoqiú fǔdǎo.	학생이 보충 수업을 요구하다
我辅助老师。	Wǒ fǔzhù lǎoshī.	나는 선생님을 돕는다

成语			
塞翁失马	sài wēng shī mǎ	새옹지마
兴利除弊	xīng lì chú bì	이로운 것을 일으키고 해로운 것을 없애다

买	卖	租	赁	贷
mǎi[마이] 사다	mài[마이] 팔다	zū[쭈] 세내다	lìn[린] 세를 내다	dài[따이] (돈을) 꾸다
一 ⺈ ⺕ 冗 买 买	一 十 士 击 击 卖 卖	二 千 禾 利 和 租租	亻 仁 仟 任 任 赁 赁	丿 亻 代 代 代 贷 贷

买	买			买主	mǎizhǔ	[마이주]	사는 사람
				买卖	mǎimai	[마이마이]	장사하다
				买来	mǎilái	[마이라이]	사오다
卖	卖			卖货	mài huò	[마이훠]	물품을 팔다
				卖出	màichū	[마이추]	매출하다
				贱卖	jiànmài	[지엔마이]	싸게 팔다
租	租			租房	zūfáng	[쭈팡]	방을 빌리다
				租金	zūjīn	[쭈찐]	돈을 빌리다
				租户	zūhù	[쭈후]	빌려 쓰는 사람
赁	赁			租赁	zūlìn	[쭈린]	빌려 쓰다
				赁车	lìn chē	[린처]	차를 세내다
贷	贷			贷款	dàikuǎn	[따이콴]	대출하다
				借贷	jièdài	[지에따이]	돈을 꾸다

활용 예문

他是买主。	Tā shì mǎizhǔ.	그가 (물건을) 살 사람이다
他的买卖赚了。	Tā de mǎimai zhuàn le.	그는 장사에서 이익을 남겼다
他出门卖货去了。	Tā chūmén màihuò qù le.	그는 물건을 팔러 나갔다
可以赔本卖出。	Kěyǐ péiběn màichū.	손해를 보면서 매출을 해도 된다
我去租房。	Wǒ qù zūfáng.	나는 가서 방을 빌린다
谁是租户？	Shéi shì zūhù?	누가 빌려쓴 사람이지?
赁房人	lìnfángrén	세들어 사는 사람
他去赁车了。	Tā qù lìnchē le.	그가 가서 차를 세냈다
贷款利息太高。	Dàikuǎn lìxī tài gāo.	대출 이자가 너무 높다
靠借贷过日子。	Kào jièdài guò rìzi.	빌린 돈에 기대어 생활하다

成语

买空卖空	mǎi kōng mài kōng	(투기적으로) 물건을 사고 팔다
租课不时	yán chéng bù dài	가차없이 엄벌에 처하다

借	还	支	付	赎
jiè[지에] 빌리다	huán[환] 돌려주다	zhī[쯔] 지불하다	fù[푸] 지불하다	shú[슈] 도로 찾다
亻亻⺅⺅借借借借	一丁丆不不还还	一十才支	丿亻⺅付付	贝贝贮贮赎赎赎

借	借			借书	jiè shū	[지에슈]	책을 빌리다
				借钱	jiè qián	[지에치엔]	돈을 빌리다
				借债	jiè zhài	[지에자이]	돈을 꾸다
还	还			还书	huán shū	[환슈]	책을 반환하다
				还钱	huán qián	[환치엔]	돈을 갚다
				还债	huán zhài	[환자이]	돈을 갚다
支	支			支出	zhīchū	[쯔추]	지출
				支付	zhīfù	[쯔푸]	지불하다
				支持	zhīchí	[쯔츠]	지지하다
付	付			付钱	fùqián	[푸치엔]	돈을 지불하다
				付债	fùzhài	[푸자이]	빚을 갚다
				付账	fùzhàng	[푸장]	빚을 갚다
赎	赎			赎回	shúhuí	[슈훼이]	전당물을 되찾다
				赎还	shúhuán	[슈환]	보상하다
				赎金	shújīn	[슈찐]	저당물 찾을 돈

我去借书。	Wǒ qù jiè shū.	나는 가서 책을 빌린다
我借他的钱。	Wǒ jiè tā de qián.	나는 그의 돈을 빌린다
我去图书馆还书。	Wǒ qù túshūguǎn huán shū.	나는 도서관에 가서 책을 반납한다
还钱要按时。	Huán qián yào ànshí.	돈은 제 때에 갚아야 한다
支出太大。	Zhīchū tài dà.	지출이 너무 많다
支持你的作法。	Zhīchí nǐ de zuòfǎ.	너의 방법을 지지한다
你快付钱。	Nǐ kuài fùqián.	너 빨리 돈을 내라
你何时付清债？	Nǐ héshí fùqīng zhài?	당신은 언제 부채를 청산할 것입니까?
赎回来。	shúhuílái.	전당물을 되찾다
赎还过去的罪恶。	shúhuán guòqù de zuì'è	과거의 죄를 보상하다

成语			
还乡生产	huán xiāng shēngchǎn	고향에 돌아가 생산에 종사하다
付诸东流	fù zhū dōng liú	수포로 돌아가다

盈 亏 降 落 稳

盈	亏	降	落	稳
yíng[잉]이익이 나다	kuī[퀘이] 손해(보다)	jiàng[지앙] 내리다	luò[루오] 떨어지다	wěn[원] 안정되다
ノ 乃 及 及 及 盈 盈 盈	一 二 亏	⻖ ⻖ ⻖ 降 降 降 降	⺿ 汸 汸 莎 莈 莈 落	二 禾 秆 秆 稳 稳 稳

		盈利	yínglì	[잉리]	이익(보다)
盈	盈	盈余	yíngyú	[잉위]	이익이 남다
		盈亏	yíngkuī	[잉퀘이]	사업의 손익
		亏本	kuīběn	[퀘이번]	밑지다
亏	亏	亏钱	kuīqián	[퀘이치엔]	손해보다
		亏心	kuīxīn	[퀘이씬]	양심에 부끄럽다
		降落	jiàngluò	[지앙루오]	착륙하다
降	降	降低	jiàngdī	[지앙띠]	낮추다, 내려가다
		下降	xiàjiàng	[샤지앙]	하강하다, 떨어지다
		落下	luòxià	[루오샤]	떨어지다
落	落	落地	luòdì	[루오띠]	땅에 떨어지다
		掉落	diàoluò	[댜오루오]	떨어지다
		稳当	wěndāng	[원땅]	온당하다
稳	稳	稳妥	wěntuǒ	[원투오]	타당하다
		稳定	wěndìng	[원딩]	안정하다

활용 예문

公司盈利。	Gōngsī yínglì.	회사가 이익을 보다
盈亏是常事。	Yíngkuī shì chángshì.	사업의 손해와 이익은 일상적인 일이다
这个商店亏本了。	Zhè ge shāngdiàn kuīběn le.	이 상점은 손해보았다
他亏了钱。	Tā kuī le qián.	그는 손해보았다
飞机降落。	Fēijī jiàngluò.	비행기가 착륙하다
降低了质量。	jiàngdī le zhìliàng.	품질을 낮추었다
树叶落下来了。	Shùyè luòxiàlái le.	나뭇잎이 떨어졌다
一块石头落了地。	Yīkuài shítou luò le dì.	돌이 땅에 떨어졌다
这件事办得稳妥。	Zhè jiàn shì bàn de wěntuǒ.	이 일은 타당하게 처리되었다
稳定的局面	wěndìng de júmiàn	안정된 국면

成語

自负盈亏	zì fù yíng kuī	손익(損益)을 자기가 책임지다
落花流水	luò huā liú shuǐ	늦은 봄의 경치, 쇠퇴하다, 산산히 부서지다

赔	赚	贵	贱	输
péi[페이] 손해보다	zhuàn[쭈안] 벌다	guì[꿰이] 비싸다	jiàn[지엔] 싸다	shū[슈] 잃다
⺆贝贝⺁贮贮赔赔	⺆贝贝⺁赔赔赚赚	丶口中虫虫串串贵	⺆⺆贝贝⺁贱贱贱	一⺕车轮轮输输输

赔	赔			赔钱	péi qián	[페이치엔]	손해를 보다
				赔本	pēi běn	[페이번]	손해를 보다
				索赔	suǒpéi	[쑤오페이]	변상을 요구하다
赚	赚			赚钱	zhuànqián	[쭈안치엔]	이윤을 얻다
				赔赚	péizhuàn	[페이쭈안]	손익
				有赚	yǒuzhuàn	[요우쭈안]	이윤이 있다
贵	贵			贵贱	guìjiàn	[꿰이지엔]	귀천
				宝贵	bǎoguì	[바오꿰이]	귀하다
				贵姓	guìxìng	[꿰이씽]	상대 성의 높임말
贱	贱			贱卖	jiànmài	[지엔마이]	싸게 팔다
				贱货	jiànhuò	[지엔휘]	값싼 물건, 싸구려
				卑贱	bēijiàn	[뻬이지엔]	비천하다
输	输			输钱	shūqián	[슈치엔]	(내기로) 돈을 잃다
				输赢	shūyíng	[슈잉]	승부, 승패
				运输	yùnshū	[윈슈]	운수

활용 예문

他赔钱作生意。	Tā péi qián zuò shēngyì.	그는 장사에 손해를 보았다
他的买卖赔本了。	Tā de mǎimài péi běn le.	그의 장사는 손해를 보았다
他的生意赚钱。	Tā de shēngyì zhuànqián.	그의 장사는 이윤을 남겼다
有赔有赚。	Yǒu péi yǒu zhuàn.	손해도 있고 이익도 있다
宝贵的时间	bǎoguì de shíjiān	보배와 같은 (귀한) 시간
您贵姓?	Nín guì xìng?	당신의 성은 무엇입니까?
这批货要贱卖。	Zhè pī huò yào jiànmài.	이 물건들은 싸게 팔아야 한다
这是一批贱货。	Zhè shì yì pī jiànhuò.	이것은 값싼 물건이다
输赢没关系。	Shūyíng méi guānxi.	승패에 상관 없다
运输便利。	Yùnshū biànlì.	운수가 편리하다

成语 赔了夫人又折兵	péi le fū rén yòu zhé bīng	부인을 읽고 병사도 잃다, 이중으로 손해보다
贫贱不移	pín jiàn bù yí	빈천해도 뜻을 바꾸지 않는다

忧	伤	恩	仇	怨
yōu[요우] 근심하다	shāng[상] 슬퍼하다	ēn[언] 은혜	chóu[쵸우] 원한	yuàn[위엔] 원망하다
｀ ｀ ｉ ｉ 忆 忆 忧	ノ イ 亻 仁 佇 伤 伤	冂 门 闩 闩 因 恩 恩	ノ イ 亻 仇	｀ ク タ ク 处 怨 怨 怨

忧	忧			忧愁	yōuchóu	[요우쵸우]	우울하다
				担忧	dānyōu	[딴요우]	걱정하다
				忧虑	yōulǜ	[요우뤼]	우려(하다)
伤	伤			伤心	shāng xīn	[상신]	상심하다
				伤神	shāng shén	[상션]	너무 신경을 쓰다
				受伤	shòu shāng	[쇼우상]	상처를 입다
恩	恩			恩情	ēnqíng	[언칭]	애정, 은정
				恩怨	ēnyuàn	[언위엔]	은혜와 원한
				有恩	yǒu'ēn	[요우언]	은혜가 있다
仇	仇			仇人	chóurén	[초우런]	원수, 적
				仇恨	chóuhèn	[초우헌]	원한, 증오(하다)
				报仇	bàochóu	[빠오초우]	복수하다
怨	怨			怨恨	yuànhèn	[위엔헌]	원한, 원망하다
				瞒怨	mányuàn	[만위엔]	원망하다
				宿怨	sùyuàn	[쑤위엔]	오랜 원한

활용 예문

何必过于忧愁呢?	Hébì guòyú yōuchóu ne?	구태여 지나치게 근심할 필요가 있니?
不要太担忧。	Búyào tài dānyóu.	너무 걱정하지 마라
我太伤心了。	Wǒ tài shāng xīn le.	나는 매우 상심했다
他受伤了。	Tā shòu shāng le.	그는 상처를 입었다
不忘恩情。	Bùwàng ēnqíng.	은정을 잊지 않다
化解恩怨。	Huàjiě ēnyuàn.	은혜와 원한이 풀리다
刻骨仇恨。	kègǔ chóuhèn	골수에 사무치는 원한
不要去报仇。	Bú yào qù bàochóu.	복수하러 가지 말아라
我不怨恨她。	Wǒ bù yuànhèn tā.	나는 그녀를 원망하지 않는다
他瞒怨我。	Tā mányuàn wǒ.	그는 나를 원망했다

成语 救死扶伤	jiù sǐ fú shāng	죽음에 처한 사람을 구조하고 부상자를 돌보다
怨声载道	yuàn shēng zài dào	원성이 도처에 자자하다

寂	寞	怕	孤	独
jì[찌] 적막하다	mò[모] 쓸쓸하다	pà[파] 두렵다	gū[꾸] 고독하다	dú[두] 홀로
宀宀宀宇宋宋寂寂	宀宀宀宧宧宧寞寞	丶忄忄忄怕怕怕	了孑孑孤孤孤孤	丿犭犭犭犵独独

寂	寂		寂寞	Jìmò	[찌모]	적막하다
			寂静	jìjìng	[찌징]	고요하다
寞	寞		落寞	luòmò	[루오모]	쓸쓸하고 적적하다
怕	怕		不怕	búpà	[부파]	무섭지 않다
			怕人	pàrén	[파런]	사람을 무서워하다
			怕事	pà shì	[파스]	귀찮은 것을 두려워하다
孤	孤		孤单	gūdān	[꾸딴]	고독하다, 외토리
			孤苦	gūkǔ	[꾸쿠]	외롭고 가난하다
			孤独	gūdú	[꾸두]	고독하다
独	独		独立	dúlì	[두리]	독립(하다)
			单独	dāndú	[딴두]	단독으로
			独自	dúzì	[두쯔]	홀로, 혼자서

寂寞难忍。	Jìmò nán rěn.	적막함을 참기 어렵다
屋内寂静。	Wūnèi jìjìng.	집안이 고요하다
他落寞得很。	Tā luòmò de hěn.	그는 아주 쓸쓸하고 적적하다
我什么也不怕。	Wǒ shénme yě búpà.	나는 무엇도 무섭지 않다
你为什么怕人？	Nǐ wèi shénme pàrén?	너는 왜 사람을 무서워하니?
他太孤单了。	Tā tài gūdān le.	그는 너무 고독하다
老年人怕孤独。	Lǎoniánrén pà gūdú.	노인들은 고독을 두려워한다
和你单独谈谈。	Hé nǐ dāndú tántán	너와 단독으로 이야기하다
独自一人住这儿。	Dúzì yī rén zhù zhèr.	홀로 이곳에 살다

成语	贪生怕死	tān shēng pà sǐ	비겁하게 죽음을 무서워하다
	独一无二	dú yī wú èr	단지 하나 있다, 유일무이하다

喜	怒	哀	乐	常
xǐ[씨] 기쁨	nù[누] 노여움	āi[아이] 슬픔	lè[러] 즐거움	cháng[창] 평상의
十 吉 吉 吉 青 壴 喜	乂 爻 女 如 奴 怒 怒	亠 亠 古 卢 声 亨 哀	一 匚 乎 乐 乐	丷 艹 兴 尚 尚 常 常

喜	喜	喜欢	xǐhuan	[씨환]	좋아하다

喜	喜

喜欢	xǐhuan	[씨환]	좋아하다
喜事	xǐshì	[씨스]	좋은 일
欢喜	huānxǐ	[환씨]	기쁘다, 좋아하다

怒	怒

发怒	fā nù	[파누]	화내다
怒气	nùqì	[누치]	노기
愤怒	fènnù	[펀누]	분노(하다)

哀	哀

哀伤	āishāng	[아이상]	비통해하다
哀痛	āitòng	[아이통]	애통하다
哀悼	àidiào	[아이댜오]	애도(하다)

乐	乐

欢乐	huānlè	[환러]	즐겁다, 유쾌하다
乐意	lèyì	[러이]	즐겁게 여기다
娱乐	yúlè	[위러]	오락, 즐거움

常	常

常常	chángcháng	[창창]	늘, 자주
常情	chángqíng	[창칭]	보통의 인정
常人	chángrén	[창런]	보통 사람

활용 예문

他喜欢运动。	Tā xǐhuan yùndòng.	그는 운동을 좋아한다
他有喜事了。	Tā yǒu xǐshì le.	그는 좋은 일이 있다
他发怒了。	Tā fā nù le.	그는 화가 났다
愤怒不止。	Fènnù bùzhǐ.	분노가 그치지 않는다
哀痛不能长久。	Āitòng bù néng chángjiǔ.	애통함은 영원할 수 없다
我去哀悼过世的朋友。	Wǒ qù āidiào guòshì de péngyou.	나는 세상을 떠난 친구를 애도하러 간다
天天欢乐。	Tiāntiān huānlè.	매일매일 즐겁다
我乐意做此事。	Wǒ lèyì zuò cǐ shì.	나는 기쁘게 이 일을 했다
他常常帮我。	Tā chángcháng bāng wǒ.	그는 항상 나를 돕는다
人之常情	rén zhī cháng qíng	인지상정

成语	喜形于色	xǐ xíng yú sè	희색이 만면하다
	常忍久耐	cháng rěn jiǔ nài	오래오래 참다, 오래 인내성 있게 참고 견디다

悲	欢	离	合	诉
bēi[뻬이] 슬픔	huān[환] 즐겁다	lí[리] 헤어짐	hé[허] 만남	sù[쑤] 호소하다
⺋ ⺋ ⺋ ⺋ 非 悲 悲	⺇ ⺇ ⺇ 欢 欢 欢	⺀ ⺀ ⺀ 离 离 离 离	⺍ 人 合 合 合 合	⺀ ⺀ ⺀ 诉 诉 诉 诉

悲	悲			悲痛	bēitòng	[뻬이통]	비통(하다)
				悲伤	bēishāng	[뻬이샹]	슬프고 마음이 쓰리다
				悲观	bēiguān	[커뻬이]	비관적이다
欢	欢			欢迎	huānyíng	[환잉]	환영하다
				欢送	huānsòng	[환쏭]	환송하다
离	离			离开	líkāi	[리카이]	떠나다
				离去	líqù	[리취]	떠나 가다
				分离	fēnlí	[펀리]	헤어지다
合	合			合作	hézuò	[허쭈오]	합작, 협력(하다)
				合适	héshì	[허스]	적합하다
				合身	héshēn	[허션]	몸에 맞다
诉	诉			哭诉	kūsù	[쿠쑤]	울며 하소연하다
				诉说	sùshuō	[쑤슈오]	하소연하다
				告诉	gàosu	[까오수]	알리다, 알려주다

她这几天很悲痛。	Tā zhè jǐ tiān hěn bēitòng.	그녀는 요 며칠 매우 비통하다
她为什么悲伤？	Tā wèi shénme bēishāng?	그녀는 왜 슬프고 마음이 아프지?
欢迎您来。	Huānyíng nín lái.	당신이 오신 것을 환영합니다
欢送朋友。	Huānsòng péngyou.	친구를 환송하다
离开首都。	Líkāi shǒudū.	수도를 떠나다
不要分离。	Búyào fēnlí.	헤어지지 말아라
我们合作愉快。	Wǒmen hézuò yúkuài.	우리의 합작이 유쾌하기 바랍니다
这套衣服很合身。	Zhè tào yīfu hěn héshēn.	이 옷은 몸에 잘 맞는다
你哭诉什么？	Nǐ kūsù shénme?	너는 무엇을 하소연하는 것이냐?
你告诉我吧。	Nǐ gàosu wǒ ba.	나에게 알려주세요

成语	悲欢离合	bēi huān lí hé	슬픔과 기쁨, 이별과 만남
	天作之合	tiān zuò zhī hé	하늘이 맺어준 결합

遗 憾 惋 惜 叹

遗	憾	惋	惜	叹
yí[이] 잃다	hàn[한] 유감, 실망	wǎn[완] 한탄하다	xī[씨] 애석하게 여기다	tàn[탄] 탄식하다
口中虫虫串贵贵遗遗	忄忄忄忄憾憾憾憾	忄忄忄忄忄忄忄	忄忄忄忄忄惜惜惜	丨丬口口叹叹

			汉字	병음	한글	뜻
遗	遗		遗憾	yíhàn	[이한]	유감(이다)
			遗言	yíyán	[이옌]	유언(하다)
			遗产	yíchǎn	[이찬]	유산
憾	憾		憾事	hànshì	[한스]	유감스러운 일
			缺憾	quēhàn	[취에한]	유감스러운 점
惋	惋		惋叹	wǎntàn	[완탄]	놀라 탄식하다
			惋惜	wǎnxī	[완씨]	애석해하다
惜	惜		可惜	kěxī	[커씨]	애석하다, 아깝다
			惜别	xībié	[씨비에]	이별을 아쉬워하다
			怜惜	liánxī	[리엔씨]	불쌍히 여기다
叹	叹		叹气	tàn qì	[탄치]	탄식하다
			叹赏	tànshǎng	[탄샹]	극구 칭찬하다

활용 예문

我很遗憾。	Wǒ hěn yíhàn.	나는 매우 유감이다
这是老人的遗言。	Zhè shì lǎorén de yíyán.	이것은 노인의 유언이다
一生没什么憾事。	Yīshēng méi shénme hànshì.	일생동안 유감스러운 일이 없었다
真有点缺憾。	Zhēn yǒudiǎn quēhàn.	정말 조금 유감스럽다
他常惋叹不已。	Tā cháng wǎntàn bùyǐ.	그는 늘 놀라탄식함을 그치지 않는다
可惜不能结婚。	Kěxī bù néng jiéhūn.	애석하게도 결혼할 수 없다
惜别之情。	xī bié zhī qíng.	석별의 정
他常独自叹气。	Tā cháng dúzì tànqì.	그는 늘 혼자서 한숨쉰다
叹赏不绝	tànshǎng bùjué	칭찬이 그지없다

성어	遗臭万年	yí chòu wàn nián	악명을 오래도록 후세에 남기다
	唉声叹气	āi shēng tàn qì	(슬픔·고통·번민으로) 탄식하다

疼	痛	笑	骂	哭
téng[텅] 아프다	tòng[통] 슬퍼하다	xiào[샤오] 웃다	mà[마] 욕하다	kū[쿠] 울다
亠广广疒疒疼疼疼	亠广广疒病病痛	⺮ 竹 笑	丶口罒罒骂骂骂	丶口罒哭哭

		疼痛	téngtòng	[텅통]	아프다
疼	疼	疼爱	téng'ài	[텅아이]	매우 귀여워하다
		头疼	tóuténg	[토우텅]	두통
痛	痛	痛苦	tòngkǔ	[통쿠]	고통, 괴롭다
		痛心	tòngxīn	[통씬]	가슴아파하다
		痛处	tòngchù	[통추]	약점, 아픈 곳
笑	笑	笑话	xiàohuà	[샤오화]	우스갯소리
		大笑	dàxiào	[따샤오]	크게 웃다
		开玩笑	kāi wánxiào	[카이완샤오]	농담하다
骂	骂	骂人话	màrénhuà	[마런화]	욕
		骂名	màmíng	[마밍]	나쁜 평판, 오명
		叫骂	jiàomà	[쟈오마]	큰 소리로 욕하다
哭	哭	痛哭	tòngkū	[통쿠]	통곡하다
		大哭	dàkū	[따쿠]	크게 울다
		不哭	bùkū	[부쿠]	울지 않다

활용 예문

疼痛难忍。	téngtòng nánrěn.	아픔은 참기 어렵다
他头疼。	Tā tóuténg.	그는 머리가 아프다
太痛苦了。	Tài tòngkǔ le.	너무 괴롭다
说出他的痛处。	Shuōchū tā de tòngchù.	그의 약점을 말하다
说笑话。	Shuō xiàohuà.	우스갯소리를 하다
他是跟你开玩笑的。	Tā gēn nǐ kāi wánxiào de.	그는 너에게 농담한 것이다
小孩子不要学骂人话。	Xiǎoháizi búyào xué màrénhuà.	아이들은 욕을 배우면 안된다
叫骂声不绝。	Jiàomàshēng bù jué.	큰 소리로 욕하는 소리가 끊이지 않는다
他大哭一顿。	Tā dàkū yī dùn.	그는 한바탕 크게 울었다
他不哭不笑。	Tā bùkū bùxiào.	그는 울지도 않고 웃지도 않는다

成语

痛心疾首	tòng xīn jí shǒu	몹시 원망하다, 가슴아프게 느끼다
啼笑皆非	tí xiào jiē fēi	울지도 웃지도 못하다, 이러지도 저러지도 못하다

染 疾 乱 求 医

染	疾	乱	求	医
rǎn[란] 감염되다	jí[지] 질병	luàn[롼] 어지럽다	qiú[치우] 부탁하다	yī[이] 의사, 의원
氵氵氿氿染染染	广广广疒疒疾疾	一二千千舌舌乱	一十寸才求求求	一厂匚叮至医医

| 染 | 染 | | 传染 | chuánrǎn | [추안란] | 전염(하다) |
| 疾 | 疾 | | 传染病 | chuánrǎnbìng | [추안란삥] | 전염병 |

疾病	jíbìng	[지삥]	질병
疾苦	jíkǔ	[지쿠]	괴로움, 고통
乱写	luànxiě	[롼시에]	낙서하다
零乱	língluàn	[링롼]	너저분하다
乱七八糟	luàn qī bā zāo	[롼치빠자오]	아수라장이다
要求	yāoqiú	[야오치우]	요구(하다)
求助	qiúzhù	[치우주]	도움을 청하다
求人	qiú rén	[치우런]	남에게 부탁하다
医生	yīshēng	[이셩]	의사
医疗	yīliáo	[이랴오]	의료
医术	yīshù	[이슈]	의술

활용 예문

癌症没有传染。	Áizhèng méiyǒu chuánrǎn.	암은 전염되지 않는다
艾滋病是一种传染病。	Àizībìng shì yī zhǒng chuánrǎnbìng.	에이즈는 일종의 전염병이다
疾病缠身。	Jíbìng chánshēn.	질병이 몸에 달라붙다
关心群众的疾苦。	guānxīn qúnzhōng de jíkǔ	대중의 고통에 관심을 두다
别乱写	Bié luànxiě	낙서를 하지 말아라
你的宿舍太零乱。	Nǐ de sùshè tài língluàn.	당신의 기숙사는 너무 너저분하다
你有什么要求？	Nǐ yǒu shénme yāoqiú?	당신은 어떤 요구가 있습니까?
求人不如求自。	Qiú rén bùrú qiú zì.	남에게 부탁하는 것보다 직접 하는 것이 낫다
医生的责任是治病救人。	Yīshēng de zérèn shì zhìbìng jiùrén.	의사의 책임은 병을 치료하여 사람을 구하는 것이다
他的医术谁也比不了。	Tā de yīshù shéi yě bǐbuliǎo.	그의 의술은 누구도 비교할 수 없다

成语	一尘不染	yī chén bù rǎn	인품이 고상하여 티끌만큼도 세상에 물들어있지 않다
	心慌意乱	xīn huáng yì luàn	마음이 어지럽고 생각이 산란하다

<table>
<tr><td colspan="2">寿</td><td>体</td><td>免</td><td>药</td><td>敷</td></tr>
<tr><td colspan="2">shòu[쇼우] 장수</td><td>tǐ[티] 몸</td><td>miǎn[미엔] 면하다</td><td>yào[야오] 약</td><td>fū[푸] 바르다</td></tr>
<tr><td colspan="2">一二三声夷寿寿</td><td>ノ亻仁什什体体</td><td>ク刀刀刃召罗免</td><td>一艹艹艹芍茹药药</td><td>广甫甫事勇敷敷</td></tr>
</table>

寿	寿			长寿	chángshòu	[창쇼우]	장수(하다)
				祝寿	zhù shòu	[쭈쇼우]	생신을 축하하다
				福寿	fúshòu	[푸쇼우]	행복과 장수
体	体			身体	shēntǐ	[션티]	몸, 신체
				体力	tǐlì	[티리]	체력
				体育	tǐyù	[티위]	체육
免	免			免去	miǎnqù	[미엔취]	없게 하다
				免得	miǎnde	[미엔더]	…하지 않도록
				免税	miǎn shuì	[미엔쉐이]	면세하다[되다]
药	药			医药	yīyào	[이야오]	의약
				药房	yàofáng	[야오팡]	약국
				吃药	chīyào	[츠야오]	약을 먹다
敷	敷			敷药	fūyào	[푸야오]	약을 바르다
				敷衍	fūyan	[푸옌]	무성의하게 하다

祝你健康长寿。	Zhù nǐ jiànkāng chángshòu.	건강하고 장수하십시오
为老人祝寿。	Wèi lǎorén zhù shòu.	노인에게 생신을 축하하다
锻炼身体。	duànliàn shēntǐ.	신체를 단련하다
喜欢体育运动。	Xǐhuan tǐyù yùndòng.	체육 운동을 좋아하다
免去麻烦。	Miǎnqù máfàn.	번거로움이 없게 하다
免税进口	miǎn shuì jìnkǒu	면세 수입
医药昂贵。	yīyào ángguì.	의약이 매우 비싸다
按时吃药。	Ànshí chīyào.	시간에 맞춰 약을 먹다
外伤敷药。	Wàishāng fūyào.	외상에 약을 바르다
你别敷衍我。	Nǐ bié fūyan wǒ.	당신은 나를 무성의하게 대하지 마세요

成语 五体投地	wǔ tǐ tóu dì	오체투지(불교의 절하는 방법의 하나)
敷衍了事	fū yǎn liǎo shì	적당히 일을 얼버무려 버리다

锻	炼	活	动	恒
duàn[뚜안] 단절하다	liàn[리엔] 단련하다	huó[훠] 생활하다	dòng[뚱] 움직이다	héng[헝] 꾸준하다
⺅ ⺈ ⻐ 钅 铕 铕 锻 锻	⺀ 火 ⺜ 灯 炼 炼 炼	⺌ ⺞ ⺡ 活 活 活 活	⼀ ⼆ 云 云 动 动	⺀ ⺙ 忉 忉 恒 恒 恒 恒

		锻炼	duànliàn	[뚜안리엔]	단련하다
锻	锻	锻工	duàngōng	[뚜안꽁]	단조
炼	炼	炼铁	liàntiě	[리엔티에]	제철하다
		历练	lìliàn	[리리엔]	경험을 쌓다
活	活	活动	huódòng	[훠뚱]	운동[활동](하다)
		生活	shēnghuó	[성훠]	생활(하다)
		活泼	huópo	[훠포]	활발하다
动	动	动力	dònglì	[뚱리]	동력, 원동력
		动物	dòngwù	[뚱우]	동물
		动手	dòngshǒu	[뚱쇼우]	시작하다
恒	恒	恒心	héngxīn	[헝씬]	변함없는 마음
		永恒	yǒnghéng	[용헝]	영구하다
		恒久	héngjiǔ	[헝지우]	항구(하다)

활용 예문

早晨锻炼身体。	Zǎochén duànliàn shēntǐ.	새벽에 몸을 단련하다
锻工车间	duàngōng chējiān	단조 작업장, 대장간
炼铁炼钢	liàntiě liàngāng	제철 제강
历练成材。	Lìliàn chéngcái.	경험을 쌓아 인재가 되다
他喜欢户外活动。	Tā xǐhuan hùwài huódòng.	그는 집 밖의 활동을 좋아한다
他生活美满。	Tā shēnghuó měimǎn.	그의 생활은 원만하다
动物可爱。	Dòngwù kě'ài.	동물이 귀엽다
请勿动手。	Qǐng wù dòng shǒu.	손대지 마시오
他有恒心学好汉语。	Tā yǒu héngxīn xuéhǎo Hànyǔ.	그는 변함 없는 마음으로 중국어를 익혔다
友谊永恒。	Yǒuyì yǒnghéng.	우의가 영원하다

成语 百炼成钢 — bǎi liàn chéng gāng — 오래 단련하면 매우 강하게 된다
持之以恒 — chí zhī yǐ héng — 끈기를 가지고 지속하다

身	心	健	康	固
shēn[션] 몸, 신체	xīn[씬] 마음	jiàn[지엔] 건강하다	kāng[캉] 건강하다	gù[꾸] 튼튼하다
` ´ ſ ⺆ ⺈ 介 身 身	` 心 心 心	⺅ ⺅ ⼁ ⼁ 偉 律 健	丶 广 广 庐 庐 庚 康 康	｜ 冂 冂 冂 冏 冏 固 固

				身体	shēntǐ	[션티]	몸, 신체
身	身			身心	shēnxīn	[션씬]	심신, 몸과 마음
				身手	shēnshǒu	[션쇼우]	솜씨, 수완, 재능
心	心			心脏	xīnzàng	[씬짱]	심장
				心情	xīnqíng	[씬칭]	심정, 마음, 기분
				内心	nèixīn	[네이씬]	마음, 내심
健	健			健康	jiànkāng	[지엔캉]	건강(하다)
				健壮	jiànzhuàng	[지엔주앙]	건장하다
				健美	jiànměi	[지엔메이]	건강미
康	康			康泰斯	Kāngtàisī	[캉타이쓰]	Contax 카메라
				康乐室	kānglèshì	[캉러스]	오락실
				小康	xiǎokāng	[샤오캉]	먹고살 만하다
固	固			固定	gùdìng	[꾸딩]	고정된
				固有	gùyǒu	[꾸요우]	솜씨, 수완, 재능
				牢固	láogù	[라오꾸]	견고하다

활용 예문

他身体不错。	Tā shēntǐ búcuò.	그는 몸이 좋다
身心健康。	Shēnxīn jiànkāng.	몸과 마음이 건강하다
他有心脏病。	Tā yǒu xīnzàngbìng.	그는 심장병이 있다
他心情不好。	Tā xīnqíng bù hǎo.	그녀는 기분이 좋지 않다
健康比金钱重要。	Jiànkāng bǐ jīnqián zhòngyào.	건강이 돈보다 중요하다
健壮如牛。	Jiànzhuàng rú niú.	소와 같이 건장하다
每层楼有一间康乐室。	Méi chéng lóu yǒu yī jiān kānglèshì.	각 층마다 오락실이 한 칸씩 있다
小康人家。	Xiǎokāng rénjiā.	중류 가정, 밥술이나 먹는 집
固定职业	gùdìng zhíyè	고정 직업
牢固的关系	láogù de guānxì	견고한 관계

成语 心不在焉	xīn hù zài yān	정신을 딴 데 팔다
故步自封	gù bù zì fēng	제자리 걸음하다, 진보하지 않고 답보하다

婚 丧 嫁 娶 事

婚	丧	嫁	娶	事
hūn[훈] 결혼하다	sāng[쌍] 상, 장의	jià[지아] 시집가다	qǔ[취] 장가가다	shì[스] 일
ㄑ 女 妒 妒 娇 婚 婚	一 十 卄 ㄐ 並 亦 丧 丧	ㄑ 女 妒 妒 娇 嫁 嫁	一 耳 耳 取 耵 聚 娶	一 一 亘 亘 写 写 事

婚	婚			婚姻	hūnyīn	[훈인]	혼인, 결혼
				结婚	jiéhūn	[지에훈]	결혼(하다)
				婚嫁	hūnjià	[훈지아]	혼사, 시집 장가
丧	丧			丧事	sāngshì	[쌍스]	장례, 장의
				奔丧	bēn sāng	[뻔쌍]	분상하다
嫁	嫁			嫁人	jiàrén	[쟈런]	시집가다
				嫁给	jiàgěi	[쟈게이]	출가시키다
				出嫁	chūjià	[추쟈]	시집가다
娶	娶			娶亲	qǔ qīn	[취친]	장가들다
				娶妻	qǔqī	[취치]	아내를 얻다
				娶媳妇	qǔ xífu	[취씨푸]	장가들다
事	事			事情	shìqing	[스칭]	일, 사건
				有事	yǒushì	[요우스]	일이 있다
				事故	shìgù	[꾸스]	사고

활용 예문

他明年结婚。	Tā míngnián jiéhūn.	그는 내년에 결혼한다
谈婚论嫁。	Tán hūn lùn jià.	혼사를 논하다
办丧事。	Bàn sāngshì.	장례를 치르다
他去奔丧。	Tā qù bēn sāng.	그는 분상하러 간다
她嫁人了。	Tā jiàrén le.	그녀는 시집갔다
她将要出嫁。	Tā jiāng yào chūjià.	그녀는 막 시집가려 한다
他要娶妻。	Tā yào qǔqī.	그는 아내를 얻으려고 한다
娶个好媳妇。	Qǔ ge hǎoxífu.	좋은 아내를 얻다
他有事走了。	Tā yǒushì zǒu le.	그는 일이 있어서 갔다
出了什么事故？	Chū le shénme shìgù?	무슨 사고가 일어났는가?

成语

婚丧礼吊	hūn sāng lǐ diào	관혼상제
事与愿违	shì yǔ yuàn wéi	일이 뜻대로 되지 않다

<table>
<tr><td colspan="2">生</td><td colspan="2">老</td><td colspan="2">病</td><td colspan="2">死</td><td colspan="2">故</td></tr>
<tr><td colspan="2">shēng[성] 태어나다</td><td colspan="2">lǎo[라오] 늙다</td><td colspan="2">bìng[삥] 병나다</td><td colspan="2">sǐ[쓰] 죽다</td><td colspan="2">gù[꾸] 죽다, 연고</td></tr>
<tr><td colspan="2">ノ ト ヒ 生 生</td><td colspan="2">一 十 土 尹 耂 老</td><td colspan="2">广 广 广 疒 疒 病 病</td><td colspan="2">一 厂 歹 歹 死 死</td><td colspan="2">一 十 古 甘 甘 故 故</td></tr>
</table>

生	生			生活	shēnghuó	[성훠]	생활(하다)
				生命	shēngmìng	[성밍]	생명
				出生	chūshēng	[추성]	출생(하다)
老	老			老人	lǎorén	[라오런]	노인
				老年	lǎonián	[라오니엔]	노년
				老爷	lǎoye	[라오예]	어르신, 외할아버지
病	病			病人	bìngrén	[삥런]	환자
				病院	bìngyuàn	[삥위엔]	병원선
				病房	bìngfáng	[삥팡]	병실
死	死			死人	sǐrén	[쓰런]	죽은 사람, 죽다
				死活	sǐhuó	[쓰훠]	생사, 한사코
				病死	bìngsǐ	[쓰삥]	병으로 죽다
故	故			故意	gùyì	[꾸이]	고의로, 일부러
				故事	gùshi	[꾸스]	이야기

활용 예문

生命可贵。	Shēngmìng kěguì.	생명은 귀하다
出生年月日	chūshēng nián yuè rì	출생 연월일
他是老人。	Tā shì lǎorén.	그는 노인이다
这是他老爷。	Zhè shì tā lǎoye.	이분은 그의 외할아버지이시다
病人太多。	Bìngrén tài duō.	환자가 너무 많다
病院太小。	Bìngyuàn tài xiǎo.	병원이 너무 작다
死人了!	Sǐrén le!	사람이 죽었어요!
他是病死的。	Tā shì bìngsǐ de.	그는 병으로 죽었다
他故意这样做。	Tā gùyì zhèyàng zuò.	그는 고의로 이렇게 했다
你给我讲个故事。	Nǐ gěi wǒ jiǎng ge gùshì.	당신 나에게 이야기 해 주세요

成语 生死之交 | shēng sǐ zhī jiāo | 생사를 같이하는 벗
老街旧邻 | lǎo jiē jiù lín | 가까운 이웃, 동네 사람들

顺	境	思	安	危
shùn[쉰] 순종하다	jìng[찡] 경계, 상황	sī[쓰] 생각하다	ān[안] 안정하다	wēi[웨이] 위험(하다)
川 川 川 川 顺 顺 顺	十 扌 扩 扩 培 培 境	丶 口 曰 田 田 思 思	丶 宀 宁 宁 安 安	丿 夕 夕 产 危 危

顺	顺	顺利	shùnlì	[쉰리]	순조롭다
		顺畅	shùnchàng	[쉰창]	순조롭다, 거침없다
		顺从	shùncóng	[쉰총]	순종하다
境	境	境况	jìngkuàng	[찡쾅]	(생활) 형편, 상황
		境遇	jìngyù	[찡위]	경우
		环境	huánjìng	[환찡]	환경
思	思	思想	sīxiǎng	[쓰시앙]	사상, 생각
		思虑	sīlǜ	[쓰뤼]	숙고(하다)
		思乡	sīxiāng	[쓰시앙]	고향을 그리워하다
安	安	平安	píng'ān	[핑안]	평안(하다)
		安生	ānshēng	[안성]	편안하게 생활하다
		安定	āndìng	[안딩]	안정하다
危	危	危险	wēixiǎn	[웨이시엔]	위험(하다)
		危机	wēijī	[웨이지]	위기

활용 예문

工作顺利进行。	Gōngzuò shùnlì jìnxíng.	업무가 순조롭게 진행되다
他顺从了她。	Tā shùncóng le tā.	그는 그녀에게 순종했다
境况不错。	Jìngkuàng búcuò.	(생활) 형편이 매우 좋다
环境优美。	Huánjìng yōuměi.	환경이 우아하고 아름답다
他的思想变了。	Tā de sīxiǎng biàn le.	그의 생각이 변했다
他得了思乡病。	Tā dé le sīxiāngbìng.	그는 고향을 그리워하는 병이 생겼다
一辈子安生度日。	Yībèizi ānshēng dùrì.	일생을 편안하게 생활하며 보냈다
社会安定。	shèhuì āndìng.	사회가 안정되다[안정시키다]
这儿太危险。	Zhèr tài wēixiǎn.	여기는 너무 위험하다

成语 百依百顺	bǎi yī bǎi shùn	모든 일을 맹종하다, 고분고분 순종하다
时过境迁	shí guò jìng qiān	시간이 흐르고 상황이 변하다

逆	遇	虑	祸	福
nì[니] 거스르다, 반대	yù[위] 만나다	lǜ[뤼] 고려하다	huò[훠] 재앙	fú[푸] 복
丶丷丷屰逆逆	日咼咼咼禺遇遇	丶卜卢卢虍虑虑	丶丷礻祀祸祸祸	丅礻祀祸福福福

		逆境	nìjìng	[니징]	역경
逆	逆	逆风	nìfēng	[니펑]	역풍
		叛逆	pànnì	[판니]	반역
遇	遇	遇见	yùjiàn	[위지엔]	만나다, 조우하다
		遇上	yùshàng	[위상]	만나다
		遇到	yùdào	[위따오]	마주치다
虑	虑	考虑	kǎolǜ	[카오뤼]	고려하다
		思虑	sīlǜ	[쓰뤼]	사력(하다)
		忧虑	yōulǜ	[요우뤼]	우려(하다)
祸	祸	祸害	huòhài	[훠하이]	화, 재난
		灾祸	zāihuò	[자이훠]	재앙, 재난
		惹祸	rě huò	[러훠]	화를 초래하다
福	福	幸福	xìngfú	[씽푸]	행복(하다)
		福气	fúqì	[푸치]	복, 행운
		有福	yǒufú	[요우푸]	[복]행운이 있다

他在逆境中生活。	Tā zài nìjìng zhōng shēnghuó.	그는 역경 속에 살아간다
他叛逆了他的家庭。	Tā pànnì le tā de jiātíng.	그는 그의 가정을 배신했다
我遇见了朋友。	Wǒ yùjiàn le péngyou.	나는 친구를 우연히 만났다
他遇上了大雨。	Tā yùshàng le dàyǔ.	그는 큰 비를 만났다
请你考虑考虑。	Qǐng nǐ kǎolǜ kǎolǜ.	고려해 주세요
他思虑过度。	Tā sīlǜ guòdù.	그는 사려가 지나치다
这件事祸害无穷。	Zhè jiàn shì huòhài wúqióng.	이 일에 재난이 끊이지 않는다
你惹祸了。	Nǐ rě huò le.	네가 화를 초래했다
她非常幸福。	Tā fēicháng xìngfú.	그녀는 매우 행복하다
你真有福气。	Nǐ zhēn yǒu fúqì.	그는 정말 복이 있다

成语 逆水行舟	nì shuǐ xíng zhōu	물을 거슬러 배를 몰다, 나아가지 않으면 퇴보한다
祸不单行	huò bù dān xíng	재앙은 겹쳐오기 마련이다, 설상가상

对 错 盖 棺 定

对	错	盖	棺	定
duì[뛔이] 맞다, 옳다	cuò[추오] 틀리다	gài[까이] 덮다	guān[꾸안] 관, 널	dìng[띵] 정하다
フ又 ヌ 对对	㇏ ㇐ 车 钅 钳 锉 错	㇀ ㅛ ㅛ 羊 羔 盖 盖	一 十 オ 杧 柠 椌 棺	㇏ ㇀ 宀 宀 宇 定定

			对了	duì le	[뛔이러]	맞다
对	对		不对	bú duì	[부뛔이]	틀리다
			对错	duì cuò	[뛔이추오]	옳고 그름
错	错		错误	cuòwù	[추오우]	실수, 잘못
			错事	cuò shì	[추오스]	틀린 일
			错过	cuòguo	[추오궈]	기회를 놓치다
盖	盖		盖面儿	gàimiànr	[까이미얼]	겉치례를 하다
			盖子	gàizi	[까이즈]	뚜껑, 마개
			掩盖	yǎn'gài	[옌까이]	덮어씌우다
棺	棺		棺材	guāncái	[꾸안차이]	관, 널
			盖棺	gàiguān	[까이꾸안]	관을 덮다
			棺木	guānmù	[꾸안무]	관, 널
定	定		决定	juédìng	[쥐에딩]	결정하다
			一定	yídìng	[이딩]	반드시
			说定	shuōdìng	[슈오딩]	결정하다

활용 예문

你做得不对。	Nǐ zuò de bú duì.	그가 한 것은 틀렸다
对错由别人说吧。	Duì cuò yóu biérén shuō ba.	옳고 그름을 다른 사람이 이야기해 보아라
这是你的错误。	Zhì shì nǐ de cuòwù.	이것은 너의 잘못이다
做了错事应该改正。	Zuòle cuòshì yīnggāi gǎizhèng.	일을 잘못 하였으면 반드시 고쳐야 한다
盖面儿的话	gàimiànr de huà	겉치례 뿐인 이야기
瓶盖子掉了。	Píng gàizi diào le.	병 뚜껑을 떨어뜨렸다
准备棺材。	Zhǔnbèi guāncái.	관을 준비하다
盖棺论定。	gàiguān lùn dìng.	사람의 평가는 죽은 후에야 결정된다
他一定来。	Tā yídìng lái.	그는 반드시 온다
说定了, 明天去买。	Shuōdìng le, míngtiān qù mǎi.	결정했다, 내일 가서 산다

成语	错上加错	cuò shàng jiā cuò	잘못을 거듭 저지르다
	心神不定	xīn shén bù dìng	마음이 안정되지 않다, 안절부적 못하다

命	运	岂	敢	赌
mìng[밍] 생명	yùn[윈] 운명, 운행	qǐ[치] 어찌…하겠는가	gǎn[간] 용감하다	dǔ[두] 도박하다
人 人 亼 佘 佘 佘 命	一 二 云 云 运 运 运	山 山 屵 屵 岂 岂	一 了 千 严 耳 郢 敢	丨 刂 贝 贝 贝 賭 赌

命	命			

汉字	병음	발음	뜻
命运	mìngyùn	[밍윈]	운명
人命	rénmìng	[런밍]	인명
命令	mìnglìng	[밍링]	명령 (하다)
运气	yùnqì	[윈치]	운, 재수
运动	yùndòng	[윈똥]	운동 (하다)
运输	yùnshū	[윈슈]	운수
岂能	qǐnéng	[치넝]	어찌 …할 수 있겠는가
岂敢	qǐgǎn	[치간]	어찌 감히…하겠는가
岂可	qǐkě	[치커]	어찌 …할 수 있는가
勇敢	yǒnggǎn	[융간]	용감 (하다)
敢当	gǎndāng	[간땅]	감당하다
赌博	dǔbó	[두보]	도박 (하다)
赌钱	dǔqián	[두치엔]	돈을 걸다
赌徒	dǔtú	[두투]	노름꾼

활용 예문

命运由人来决定。	Mìngyùn yóu rén lái juédìng.	운명은 사람이 결정하는 것이다
听从命令。	Tīngcóng mìnglìng.	명령에 따르다
你有好运气。	Nǐ yǒu hǎo yùnqì.	그는 좋은 운을 가지고 있다
每天运动身体好。	Měitiān yùndòng shēntǐ hǎo.	매일 운동을 하면 몸이 건강해진다
岂能放手？	Qǐnéng fàng shǒu?	어찌 손을 놓을 수 있겠는가?
岂可相比？	Qǐkě xiāngbǐ?	어찌 감히 비교할 수 있겠는가?
你最勇敢了。	Nǐ zuì yǒnggǎn le.	당신이 가장 용감하다
我不敢当。	Wǒ bù gǎndāng.	저는 감당할 수 없습니다
赌博害人。	Dǔbó hài rén.	도박은 사람을 해친다
他是个赌徒。	Tā shì ge dǔtú.	그는 노름꾼이다

成语		
命中注定	mìng zhōng zhù dìng	유명으로 정해져 있다, 숙명적이다
敢做敢当	gǎn zuò gǎn dāng	과감하게 행동하고 용감하게 책임지다

爱	情	诚	无	价
ài[아이] 사랑	qíng[칭] 정	chéng[청] 성실(하다)	wú[우] 없다	jià[쟈] 가격, 가치
一 ⺣ ⺥ ⺥ ⺥ 罗 爱	丶 忄 忄 忭 情 情 情	丶 讠 订 订 讠 诚 诚 诚	一 二 于 无	丿 亻 亻 亻 价 价 价

爱	爱			

		爱情	àiqíng	[아이칭]	애정
爱	爱	爱人	àirén	[아이런]	남편, 부인
		爱护	àihù	[아이후]	아끼다, 애호하다
		情意	qíngyì	[칭이]	정, 감정, 애정
情	情	心情	xīnqíng	[씬칭]	마음
		情况	qíngkuàng	[칭쾅]	상황, 정황
		诚实	chéngshí	[청스]	성실하다
诚	诚	诚恳	chéngkěn	[청컨]	간절히 원하다
		诚心	chéngxīn	[청씬]	성심, 진심
		无法	wúfǎ	[우파]	…할 방법이 없다
无	无	无妨	wúfáng	[우팡]	무방하다
		无奈	wúnài	[우나이]	부득이하다, 그러나
		价钱	jiàqián	[쟈치엔]	가격
价	价	价格	jiàgé	[쟈거]	가격
		讨价	tǎojià	[타오쟈]	흥정하다

활용 예문

他们之间爱情深。	Tāmen zhījiān àiqíng shēn.	그들 두 사람의 애정이 매우 깊다
他爱人漂亮。	Tā àirén piàoliang.	그의 아내는 아름답다
你的心情不好。	Nǐ de xīnqíng bùhǎo.	그는 마음이 좋지 않다
情况如何？	Qíngkuàng rúhé?	상황이 어떠합니까?
他是一个诚实的人。	Tā shì yí ge chéngshí de rén.	그는 성실한 사람이다
诚恳接受。	Chéngkěn jiēshòu.	받기를 간절히 바라다
无法满足	Wúfǎ mǎnzú	만족시킬 방법이 없다
无妨试一试	wúfáng shì yī shì	시험해 보는 것도 무방하다
价钱合理。	Jiàqián hélǐ.	가격이 합리적이다
讨价还价。	Tǎojià huánjià.	가격을 흥정하다

成语 爱不释手	ài bù shì shǒu	매우 아껴서 손을 떼지 못하다
情投意合	qíng tóu yì hé	의기투합하다

善 恶 总 可 估

shàn[샨] 선함	è[어] 악함	zǒng[종] 늘, 줄곧	kě[커] …할 만하다	gū[꾸] 짐작하다
⺷ 羊 羊 盖 善善	一 丁 兀 亚 亚 恶恶	⺍ 丷 白 芦 总总总	一 一 一 一 可	丿 亻 亻 仕 估估估

善 善		善良	shànliáng	[샨량]	선량하다, 착하다
		善意	shànyì	[샨이]	선의, 호의
		善事	shànshì	[샨스]	착한 일
恶 恶		恶劣	èliè	[어리에]	열악하다
		罪恶	zuì'è	[쭈에이어]	죄악
		恶人	èrén	[어런]	악인
总 总		总结	zǒngjié	[종지에]	총괄(하다)
		总是	zǒngshì	[종스]	항상, 늘, 반드시
		总数	zǒng shù	[종슈]	합계
可 可		可以	kěyǐ	[커이]	…해도 된다
		可做	kězuò	[커쭈오]	할 수 있다
		不可	bùkě	[뿌커]	…하지 않으면 안된다
估 估		估计	gūjì	[꾸지]	예측하다
		估价	gū jià	[꾸지아]	가격을 매기다

활용 예문

他是一个善良的人。	Tā shì yí ge shànliáng de rén.	그는 선량한 사람이다
做善事，必有好结果。	Zuò shànshì, bǐ yǒu hǎo jiéguǒ.	좋은 일을 하면 반드시 좋은 결과가 있다
罪恶太大。	Zuì'è tài dà	죄악이 너무나 크다
恶人做坏事。	Èrén zuò huàishì.	악인은 나쁜 일을 한다
总结讨论的结果。	Zǒngjié tǎolùn de jiéguǒ.	토론의 결과를 총괄하다
他总是喝酒	Tā zǒngshì hē jiǔ.	그는 늘 술을 마신다
你可以去。	Nǐ kěyǐ qù.	너는 가도 된다
此事可做。	Cǐ shì kě zuò.	이 일을 할 수 있다
估计错误。	Gūjì cuòwu.	예측이 틀리다
估估价吧。	Gū gū jià ba.	가격을 매겨봐라
成语 善始善终	shàn shǐ shàn zhōng	일을 처음부터 끝까지 잘 완수하다
实事求是	shí shì qiú shì	실사구시, 사실에 토대하여 진리를 탐구하다

纵	欲	贪	淫	逸
zòng[쭝] 세로의, 종의	yù[위] 욕망	tān[탄] 탐하다	yín[인] 지나치다	yì[이] 안일하다

纵	纵			操纵	cāozòng	[차오쭝]	조종하다
				纵横	zònghéng	[쭝헝]	종횡(무진하다)
				纵队	zòngduì	[쭝뛔이]	종대
欲	欲			贪欲	tānyù	[탄위]	탐욕
				欲望	yùwàng	[위왕]	욕망
				情欲	qíngyù	[칭위]	정욕
贪	贪			贪图	tāntú	[탄투]	욕심부리다
				贪婪	tānlán	[탄란]	매우 탐욕스럽다
				贪心	tānxīn	[탄씬]	탐심, 욕심스럽다
淫	淫			淫乱	yínluàn	[인롼]	음란하다
				淫威	yínwēi	[인웨이]	폭위, 폭거
				淫雨	yínyǔ	[인위]	장마
逸	逸			安逸	ānyì	[안이]	안일하다
				逸事	yì shì	[이스]	세상에 숨은 이야기
				逸闻	yìwén	[이원]	일화, 일문

활용 예문

受人操纵。	Shòu rén cāozòng.	다른 사람에게 조종을 받다
纵横无序。	zònghéng wúxù.	가로와 세로의 순서가 없다
人不要贪欲太甚。	Rén bú yào tānyù tài shèn.	사람은 탐욕이 너무 크지 않아야 한다
欲望无穷。	Yùwàng wúqióng.	욕망에 끝이 없다
人千万别太贪婪。	Rén qiānwàn bié tài tānlán.	사람은 절대 지나치게 탐욕스러우면 안된다
贪心太大必有害。	Tānxīn tài dà bǐ yǒu hài.	탐욕이 너무 크면 반드시 해가 생긴다
他的淫威使人害怕。	Tā de yínwēi shǐ rén hàipà.	그의 폭거는 사람들을 두렵게 한다
淫雨成灾。	Yínyǔ chéng zāi.	장마로 재해가 일어나다
逸事难寻。	Yì shì nán xún.	숨겨진 이야기는 찾기 어렵다
逸闻不可信。	Yìwén bù kě xìn.	일화는 믿을 만하지 않다

成语

贪赃枉法	tān zāng wǎng fǎ	뇌물을 받아먹고 법을 어기다
一劳永逸	yī láo yǒng yì	한번 고생으로 영원히 편안해지다

暮	年	迟	悔	悟
mù[무] 저녁, 늦다	nián[니엔] 해, 년	chí[츠] 늦다	huǐ[훼이] 후회하다	wù[우] 깨닫다
⺍ ⺌ 甘 艹 苩 莫 莫 暮 暮	ノ ⺉ ⺊ ⺊ 乍 年	フ ㄱ 尸 尺 況 识 迟	⺖ ⺖ ⺊ 怀 怀 悔 悔	⺖ ⺖ ⺖ 怀 怀 悟 悟

暮	暮			暮年	mùnián	[무니엔]	만년, 늘그막
				暮春	mùchūn	[무춘]	늦봄
				迟暮	chímù	[츠무]	만년, 황혼
年	年			年龄	niánlíng	[니엔링]	연령
				年岁	niánsuì	[니엔쒜이]	연령, 연대
				年纪	niánjì	[니엔지]	연령, 나이
迟	迟			迟到	chídào	[츠따오]	지각하다
				迟误	chíwù	[츠우]	늦어서 일을 그르치다
				迟迟	chíchí	[츠츠]	느긋하다
悔	悔			悔悟	huǐwù	[훼이우]	후회하고 뉘우치다
				悔恨	huǐhèn	[훼이헌]	뉘우치다
				后悔	hòuhuǐ	[호우훼이]	후회하다
悟	悟			觉悟	juéwù	[쥐에우]	깨닫다, 각오, 자각
				悟性	wùxìng	[우씽]	오성, 이해
				悟出	wùchū	[우추]	이해해 내다

활용 예문

暮年已到。	Mùnián yǐ dào.	만년이 이미 다 되었다
暮春三月好风光。	Mùchūn sānyuè hǎo fēngguāng.	늦봄 3월의 좋은 경치(唐詩 중에서)
你的年龄多大?	Nǐ de niánlíng duōdà?	당신의 나이는 몇입니까?
他的年岁不小了。	Tā de niánsuì bù xiǎo le.	그의 연령은 적지 않다
你迟到了。	Nǐ chídào le.	당신은 지각했습니다
迟误了公事。	chíwù le gōngshì.	늦어서 공무를 그르쳤다
悔恨已晚。	Huǐhèn yǐ wǎn.	후회해도 이미 늦었다
你后悔了?	Nǐ hòuhuǐ le?	당신은 후회합니까?
人要有点觉悟。	Rén yào yǒudiǎn juéwù.	사람은 자각이 조금 필요하다
他悟出了人生的道理。	Tā wùchū le rénshēng de dàolǐ.	그는 인생의 도리를 이해해 냈다

成语		
朝三暮四	zhāo sān mù sì	조삼모사, 간사한 꾀로 남을 속여 희롱하다
恍然大悟	huǎng rán dà wù	문득 크게 깨닫다

孩 童 从 严 师

孩	童	从	严	师
hái[하이] 어린이	tóng[통] 어린이	cóng[총] …에서	yán[옌] 엄격하다	shī[스] 스승, 선생님
了子孑孖孩孩孩	亠产音音音童童	丿人从从	一丆严严严严严	丨丿丿丿丿师师

		孩子	háizi	[하이즈]	아이
孩	孩	小孩	xiǎohái	[샤오하이]	어린이
		孩提	háití	[하이티]	유아(기)
		童年	tóngnián	[통니엔]	어린시절
童	童	儿童	értóng	[얼통]	아동
		童心	tóngxīn	[통씬]	동심
		从前	cóngqián	[총치엔]	종전
从	从	服从	fúcóng	[푸총]	복종(하다)
		从属	cóngshǔ	[총슈]	종속하다
		严格	yángé	[옌거]	엄격(하다)
严	严	严厉	yánlì	[옌리]	호되다, 준엄하다
		严谨	yánjǐn	[옌진]	엄격하다
		老师	lǎoshī	[라오스]	선생님
师	师	师长	shīzhǎng	[스장]	선생님과 어른
		严师	yánshī	[옌스]	엄한 선생님

활용 예문

他还是个孩子。	Tā háishì ge háizi.	그는 아직 어린애이다
这个小孩可爱。	Zhè ge xiǎohái kě'ài.	이 아이는 귀엽다
童年很幸福。	Tóngnián hěn xìngfú.	어린 시절은 매우 행복하다
儿童入学早。	Értóng rù xué zǎo.	아이의 입학이 이르다
我服从父母。	Wǒ fúcóng fùmǔ.	나는 부모님께 복종한다
他的公司从属于这个单位。	Tā de gōngsī cóngshǔyú zhè ge dānwèi.	그의 회사는 이 조직에 부속되어있다
严厉的处分	yánlì de chǔfèn	준엄한 처벌
严谨的工作态度	yánjǐn de gōngzuò tàidù	빈틈없는 업무 태도
他是我的老师。	Tā shì wǒ de lǎoshī.	그분은 나의 선생님이시다
听从师长的话。	Tīngcóng shīzhǎng de huà.	어른의 말씀을 따르다

成语

童叟无欺	tóng sǒu wú qī	노인과 어린이를 속이지 않다(과거 상점의 선전문구)
赏罚严明	shǎng fá yán míng	상벌이 엄격하고 공정하다

儿 孙 孝 父 母

ér[얼] 아들	sūn[쑨] 손자	xiào[샤오] 효도하다	fù[푸] 아버지	mǔ[무] 어머니
ノ儿	⁊了孑孖孖孙	一十土尹耂考孝	⼃丷⽗父	乚𠃌𠃌𠃌毋母

儿子	érzi	[얼즈]	아들
女儿	nǚ'ér	[뉘얼]	딸
儿女	érnǚ	[얼뉘]	아들과 딸, 자식
孙子	sūnzi	[쑨즈]	손자
孙女	sūnnǚ	[쑨뉘]	손녀
外孙	wàisūn	[와이쑨]	외손주
孝顺	xiàoshun	[랴오쉰]	효도하다
孝心	xiàoxīn	[샤오씬]	효심
孝道	xiàodào	[샤오따오]	효도
父亲	fùqin	[푸친]	아버지
父子	fùzǐ	[푸즈]	부자
父母	fùmǔ	[푸무]	부모
母亲	mǔqin	[무친]	어머니
母子	mǔzǐ	[무즈]	모자
母女	mǔnǚ	[무뉘]	모녀

활용 예문

儿子孝顺。	Érzi xiàoshun.	아들이 효도하다
儿女双全。	Érnǚ shuāng quán.	아들과 딸이 모두 있다
孙女漂亮。	Sūnnǚ piàoliang.	손녀가 이쁘다
外孙聪明。	Wàisūn cōngming.	외손주가 똑똑하다
他是个孝顺孩子。	Tā shì ge xiàoshun háizi.	그는 효성스런 아이이다
他有孝心。	Tā yǒu xiàoxīn.	그는 효심이 있다
父亲退休了。	Fùqin tuìxiū le.	아버지께서 퇴직하고 쉬신다
父母健在。	Fùmǔ jiànzài.	부모님께서 건재하시다
母子连心。	Mǔzǐ liánxīn.	어머니와 아들이 마음이 잘 맞는다
祖国就是我的母亲。	Zǔguó jiùshi wǒ de mǔqin.	조국이 바로 나의 어머니이다

成语 孝子贤孙　　xiào zǐ xián sūn　　효성스런 아들과 어진 손자
失败乃成功之母　shī bài rěng cháng gōng zhī mǔ　실패는 성공의 어머니

持 家 先 立 业

持	家	先	立	业
chí[츠] 관리하다	jiā[쟈] 집	xiān[시엔] 먼저	lì[리] 서다, 세우다	yè[예] 사업
一 十 扌 扩 扩 拌 持 持	宀 宀 宁 宁 字 家 家	丿 ᅩ 生 生 失 先	丶 二 宁 亍 立	丨 刂 刂 业 业 业

持	持			坚持	jiānchí	[지엔츠]	견지하다
家	家			持久	chíjiǔ	[츠지우]	오래 유지하다
				持续	chíxù	[츠쉬]	지속하다
家	家			家庭	jiātíng	[쟈팅]	가정
				家人	jiārén	[쟈런]	가족
				家务	jiāwù	[쟈우]	집안일
先	先			先生	xiānsheng	[시엔성]	선생
				先前	xiānqián	[시엔치엔]	이전, 앞서, 종전
				先后	xiānhòu	[시엔호우]	선후
立	立			立业	lìyè	[리예]	창업하다
				立正	lìzhèng	[리쩡]	차렷
				站立	zhànlì	[짠리]	서다, 일어서다
业	业			工业	gōngyè	[꽁예]	공업
				学业	xuéyè	[쉬에예]	학업
				作业	zuòyè	[쭈오예]	숙제

활용 예문

每天要坚持锻炼。	Měitiān yào jiānchí duànliàn.	매일 운동을 해야 한다
持续了三天大雨。	Chíxù le sān tiān dàyǔ.	3일간 계속해서 큰 비가 내렸다
家庭生活幸福。	Jiātíng shēnghuó xìngfú.	가정 생활이 행복하다
家人健康安全。	Jiārén jiànkāng ānquán.	가족이 건강하고 안전하다
先生年纪太大了。	xiānsheng niánjì tài dà le.	당신은 나이가 너무 많습니다
他先后来了三次。	Tā xiānhòu lái le sān cì.	그는 앞뒤로 3차례 왔다
立正站好。	lìzhèng zhànhǎo.	차렷(부동자세를 취하다)
站立行走。	Zhànlì xíngzǒu.	일어서서 걷다
学业优秀。	xuéyè yōuxiù.	학업이 우수하다
作业认真。	Zuòyè rènzhēn.	성실하게 숙제하다

| 成语 | 持之有故 | chí zhī yǒu gù | 견해나 주장에 일정한 근거가 있다 |
| | 业精于勤 | yè jīng yú qín | 학문·기예는 근면해야 진보한다 |

<table>
<tr><td colspan="2">谋</td><td>划</td><td>宜</td><td>当</td><td>初</td></tr>
<tr><td colspan="2">móu[모우] 꾀하다</td><td>huà[화] 계획하다</td><td>yí[이] 알맞다, 응당</td><td>dāng[땅] 당시, 그곳</td><td>chū[추] 처음</td></tr>
<tr><td colspan="2">讠 讠 讲 讲 诺 谋 谋</td><td>一 弋 戈 戈 划 划</td><td>丶 丷 宀 宁 宇 宜 宜</td><td>丨 丬 丬 当 当 当</td><td>丶 ㇇ 礻 ㇂ 衤 初 初</td></tr>
</table>

			谋划	móuhuà	[모우화]	계책을 세우다
谋	谋		参谋	cānmóu	[찬모우]	참모
			计谋	jìmóu	[지모우]	책략, 계책
划	划		计划	jìhuà	[지화]	계획
			划船	huàchuán	[화추안]	배를 젓다
			筹划	chóuhuà	[초우화]	계획하다
宜	宜		便宜	piányi	[피엔이]	(값이) 싸다
			适宜	shìyí	[스이]	적절하다
			宜人	yírén	[이런]	사람의 마음에 들다
当	当		当时	dāngshí	[땅스]	당시
			当初	dāngchū	[땅추]	당초
			应当	yīngdāng	[잉땅]	응당 …해야 한다
初	初		初级	chūjí	[추지]	초급
			初学	chūxué	[추쉬에]	초학, 초학자
			年初	niánchū	[니엔추]	년초

활용 예문

他已谋划好了。	Tā yǐ móuhuà hǎo le.	그는 이미 계책을 다 세웠다
他的计谋被认破了。	Tā de jìmóu bèi rènpò le.	그의 책략은 간파당했다
他的计划周密。	Tā de jìhuà zhōumì.	그의 계획은 주도면밀하다
他去划船。	Tā qù huàchuán.	그는 가서 배를 젓는다
这衣服很便宜。	Zhè yīfu hěn piányi.	이 옷은 매우 싸다
这儿适宜度假。	Zhèr shìyí dùjià.	이곳은 휴가를 보내기에 적합하다
当时我就反对。	Dāngshí wǒ jiù fǎnduì.	당시에 나는 반대했다
她应当改嫁。	Tā yīngdāng gǎi jià.	그녀는 반드시 다시 시집가야 한다
他初学英语。	Tā chūxué Yīngyǔ.	그는 영어를 처음 배운다
年初我去香港。	Niánchū wǒ qù Xiānggǎng.	연초에 나는 홍콩에 간다

成语 出谋划策	chū móu huà cè	계획을 생각해 내다, (배후에서) 일을 꾸미다
当机立断	dāng jī lì duàn	그 장소에서 즉시 결단을 내리다

德 才 应 兼 备

德	才	应	兼	备
dé[더] 덕, 품덕	cái[차이] 재능	yīng[잉] 반드시 …하다	jiān[지엔] 겸하다	bèi[뻬이] 구비되다
彳 彳 衜 徝 徳 德 德	一 十 才	丶 亠 广 广 应 应 应	丷 丷 当 当 弟 兼 兼	丿 勹 夂 冬 各 各 备

德	德
才	才
应	应
兼	兼
备	备

德行	déxíng	[더씽]	덕행
品德	pǐndé	[핀더]	인품과 덕성
道德	dàodé	[따오더]	도덕
才能	cáinéng	[차이넝]	재능
才华	cáihuá	[차이화]	뛰어난 재능
刚才	gāngcái	[깡차이]	막
应该	yīnggāi	[잉가이]	반드시 …해야 한다
答应	dāying	[따잉]	허락하다
适应	shìyìng	[스잉]	적응하다
兼备	jiānbèi	[지엔뻬이]	겸비하다
兼工	jiāngōng	[지엔꽁]	일을 겸하다
兼职	jiānzhí	[지엔즈]	겸직하다
具备	jùbèi	[쥐뻬이]	구비하다, 갖추다
齐备	qíbèi	[치뻬이]	모두 준비하다
准备	zhǔnbèi	[준뻬이]	준비하다

활용 예문

人要有好的德行。	Rén yào yǒu hǎo de déxíng.	사람은 좋은 덕행이 있어야 한다
品德端正。	Pǐndé duānzhèng.	품덕이 단정하다
他很有才能。	Tā hěn yǒu cáinéng.	그는 매우 재능있다
刚才他来了。	Gāngcái tā lái le.	막 그가 왔다
你应该努力。	Nǐ yīnggāi nǔlì.	너는 반드시 노력해야 한다
我已经答应他了。	Wǒ yǐjing dāying tā le.	나는 이미 그에게 허락했다
他可以兼工。	Tā kěyǐ jiāngōng.	그는 겸해서 일할 수 있다
兼职太累人。	Jiānzhí tài lèi rén.	겸직은 대단히 피곤하다
他具备了升级的条件。	Tā jùbèi le shēngjí de tiáojiàn.	그는 승급 조건을 구비했다
他准备好了饭菜。	Tā zhǔnbèi hǎo le fàncài.	그는 식사 준비를 마쳤다

成语	德才兼备	dé cái jiān bèi	재능과 덕을 함께 갖추다
	才子佳人	cái zǐ jiā rén	재능있는 남자와 아름다운 여자, 재자가인

自	力	能	建	树
zì[쯔] 스스로	lì[리] 힘	néng[넝] …할 수 있다	jiàn[지엔] 짓다	shù[슈] 수목, 세우다
′ ′ ′′ ′′ 自 自	′ 力	′ ′ ′′ ′′ ′′ 能 能	′ ′ ′ ′′ 事 建 建	一 木 木 杉 杉 树 树

自	自			自己	zìjǐ	[쯔지]	스스로
				自立	zìlì	[쯔리]	자립
				自强	zìqiáng	[쯔치앙]	자강
力	力			力量	lìliàng	[리량]	힘, 능력, 역량
				量力	liànglì	[량리]	
							자신의 능력을 가늠하다
能	能			能力	nénglì	[넝리]	능력
				能够	nénggòu	[넝꼬우]	충분하다
				能人	néngrén	[넝런]	재능있는 사람
建	建			建立	jiànlì	[지엔리]	건립하다
				建设	jiànshè	[지엔셔]	건설하다
				建树	jiànshù	[지엔슈]	실적(을 세우다)
树	树			树立	shùlì	[슈리]	수립하다, 세우다
				大树	dàshù	[따슈]	큰 나무
				种树	zhòngshù	[종슈]	나무를 심다

활용 예문

这事他自己做的。	Zhè shì tā zìjǐ zuò de.	이 일을 그 스스로 한 것이다
他有了工作，可以自立了。	Tā yǒu le gōngzuò, kěyǐ zìlì le.	그는 취직했으니 자립할 수 있다
他们有力量办公司。	Tāmen yǒu lìliàng bàn gōngsī.	그들은 회사를 경영할 역량이 있다
要量力而行。	Yào liànglì ér xíng.	자신의 능력을 가늠하고 행해야 한다
他的能力很强。	Tā de nénglì hén qiáng.	그는 매우 능력있다
他能够成事。	Tā nénggòu chéngshì.	그는 충분히 일을 할 수 있다
建立企业。	Jiànlì qǐyè.	기업을 건립하다
建设国家。	Jiànshè guójiā.	나라를 건설하다
树立威信。	Shùlì wēixìn.	위신을 세우다
年年种树不止。	Nián nián zhòngshù bùzhǐ.	매년 나무심기를 그치지 않는다

成语 自力更生	zì lì gēng shēng	자력 갱생하다
力不从心	lì bù cóng xīn	생각만 할 뿐 힘이 미치지 못하다

馋 懒 缺 温 饱

馋	懒	缺	温	饱
chán[찬] 게걸스럽다	lǎn[란] 게으르다	quē[취에] 부족하다	wēn[원] 따뜻하다	bǎo[바오] 배부르다
⺈⺈⻊⺈⺈ 馋馋	⺊⺊⺊⺊⺊⺊懒懒	⺊⺊⺉缶 缸缺缺	氵汜汜温温温温	⺈⺈⻊⺈⺈ 饱饱

		馋人	chán rén	[찬런]	걸신들린 사람
馋	馋	馋嘴	chánzuǐ	[찬쭈에이]	게걸스럽다
		馋懒	chánlǎn	[찬란]	게걸스럽고 게으르다
懒	懒	懒人	lǎnrén	[란런]	게으름뱅이
		懒惰	lǎnduò	[란두오]	나태하다
缺	缺	缺少	quēshǎo	[취에샤오]	모자라다
		缺点	quēdiǎn	[취에디엔]	결점
		缺德	quēdé	[취에더]	부덕하다
温	温	温暖	wēnnuǎn	[원누안]	따스하다
		温度	wēndù	[원뚜]	온도
		温饱	wēnbǎo	[원바오]	의식이 풍족한 생활
饱	饱	吃饱	chībǎo	[츠바오]	배부르다
		饱肚	bǎodù	[바오뚜]	배부르다
		饱受	bǎoshòu	[바오쇼우]	겪을 대로 겪다

활용 예문

他是一个馋人。	Tā shì yī ge chánrén.	그는 게걸스런 사람이다
又馋又懒。	Yòu chán yòu lǎn.	게걸스럽고 게으르다
他是个懒人。	Tā shì ge lǎnrén	그는 게으른 사람이다
懒惰成性的学生。	Lǎnduò chéngxìng de xuésheng.	공부에 게으른 학생
他什么也不缺少。	Tā shénme yě bù quēshǎo.	그는 아무것도 부족하지 않다
他有些缺点。	Tā yǒu xiē quēdiǎn.	그는 결점이 조금 있다
温暖如春。	Wēnnuǎn rú chūn.	따스하기가 봄과 같다
温度太高。	Wēndù tài gāo.	온도가 매우 높다
饱肚不知饿肚饥。	Bǎodù bù zhī èdù jī.	부른 배는 주린 배의 사정을 모른다
他饱受磨难。	Tā bǎoshòu mónàn.	그는 고생을 겪을 대로 겪었다

成語 温故知新	wēn gù zhī xīn	옛 것을 배우고 익혀 새로운 것을 알다
饱尝世味	bǎo cháng shì wèi	세상의 쓴 맛 단 맛을 다 보다, 산전수전 다 겪다

勤	俭	聚	财	富
qín[친] 근면하다	jiǎn[지엔] 검소하다	jù[쮜] 모이다	cái[차이] 재물	fù[푸] 재산
一 艹 芦 芦 茣 勤 勤	ノ イ 伫 伫 伶 俭 俭	耳 耳 取 聚 聚 聚 聚	丨 冂 贝 贝 贝 财 财	宀 宀 宫 宫 宫 富 富

勤	勤		勤俭	qínjiǎn	[친지엔]	근검하다
			勤劳	qínláo	[친라오]	부지런히 일하다
			勤快	qínkuài	[친콰이]	부지런하다
俭	俭		俭朴	jiǎnpǔ	[지엔푸]	검소하고 소박하다
			俭用	jiǎnyòng	[지엔용]	절약하다
			俭省	jiǎnshěng	[지엔성]	절약하다
聚	聚		聚会	jùhuì	[쮜훼이]	모임, 모이다
			相聚	xiāngjù	[시앙쮜]	한자리에 모이다
			团聚	tuánjù	[탄쮜]	한자리에 모이다
财	财		财产	cáichǎn	[차이찬]	재산
			财富	cáifù	[차이푸]	부, 재산, 자원
			财力	cáilì	[차이리]	재력, 재원
富	富		富有	fùyǒu	[푸요우]	부유하다
			富余	fùyu	[푸위]	넉넉하다
			富商	fùshāng	[푸상]	거상 (巨商)

활용 예문

他们很勤劳。	Tāmen hěn qínláo	그들은 매우 부지런히 일한다
他是个勤快的人。	Tā shì ge qínkuài de rén.	그는 부지런한 사람이다
俭朴的生活。	jiǎnpǔ de shēnghuó.	검소하고 소박한 생활
他过日子很俭省。	Tā guò rìzi hěn jiǎnshěng.	그는 매우 절약하며 생활한다
我们多次聚会。	Wǒmen duōcì jùhuì.	우리는 여러 차례 모였다
全家团聚。	Quánjiā tuánjù.	온 가족이 한자리에 모이다
财产无数。	Cáichǎn wú shù.	재산이 매우 많다
财力强大。	Cáilì qiángdà.	재력이 강하다
他是很富有的人。	Tā shì hěn fùyǒu de rén.	그는 매우 부유한 사람이다
他的生活很富余。	Tā de shēnghuó hěn fùyu.	그의 생활은 매우 넉넉하다

成语 勤俭持家	qín jiǎn chí jiā	근면하고 알뜰하게 집안 살림을 꾸리다
聚精会神	jù jīng huì shén	정신을 집중하다

帮	残	共	助	弱
bāng[빵] 돕다	cán[찬] 남다, 흠이 있다	gòng[꽁] 함께	zhù[쭈] 돕다	ruò[루오] 약하다
三 丰 邦 邦 帮 帮 帮	一 歹 歹 歼 残 残 残	一 十 廿 共 共 共	丿 冂 月 日 且 助 助	丁 ヲ 弓 弓 弱 弱 弱

帮	帮

	帮助	bāngzhù	[빵주]	돕다
	帮人	bāng rén	[빵런]	돕다
	互帮	hù bāng	[후빵]	서로 돕다

残	残

	残废	cánfèi	[찬페이]	불구가 되다
	残缺	cánquē	[찬취에]	불완전하다

共	共

	共同	gòngtóng	[꽁통]	공통의
	一共	yígòng	[이꽁]	모두, 합계
	共鸣	gòngmíng	[꽁밍]	공명하다

助	助

	助人	zhù rén	[쭈런]	남을 돕다
	互助	hùzhù	[후쭈]	서로 돕다
	助威	zhùwēi	[쭈웨이]	응원하다

弱	弱

	弱者	ruòzhě	[루오저]	약자
	体弱	tǐruò	[티루오]	몸이 약하다
	强弱	qiángruò	[치앙루오]	강약

활용 예문

他喜欢帮助别人。	Tā xǐhuan bāngzhù biérén.	그는 남을 돕기 좋아한다
互相帮助。	Hùxiāng bāngzhù.	서로 돕다
残废人奥运会	cánfèirén Àoyùnhuì	장애인 올림픽
残缺不全。	Cánquē bù quán.	훼손되거나 결여되어 완전하지 않다
共同努力。	Gòngtóng nǔlì.	공동의 노력
一共有多少？	Yígòng yǒu duōshao?	모두 얼마입니까?
彼此互助	bǐcǐ hùzhū	서로 돕다
为他助威。	Wèi tā zhùwēi.	그를 위해 응원하다
他不愿做一个弱者。	Tā bú yuàn zuò yī gè ruòzhě.	그는 약자가 되고 싶어하지 않는다
他体弱多病。	Tā tǐruò duō bìng.	그는 몸이 약하고 병이 많다

成语 同甘共苦	tóng gōng gòng kǔ	동고 동락하다
助人为乐	zhù rén wéi lè	남을 돕는 것을 기쁘게 생각하다

邻	里	同	亲	疏
lín[린] 이웃	lǐ[리] 안	tóng[통] 같다, 함께	qīn[친] 친하다	shū[슈] 소원하다
ノ 八 午 令 令 邻邻	丨 冂 日 日 甲 甲 里	丨 冂 冂 同 同 同	丶 亠 立 立 辛 亲	フ マ ⻊ 䟦 䟦 跞 疏

邻	邻			邻居	línjū	[린쮜]	이웃
				邻里	línlǐ	[린리]	동네
				四邻	sìlín	[쓰린]	사방의 이웃 (나라)
里	里			里外	lǐwài	[리와이]	안과 밖
				里边	lǐbian	[리비엔]	안쪽
				里头	lǐtou	[리토우]	안, 안쪽
同	同			同志	tóngzhì	[통쯔]	동지
				同心	tóngxīn	[통씬]	마음을 합치다
				同学	tóngxué	[통쉬에]	동학, 급우
亲	亲			亲人	qīnrén	[친런]	직계 친속, 친척
				亲戚	qīnqi	[친치]	친척
				亲自	qīnzì	[친쯔]	몸소, 친히
疏	疏			疏远	shūyuǎn	[슈위엔]	멀다, 소원하다
				亲疏	qīnshū	[친슈]	친함과 소원함
				疏忽	shūhu	[슈후]	소홀하다

활용 예문

邻居和睦。	Línjū hémù.	이웃이 화목하다
四邻八家相处好。	Sìlín bājiā xiāngchǔ hǎo.	이웃들과 사이좋게 지내다
里外一样。	Lǐwài yíyàng.	안과 밖이 같다
里边冷。	Lǐbian lěng.	안쪽은 춥다
我们是同志。	Wǒmen shì tóngzhì.	우리들은 동지이다
同学要互相帮助。	Tóngxué yào hùxiāng bāngzhù.	급우들은 서로 도와야 한다
亲人来访。	Qīnrén láifǎng.	친척이 방문하다
亲自选择。	Qīnzì xuǎnzé.	자기가 직접 선택하다
别疏远了他们。	Bié shūyuǎn le tāmen.	그들과 소원해지지 말아라
别疏忽了这件事。	Bié shūhu le zhè jiàn shì.	이 일을 소홀히 하지 말아라

成语

里出外进	lǐ chū wài jìn	울퉁불퉁하다, 들쑥날쑥하다
任人唯亲	rèn rén wéi qīn	능력에 관계없이 자신과 가까운 사람만 임용하다

成 功 弃 惰 性

chéng[청] 이루다	gōng[꽁] 공로, 공훈	qì[치] 포기하다	duò[두오] 게으르다	xìng[씽] 성격, 마음
ノ 厂 厈 成 成 成	一 丁 工 功 功	丶 亠 产 玄 弃 弃	丷 忄 忙 忰 忰 惰 惰	丷 忄 忄 忄 忤 性 性

成	成				成功	chénggōng	[청꽁]	성공(하다)
					成就	chéngjiù	[청지우]	성취(하다)
					成事	chéngshì	[청스]	성사하다
功	功				功劳	gōngláo	[꽁라오]	공로
					立功	lìgōng	[리꽁]	공을 세우다
					功过	gōngguò	[꽁궈]	공적과 과실
弃	弃				放弃	fàngqì	[팡치]	포기하다
					弃置	qìzhí	[치즈]	방치하다
					遗弃	yíqì	[이치]	내버리다
惰	惰				惰性	duòxìng	[두오씽]	버릇, 타성
					懒惰	lǎnduò	[란두오]	나태하다
性	性				人性	rénxìng	[런씽]	인성
					性情	xìngqíng	[씽칭]	성정
					性质	xìngzhì	[씽즈]	성질

활용 예문

他成功了。	Tā chénggōng le.	그는 성공하였다
他的成就很大。	Tā de chéngjiù hěn dà.	그의 성취는 매우 크다
这是大家的功劳。	Zhè shì dàjiā de gōngláo.	이것은 모두의 공로이다
他立功赎罪。	Tā lìgōng shúzuì.	그는 공을 세워 속죄하였다
他放弃了原来的专业。	Tā fàngqì le yuánlái de zhuānyè.	그는 본래의 전공을 포기했다
他被遗弃了。	Tā bèi yíqì le.	그는 유기당했다
惰性难改。	duòxìng nán gǎi.	버릇은 고치기 어렵다
他太懒惰了。	Tā tài lǎnduò le.	그는 너무 나태하다
人性是本来就有的。	Rénxìng shì běnlái jiù yǒu de.	인성은 본래 있는 것이다
他性情温和。	Tā xìngqíng wēnhé.	그의 성정은 온화하다

成语	成人之美	chéng rén zhī měi	남의 좋은 일을 도와 이루게 하다
	弃暗投明	qì àn tóu míng	악인이 올바른 길로 전향하다

公	私	需	双	顾
gōng[꽁] 공공의	sī[쓰] 개인의	xū[쉬] 필요하다	shuāng[슈앙] 쌍(의)	gù[꾸] 돌보다
ノ 八 公 公	ノ 二 千 禾 禾 私 私	一 千 币 兩 兩 兩 需 需	ノ 又 双 双	一 厂 厂 厅 厅 厅 顾 顾

公	公		公家	gōngjiā	[꽁쟈]	국가, 공공단체
			公共	gōnggòng	[꽁꽁]	공공의
			公私	gōngsī	[꽁쓰]	공과 사
私	私		私人	sīrén	[쓰런]	개인의
			私家	sījiā	[쓰쟈]	자기 집, 민간
			私自	sīzì	[쓰쯔]	제멋대로, 몰래
需	需		需要	xūyào	[쉬야오]	필요하다
			需求	xūqiú	[쉬치우]	요구(되다)
			必需	bìxū	[삐쉬]	필요하다
双	双		双打	shuāngdǎ	[슈앙다]	복식, 맞겨루기
			成双	chéngshuāng	[청슈앙]	짝이 되다
			双胞胎	shuāngbāotāi	[슈앙빠오타이]	쌍둥이
顾	顾		顾虑	gùlǜ	[꾸뤼]	고려하다
			照顾	zhàogù	[자오꾸]	돌보다
			自顾	zìgù	[쯔꾸]	스스로를 돌보다

활용 예문

公共事业。	Gōnggòng shìyè.	공공사업
公私不分不对。	Gōngsī bù fēn bú duì.	공과 사를 분리하지 않으면 않된다
私家的车	sījiā de chē	개인의 자동차
他私自逃走。	Tā sīzì táo zǒu.	그는 몰래 도망갔다
需要同情。	Xūyào tóngqíng.	동정이 필요하다
必需的物品	bìxū de wùpǐn	필요한 물품
男女混合双打	nánnǚ hùnhé shuāngdǎ	남녀 혼합 복식
筷子不成双。	Kuàizi bù chéngshuāng.	젓가락이 짝이 맞지 않다
他顾虑太多。	Tā gùlǜ tài duō.	그는 생각이 너무 많다
由他照顾老人。	Yóu tā zhàogù lǎorén.	그가 노인을 돌본다

成语 公报私仇	gōng bào sī chóu	공적인 일로 사적인 울분을 풀다
顾影自怜	gù yǐng zì lián	자기 그림자를 보고 스스로 자신을 한탄하다

屈	直	真	假	辨
qū[취] 굽다	zhí[즈] 곧다	zhēn[쩐] 진실	jiǎ[쟈] 거짓	biàn[삐엔] 판별하다
一 コ ア 尸 尸 屈 屈 屈	一 十 广 市 市 直 直	一 十 广 市 市 直 真	亻 亻' 亻' 作 作' 假 假	一 亠 辛 辛 刹 辨 辨

屈	屈				屈服	qūfú	[취푸]	굴복하다
					委屈	wěiqu	[웨이취]	억울하다
					屈伸	qūshēn	[취션]	굽힘과 폄
直	直				一直	yīzhí	[이즈]	줄곧, 계속
					直走	zhízǒu	[즈조우]	곧장 걷다
					直爽	zhíshuǎng	[즈슈앙]	솔직하다
真	真				真假	zhēnjiǎ	[쩐쟈]	진실과 거짓
					真实	zhēnshí	[쩐스]	진실
					真心	zhēnxīn	[쩐씬]	진심
假	假				假的	jiǎde	[쟈더]	거짓의
					假肢	jiǎzhī	[쟈즈]	의수(義手), 의족
					放假	fàngjià	[팡쟈]	방학
辨	辨				辨别	biànbié	[삐엔비에]	분별하다
					辨认	biànrèn	[삐엔런]	분간하다
					分辨	fēnbiàn	[펀삐엔]	구분(하다)

활용 예문

他从不屈服。	Tā cóng bù qūfú.	그는 굴복하지 않았다
这真是太委屈了。	Zhè zhēnshì tài wěiqu le.	이건 정말 너무 억울하다
请往直走就到了。	Qǐng wǎng zhí zǒu jiù dào le.	앞으로 곧장 걸어가면 곧 도착합니다
他性格直爽。	Tā xìnggé zhíshuǎng.	그는 성격이 시원시원하다
真假难辨。	Zhēn jiǎ nán biàn.	진실과 거짓을 변별하기 어렵다
真实的情况	zhēnshí de qíngkuàng	진실한 상황
假的真不了。	Jiǎde zhēn bu liǎo.	가짜가 진짜일 수 없다
我们放假了。	Wǒmen fàng jià le.	우리는 방학을 했다
辨别真假。	Biànbié zhēn jiǎ.	진실과 거짓을 분별하다
请你分辨一下儿。	Qǐng nǐ fēnbiàn yíxiàr.	당신이 구분해 주세요

成语

理屈词穷	lǐ qū cí qióng	이치가 닿지 않아 말문이 막히다
是非不辨	míng biàn shì fēi	시비를 똑똑히 가리다

是	非	判	谬	误
shì[스] 옳다	fēi[페이] 그르다	pàn[판] 판단하다	miù[미우] 착오(하다)	wù[우] 틀리다
口日旦早早昻是	丿 ㅓ ㅓ 丬 刵 非非非	⺀ ⺀ 兰 半 半刂 判	⺀ 讠 讠 讠 诨 谬	⺀ 讠 讠 误 误 误

| 是 | 是 | | | 是非 | shìfēi | [스페이] | 시비, 잘잘못 |
| 非 | 非 | | | 是否 | shìfǒu | [스포우] | …인가 아닌가 |

별도 단어 표:

是	是		是非	shìfēi	[스페이]	시비, 잘잘못
			是否	shìfǒu	[스포우]	…인가 아닌가
非	非		非常	fēicháng	[페이창]	매우, 대단히
			口是心非	kǒu shì xīn fēi	[코우스씬페이]	말과 마음이 다르다
判	判		判决	pànjué	[판쥐에]	판결
			裁判	cáipàn	[차이판]	재판, 심판
			评判	píngpàn	[핑판]	평판
谬	谬		荒谬	huāngmiù	[황미우]	터무니없다
			谬论	miùlùn	[미우룬]	황당무계한 논리
误	误		错误	cuòwù	[추오우]	착오, 잘못
			耽误	dānwù	[딴우]	지체하다
			误点	wù diǎn	[우다엔]	연착하다

활용 예문

大是大非	dà shì dà fēi	근본적인 시비·선악
他是否走了?	Tā shìfǒu zǒu le?	그는 갔는가?
他非常聪明。	Tā fēicháng cōngming.	그는 대단히 총명하다
他是一个口是心非的人。	Tā shì yí ge kǒu shì xīn fēi de rén.	그는 말과 행동이 다른 사람이다
法院判决了。	Fǎyuàn pànjué le.	법원이 판결했다
他当足球裁判。	Tā dāng zúqiú cáipàn.	그는 축구 심판이 되었다
真是荒谬得很。	Zhēn shì huāngmiù de hěn.	정말 너무나 터무니없다
谬论流传。	Miùlùn liúchuán.	황당무계한 논리가 세상에 널리 퍼지다
这是他的错误。	Zhè shì tā de cuòwù.	이것은 그의 잘못이다
飞机误点了。	Fēijī wù diǎn le.	비행기가 연착되었다

成语

成语	병음	뜻
无可非议	wú kě fēi yì	나무랄 데가 없다, 비난할 근거가 없다
误人不浅	wù rén bù qiǎn	남에게 적지 않게 해를 끼치다

谊	纯	友	朋	在
yì[이] 정의, 우정	chún[춘] 순수하다	yǒu[요우] 벗, 친구	péng[펑] 친구	zài[짜이] 있다
丶讠讠讠讠讠谊谊谊	乚纟纟纟纟纟纟纯	一ナ方友	刀刀月月朋朋朋	一ナ才在在在

		友谊	yóuyì	[요우이]	우의
谊	谊	情谊	qíngyì	[칭이]	정의
纯	纯	纯粹	chúncuì	[춘췌이]	순수하다
		单纯	dānchún	[딴춘]	단순하다
		纯洁	chúnjié	[춘지에]	순결하다
友	友	朋友	péngyou	[펑요우]	친구
		友好	yǒuhǎo	[요우하오]	우호
		老友	lǎoyǒu	[라오요우]	오랜 친구
朋	朋	亲朋	qīnpéng	[친펑]	친척과 친구
		朋友	péngyou	[펑요우]	친구
在	在	正在	zhèngzài	[쩡짜이]	지금, 현재
		住在	zhùzài	[쭈짜이]	…에 살다
		放在	fàngzài	[팡짜이]	…에 놓아두다

활용 예문

我们的友谊很深。	Wǒmen de yóuyì hěn shēn.	우리의 우의가 매우 깊다
兄弟情谊	xiōngdì qíngyì	형제의 정
他太单纯了。	Tā tài dānchún le.	그는 너무 단순하다
纯洁的心	chúnjié de xīn	순결한 마음
我有很多朋友。	Wǒ yǒu hěn duō péngyou.	나는 친구가 매우 많다
他是我的老友。	Tā shì wǒ de lǎoyǒu.	그는 나의 오랜 친구이다
亲朋好友	qīn péng hǎo yǒu	친한 친구
交朋友	Jiāo péngyou	친구를 사귀다
他正在睡觉。	Tā zhèngzài shuì jiào.	그는 지금 자고 있다
他住在南京。	Tā zhù zài Nánjīng.	그는 남경에 산다

成语

深情厚谊	shēn qíng hòu yì	깊고 두터운 정의
亲朋故友	qīn péng gù yǒu	친한 친구와 옛 친구

<table>
<tr><td>尊</td><td>卑</td><td>忘</td><td>荣</td><td>辱</td></tr>
<tr><td>zūn[쭌] 존경하다</td><td>bēi[뻬이] 낮다, 천하다</td><td>wàng[왕] 잊다</td><td>róng[롱] 영예</td><td>rǔ[루] 치욕</td></tr>
<tr><td>八 竹 竹 酋 酋 酋 尊 尊</td><td>丶 白 白 帛 申 里 卑</td><td>丶 亠 亡 广 忘 忘 忘</td><td>一 十 艹 艹 艻 荣 荣</td><td>厂 尸 尸 辰 辰 辱 辱</td></tr>
</table>

尊	尊			尊敬	zūnjìng	[쭌찡]	존경하다
				尊重	zūnzhòng	[쭌쫑]	존중하다
				尊师	zūn shī	[쭌스]	스승을 존경하다
卑	卑			卑鄙	bēibì	[뻬이삐]	노비
				卑微	bēiwēi	[뻬이웨이]	비천하다
				卑劣	bēiliè	[뻬이리에]	비열하다
忘	忘			忘记	wàngjì	[왕지]	잊다
				难忘	nán wàng	[난왕]	잊지 못하다
				忘掉	wàngdiào	[왕댜오]	잊어버리다
荣	荣			光荣	guāngróng	[꽝롱]	영광(스럽다)
				荣誉	róngyù	[롱위]	영예
				荣耀	róngyào	[롱야오]	영광(스럽다)
辱	辱			耻辱	chǐrǔ	[츠루]	치욕
				侮辱	wǔrǔ	[우루]	모욕(하다)
				辱骂	rǔmà	[루마]	욕설을 퍼붓다

활용 예문

尊敬师长。	Zūnjìng shīzhǎng.	스승과 어른을 존경하다
尊重事实。	Zūnzhòng shìshí.	사실을 존중하다
他是一个地位卑微的人。	Tā shì yī ge dìwèi bēiwēi de rén.	그는 지위가 미천한 사람이다
卑劣的手法	bēiliè de shǒufǎ	비열한 수법
我忘记了他的名字。	Wǒ wàngjì le tā de míngzi.	그는 그의 이름을 잊었다
我难忘他的恩情。	Wǒ nánwàng tā de ēnqíng.	나는 그의 은혜를 잊지 못한다
这是你的光荣。	Zhè shì nǐ de guāngróng.	이것은 너의 영광이다
保护自己的荣誉。	Bǎohù zìjǐ de róngyù.	자신의 영예를 지키다
这是他的耻辱。	Zhè shì tā de chǐrǔ.	이것은 그의 치욕이다
别侮辱别人。	Bié wǔrǔ biérén.	다른 사람을 모욕하지 말아라

成语 尊老爱幼	zūn lǎo ài yòu	노인을 존경하고 어린이를 사랑하다
废寝忘食	fèi qǐn wàng shí	침식을 잊다, 어떤 일에 전심전력하다

胜	败	古	今	评
shèng[성] 이기다	bài[빠이] 지다	gǔ[구] 옛날	jīn[찐] 지금	píng[핑] 비평(하다)
ノ 月 月 胪 胪 胖 胜	l 冂 贝 则 败 败 败	一 十 古 古 古	ノ 人 个 今	丶 讠 讠 评 评 评 评

胜 胜		胜利 获胜 胜算	shènglì huòshèng shèngsuàn	[성리] 승리하다 [훠성] 이기다 [성쑤안] 승산
败 败		失败 败北 败坏	shībài bàiběi bàihuài	[스빠이] 실패하다 [빠베이] 패배(하다) [빠이화이] 손상시키다, 망치다
古 古		古代 古人 古今	gǔdài gǔrén gǔjīn	[구따이] 고대 [구런] 옛 사람 [구찐] 고금, 과거와 현재
今 今		今天 今日 当今	jīntiān jīnrì dāngjīn	[찐티엔] 오늘 [찐르] 오늘 [땅찐] 현재
评 评		批评 评论 品评	pīpíng pínglùn pǐnpíng	[피핑] 비판(하다) [핑룬] 평론하다 [핀핑] 품평(하다)

활용 예문

他终于胜利了。	Tā zhōngyú shènglì le.	그는 마침내 승리했다
有多少胜算。	Yǒu duōshao shèngsuàn.	얼마간의 승산이 있다
他怎么失败了？	Tā zěnme shībài le?	그가 어떻게 실패를 했지?
败北而逃。	Bàiběi ér táo.	패하여 달아나다
古人并不笨拙。	Gǔrén bìng bù bènzhuō.	옛사람들은 결코 우둔하지 않다
古今对比。	Gǔjīn duìbǐ.	과거와 현재를 비교하다
今日休息。	Jīnrì xiūxi.	오늘 쉬다
当今时局变了。	Dāngjīn shíjú biàn le.	현재 시국이 변했다
老师批评学生。	Lǎoshī pīpíng xuésheng.	선생님이 학생을 훈계하다
品评一下儿这篇文章。	Pǐnpíng yīxiàr zhè piān wénzhāng.	이 문장을 평가해 주십시오

成語 抚今忆往　fǔ jīn yì wǎng　현실의 여러 일과 부딪치면서 지난 날을 회상하다
评头论足　píng tóu lùn zú　이러쿵저러쿵 함부로 비평하다

君	臣	有	廉	污
jūn[쥔] 군자, 군주	chén[천] 신하	yǒu[요우] 있다	lián[리엔] 청렴하다	wū[우] 더럽다
ㄱㄱㅋ尹尹君君	丨匚厂尸尸臣臣	ノ大才有有有	广广产序库庾廉廉	丶丶氵汗汗污

君	君
臣	臣
有	有
廉	廉
污	污

君子	jūnzǐ	[쥔즈]	군자
诸君	zhūjūn	[주쥔]	제군
功臣	gōngchén	[꽁천]	공신
臣民	chénmín	[천민]	신민, 신하
有无	yǒuwú	[요우우]	있고 없음
有事	yǒu shì	[요우스]	일이 있다
有钱	yǒu qián	[요우치엔]	돈이 있다
廉洁	liánjié	[리엔제]	청렴 결백(하다)
清廉	qīnglián	[칭리엔]	청렴하다
污水	wūshuǐ	[우쉐이]	오염된 물
污染	wūrǎn	[우란]	오염(되다)
污点	wūdiǎn	[우디엔]	오점

활용 예문

正人君子	zhèngrén jūnzǐ	정인군자
他是个功臣。	Tā shì ge gōngchén.	그는 공신이다
我们都是臣民百姓。	Wǒmen dōu shì chénmín bǎixìng.	우리는 모두 백성이다
你有事吗？	Nǐ yǒu shì ma?	당신 일 있습니까?
你有钱吗？	Nǐ yǒu qián ma?	당신 돈 있습니까?
他作官廉洁奉公。	Tā zuòguān liánjié fènggōng.	그는 관리가 되어 청렴하고 공무를 중히 여긴다
多么清廉的官。	Duōme qīnglián de guān.	매우 청렴한 관리
污染厉害。	Wūrǎn lìhai.	오염이 심각하다
这是他的一个污点。	Zhè shì tā de yī gè wūdiǎn.	이것은 그의 오점이다

成语	有备无患	yǒu bèi wú huàn	유비무환, 사전에 방비하면 우환이 없다
	污泥浊水	wū ní zhuó shuǐ	더러운것, 낙후되고 부패한것

贫	穷	要	怀	志
pín[핀] 가난하다	qióng[치옹] 궁하다	yào[야오] 필요하다	huái[화이] 생각, 품	zhì[쯔] 뜻, 의지
ノ 八 分 分 贫 贫 贫	丶 八 宀 宀 宀 穷 穷	一 戸 両 西 西 要 要 要	丶 丶 忄 忄 忄 怀 怀	一 十 士 志 志 志 志

贫	贫			
		贫穷	pínqióng	[핀치옹]	가난(하다)
		贫乏	pínfá	[핀파]	빈궁(하다)
		贫家	pínjiā	[핀쟈]	가난한 집

穷	穷

穷人	qióngrén	[치옹런]	가난한 사람
穷富	qióngfù	[치옹푸]	빈부
穷苦	qióngkǔ	[치옹쿠]	곤궁하다

要	要

要是	yàoshì	[야오스]	만일 …라면
只要	zhǐyào	[즈야오]	…하기만 하면
要求	yāoqiú	[야오치우]	요구(하다)

怀	怀

胸怀	xiōnghuái	[시옹화이]	속으로 생각하다
怀抱	huáibào	[화이빠오]	품, 품에 안다
怀疑	huáiyí	[화이이]	의심하다

志	志

志向	zhìxiàng	[쯔시앙]	지향, 포부
志气	zhìqì	[쯔치]	기개, 의지, 심지
志同道合	zhìtóngdàohé	[쯔통따오허]	배짱이 맞다

활용 예문

贫穷不会永远的。	Pínqióng bú huì yǒngyuǎn de.	가난은 영원할 수 없는 것이다
贫乏的词汇	pínfá de cíhuì	부족한 어휘
穷人不是天生的。	Qióngrén bú shì tiānshēng de.	가난은 선천적인 것이 아니다
穷富都要节俭。	Qióngfù dōu yào jiéjiǎn.	가난하거나 부자거나 절약해야 한다
要是有时间，我就去。	Yào shì yǒu shíjiān, wǒ jiù qù.	만약 시간이 있다면 나는 갈 것이다
只要有钱，我就去旅行。	Zhǐyào yǒu qián, wǒ jiù qù lǚxíng.	돈만 있으면 나는 여행을 갈 것이다
怀抱着远大的理想。	Huáibàozhe yuǎndà de lǐxiǎng	원대한 이상을 품다
他这话叫人怀疑。	Tā huáizhe yī kē shànxīn.	그의 이 말은 의심이 간다
真有志气。	Zhēn yǒu zhìqì.	정말 기개가 있다
我们志同道合。	Wǒmen zhìtóng dàohé.	우리는 의기투합하고 지향하는 바가 같다

成语

| 怀才不遇 | huái cái bù yù | 재능이 있으면서도 기회를 만나지 못하다 |
| 志在千里 | zhì zài qiān lǐ | 원대한 뜻을 품다 |

<table>
<tr><td>欺</td><td>蒙</td><td>皆</td><td>凡</td><td>夫</td></tr>
<tr><td>qī[치] 속이다</td><td>méng[멍] 무지</td><td>jiē[지에] 모두</td><td>fán[판] 평범하다</td><td>fū[푸] 사내</td></tr>
<tr><td>一十廿卝其其欺欺</td><td>一艹艹芦芦芎蒙蒙</td><td>ㅏ比圤圤皆皆</td><td>丿几凡</td><td>一二夫夫</td></tr>
</table>

欺	欺		欺骗	qīpiàn	[치피엔]	기만하다, 속이다
			欺诈	qīzhà	[치자]	사기하다
			欺侮	qīwǔ	[치우]	우롱하다
蒙	蒙		蒙骗	mēngpiàn	[멍피엔]	속이다
			蒙人	mēng rén	[멍런]	무지한 사람
			蒙混	ménghùn	[멍훈]	속임수로 속이다
皆	皆		皆是	jiēshì	[지에스]	모두다 …이다
			皆有	jiē yǒu	[지에요우]	모두 있다
凡	凡		平凡	píngfán	[핑판]	평범하다
			凡是	fánshì	[판스]	무릇, 만일 …한다면
夫	夫		夫人	fūren	[푸런]	부인
			丈夫	zhàngfu	[짱푸]	성년 남자, 사나이

欺诈取胜。	qīzhà qǔshèng.	속임수로 승리를 얻다
他受别人欺侮。	Tā shòu biérén qīwǔ.	그는 남에게 우롱당했다
蒙受损失	méngshòu sǔnshī	손실을 입다
这是蒙人的事。	Zhè shì méng rén de shì.	이것은 무지한 사람의 일이다
遍地皆是黄金。	Biàndì jiéshì huángjīn.	도처에 모두 황금이다
人人皆有个性。	Rénrén jié yǒu gèxìng.	사람들은 모두 개성이 있다
平凡的人	píngfán de rén	평범한 사람
凡是有志向的人总能成功。	Fánshì yǒu zhìxiàng de rén zǒng néng chénggōng.	무릇 포부가 있는 사람은 항상 성공할 수 있다
夫人先行。	Fūren xiān xíng.	부인이 먼저 행하다
丈夫爱妻子。	Zhàngfu ài qīzǐ.	사내가 아내를 사랑하다

成语			
	欺软怕硬	qī ruǎn pà yìng	약자를 업신여기고 강자를 두려워하다
	皆大欢喜	jiē dà huān xǐ	모두 몹시 기뻐하다

僻 陋 寡 闻 愚

僻	陋	寡	闻	愚
pì[피] 외지다	lòu[로우] 협소하다	guǎ[과] 적다	wén[원] 듣다	yú[위] 어리석다
亻丿仅俏俏僻僻僻	乛阝阝阼阼陋陋	宀宀宋宣宣寡寡	丶门门门闻闻闻	日甲甲禺禺愚愚

		僻陋	pìlòu	[피로우]	궁벽하다
僻	僻	偏僻	piānpì	[피엔피]	외지다, 궁벽하다
陋	陋	简陋	jiǎnlòu	[지엔로우]	누추하다
		陋习	lòuxí	[로우씨]	낡은 풍속
寡	寡	寡妇	guǎfu	[과푸]	과부
		孤寡	gūguǎ	[꾸과]	고아와 과부 의지할 데 없는 사람
闻	闻	见闻	jiànwén	[지엔원]	견문, 경험
		据闻	jùwén	[쮜원]	듣자하니
		新闻	xīnwén	[씬원]	뉴스
愚	愚	愚笨	yúbèn	[위뻔]	어리석다
		愚昧	yúmèi	[위메이]	우매하다
		愚蠢	yúchǔn	[위춘]	미련하다

활용 예문

他住的很僻陋。	Tā zhù de hěn pìlòu.	그는 아주 궁벽하게 산다
这个地方很偏僻。	Zhè ge dìfang hěn piānpì.	이곳은 매우 외지다
简陋的住处	jiǎnlòu de zhùchù	누추한 거처
改掉陋习。	Gǎidiào lòuxí.	낡은 풍속을 고치다
她是个寡妇。	Tā shì ge guǎfu.	그녀는 과부이다
他是个孤寡老人。	Tā shì ge gūguǎ lǎorén.	그는 의지할 데 없는 노인이다
他见闻多。	Tā jiànwén duō.	그는 경험이 많다
据闻，明年要大选。	Jùwén, míngnián yào dàxuǎn.	듣자하니 내년에 대선을 치른다
你太愚笨了。	Nǐ tài yúbèn le.	너는 너무 어리석다
他并不愚蠢。	Tā bìng bù yúchǔn.	그는 절대 미련하지 않다

成语

寡不敌众	guǎ bù dí zhòng	중과부적, 적은 것이 많은 것을 대적할 수 없다
喜闻乐见	xǐ wén lè jiàn	즐겨 듣고 보다, 환영을 받다

临	终	亦	糊	涂
lín[린] 임하다, 이르다	zhōng[쫑] 죽다	yì[이] …도 역시, 또	hú[후] 뚜렷하지 않다	tú[투] 칠하다
刂 刂' 刂′ 刂广 临 临 临	ㄥ ㄥ ㄥ ㄥ 纱 终 终	丶 亠 亠 方 方 亦	ㆍㆍ 米 米' 料 粘 糊 糊	氵 氵' 氵Ý 泠 泠 涂 涂

		临时	línshí	[린스]	임시, 때에 이르다
临	临	临终	línzhōng	[린쫑]	죽음에 이르다
		临近	línjìn	[린찐]	근접하다
终	终	终于	zhōngyú	[쫑위]	마침내
		终年	zhōngnián	[쫑니엔]	일년 내낸
		始终	shǐzhōng	[스쫑]	시종
亦	亦	亦然	yìrán	[이란]	역시 그렇다
		亦无不可	yì wú bù kě	[이우뿌커]	
					또한 불가함이 없다
糊	糊	糊涂	hútu	[후투]	어리석다
		模糊	móhu	[모후]	모호하다
涂	涂	涂改	túgǎi	[투가이]	글을 고쳐 쓰다
		涂炭	tútàn	[투탄]	도탄(에 빠지다)

활용 예문

他临时走了。	Tā línshí zǒu le.	그는 때가 되어 갔다
难关临近了。	Nánguān línjìn le.	난관에 가까워졌다
他终于明白了。	Tā zhōngyú míngbai le.	그는 마침내 이해했다
他始终坚持他的意见。	Tā shǐzhōng jiānchí tā de yìjiàn.	그는 시종 그의 의견을 주장했다
反之亦然。	fǎn zhī yìrán.	뒤집어도 역시 그렇다
你真糊涂啊!	Nǐ zhēn tútu a!	너는 정말 어리석구나!
模糊不清。	Móhú bù qīng.	모호하여 분명하지 않다
写错了，可以涂改。	Xiěcuò le, kěyǐ túgǎi.	글씨가 틀렸으면 지우고 고쳐도 된다
人民涂炭于水火之中。	Rénmín tútàn yú shuǐhuǒ zhī zhōng.	민중은 재난에 빠져 괴로워하고 있다

成语

临危授命	lín wēi shòu mìng	위험한 고비에 목숨을 바치다
有始有终	yǒu shǐ yǒu zhōng	시작도 있고 끝도 있다, 유종의 미를 거두다

抚 民 始 为 本

抚	民	始	为	本
fǔ[푸] 돌보다	mín[민] 백성, 국민	shǐ[스] 처음, 시작하다	wéi[웨이] 하다	běn[번] 근본
一 十 扌 扑 护 抚	[illegible] 尸 尸 民	⺁ 夕 女 女 妒 妒 始 始	、 ノ 为 为	一 十 才 木 本

抚	抚		抚养	fǔyǎng	[푸양]	부양하다
			抚助	fǔzhù	[푸쭈]	위로하고 돕다
			抚恤	fǔxù	[푸쉬]	무휼
民	民		人民	rénmín	[런민]	인민
			民众	mínzhòng	[민쫑]	민중
			民间	mínjiān	[민지엔]	민간
始	始		开始	kāishǐ	[카이스]	시작하다
			始终	shǐzhōng	[스쫑]	시종, 결국
			始末	shǐmò	[스모]	(일의) 처음과 끝
为	为		为了	wèile	[웨이러]	…를 위하여
			难为	nánwéi	[난웨이]	괴롭히다
			为难	wéi nán	[웨이난]	난처하다
本	本		本来	běnlái	[번라이]	본래
			本色	běnsè	[번써]	본래의 모습
			一本	yì běn	[이번]	한 권

활용 예문

他抚养了三个孤儿。	Tā fúyǎng le sān ge gū'ér.	그는 세 명의 고아를 돌보아 기른다
他抚助穷人。	Tā fǔzhù qióngrén.	그는 가난한 사람들을 위로하고 돕는다
民众团结。	Mínzhòng tuánjié.	민중이 단결하다
民间风俗	mínjiān fēngsú	민간 풍속
他开始学汉语。	Tā kāishǐ xué Hànyǔ.	그는 한어[중국어]를 배우기 시작했다
他始终不低头。	Tā shǐzhōng bù dī tóu.	그는 결국 머리를 숙이지 않았다
为了她，他不吸烟。	Wèile tā, tā bù xī yān.	그녀를 위해서 그는 담배를 피우지 않는다
太难为你了。	Tài nánwéi nǐ le.	당신을 너무 수고스럽게 했습니다
本来我就同意。	Běnlái wǒ jiù tóngyì.	본래 나는 동의했다
买一本词典。	Mǎi yī běn cídiǎn.	사전 한 권을 사다

成语

善始善终	shàn shǐ shàn zhōng	처음부터 끝까지 한결같이 잘하다
本末倒置	běn mò dào zhì	본말이 전도되다

居	官	也	做	仆
jū[쮜] 살다, 거주하다	guān[꾸안] 관리	yě[예] …도 또한	zuò[쭈오] 하다	pú[푸] 종, 하인
⁊尸尸尸居居居	宀宀宁宁官官官	ㄱ 九 也	亻亻亻仹做做做	亅亻仆仆

		居住	jùzhù	[쮜쭈]	거주하다
居	居	居家	jùjiā	[쮜쟈]	집에서 지내다
		居民	jùmín	[쮜민]	주민
官	官	作官	zuò guān	[쭈오꾸안]	관리가 되다
		官兵	guānbīng	[꾸안삥]	장교와 사병
也	也	也许	yěxǔ	[예쉬]	아마도
		做事	zuò shì	[쭈오스]	일하다, 근무하다
做	做	做人	zuò rén	[쭈오런]	처세, 사람됨됨이
		做工	zuò gōng	[쭈오꽁]	일하다, 노동하다
仆	仆	仆人	púrén	[푸런]	하인, 고용인
		仆从	púcóng	[푸총]	사내 종, 종복

활용 예문

他居住在城外。	Tā jùzhù zài chéngwài.	그는 도시 밖에서 산다
居家过日子。	Jùjiāguo rìzi.	집에서 날을 보낸다
作官也做仆。	zuò guān yě zuò pú.	관리가 되는 것은 (국민을 위한) 종노릇 하는 것이다
官兵一致。	Guānbìng yī zhì.	장교와 사병의 대우가 같다
也许要下雪吧。	Yěxǔ yào xià xuě ba.	어쩌면 눈이 올지도 모른다
他也许走了。	Tā yěxǔ zǒu le.	그는 아마도 갔을 것이다.
他做事快。	Tā zuò shì kuài.	그는 일이 빠르다
做人要有品位。	Zuòrén yào yǒu pǐnwèi.	사람됨이 품위가 있어야 한다
仆人也是人。	Púrén yě shì rén.	하인도 사람이다
仆从国家	púcóng guójiā.	종속국

成语 居安思危	jū ān sī wēi	편할 때에도 위험할 때를 미리 생각하고 경계하다
做贼心虚	zuò zéi xīn xū	도둑이 제 발 저리다

浩 气 存 神 州

hào[하오] 광대하다	qì[치] 기체, 기풍	cún[춘] 있다, 보존하다	shén[션] 신, 정기	zhōu[조우] 주
氵氵氵汁汮浩浩浩	丿匸气气	一ナォ存存存	礻礻礻袔袘袘神	丶丿丬州州州

浩 浩			浩荡 hàodàng [하오땅] 장대하다 浩气 hàoqì [하오치] 호기, 호연지기 浩然 hàorán [하오란] 넓고 성대한 모양
气 气			空气 kōngqì [콩치] 공기 气体 qìtǐ [치티] 기체 生气 shēngqì [성치] 화내다
存 存			存钱 cún qián [춘치엔] 저금하다 存货 cúnhuò [춘훠] 재고품 寄存 jìcún [찌춘] 보관시키다
神 神			精神 jīngshen [찡션] 활력, 활기차다 神气 shénqì [션치] 안색, 생기있다 鬼神 guǐshén [궤이션] 귀신
州 州			州府 zhōufǔ [조우푸] 주의 지방정부 州官 zhōuguān [조우꾸안] 주(옛 행정구역)의 장관

활용 예문

浩气永存。	Hàoqì yǒng cún.	호연지기가 길이 남다
浩然正气。	hào rán zhèng qì.	호연지기
空气新鲜。	Kōngqì xīnxiān.	공기가 신선하다
他生气了。	Tā shēngqì le.	그는 화가 났다
他喜欢存钱。	Tā xǐhuan cúnqián.	그는 저금하기를 좋아한다
把东西寄存你处。	Bǎ dōngxi jìcún nǐ chù.	물건을 네 쪽에다 보관하자
她真精神。	Tā zhēn jīngshen.	그녀는 정말 활기차다
她连鬼神都不怕。	Tā lián guǐshén dōu bú pà.	그녀는 귀신도 두려워하지 않는다
州府所在地	zhōufǔ suǒzàidì	주 정부 소재지
州官难当。	Zhōuguān nándāng.	주의 장관이 되기는 어렵다

成语	正气凛然	qì xiàng wàn qiān	기상이 웅장하며 화려하고 변화가 많다
	神通广大	shén tōng guǎng dà	신통력[재간]이 굉장하다

国	魂	系	华	都
guó[궈] 국가	hún[훈] 혼, 정신	xì[씨] 맺다, 매다	huá[화] 번성하다	dū[뚜] 모두, 도시
丨冂冂冋国国国	云 动 动 动 动 魂 魂	一 幺 幺 系 系 系	丿 亻 亻 化 华 华	土 尹 者 者 者' 都' 都 都

			国家	guójiā	[궈지아]	국가
国	国		国土	guótǔ	[궈투]	국토
			韩国	Hánguó	[한궈]	한국
魂	魂		鬼魂	guǐhún	[게이훈]	망령, 영혼
			魂魄	húnpò	[훈포]	혼백, 영혼
系	系		中文系	Zhōngwénxì	[쭝원씨]	중문과
			英文系	Yīngwénxì	[잉원씨]	영문과
华	华		华丽	huálì	[화리]	화려하다
			华人	huárén	[화런]	중국인
都	都		首都	shǒudū	[쇼우뚜]	수도
			都市	dūshì	[뚜스]	도시

활용 예문

强大的国家	qiángdà de guójiā	강력한 국가
国土不可分割。	Guótǔ bù kě fēngē.	국토는 나누어질 수 없다.
鬼魂缠身。	Guǐhún chánshēn.	망령이 몸에 딱 달라붙다
魂魄升天。	Húnpò shēng tiān.	영혼이 하늘로 올라가다
他在中文系学习。	Tā zài Zhōngwénxì xuéxí.	그는 중문과에서 공부한다.
她是英文系学生。	Tā shì Yīngwénxì xuésheng.	그녀는 영문과 학생이다
华丽的服饰	huálì de fúshì	화려한 복식
华人遍世界。	huárén biàn shìjiè.	중국인은 세계에 널리 퍼져있다.
中国首都北京很大。	Zhōngguó shǒudū Běijīng hěn dà.	중국의 수도 북경은 매우 크다.
他们都学汉语。	Tāmen dōu xué Hànyǔ.	그들은 모두 중국어를 배운다.

成语 保家卫国	bǎo jiā wèi guó	국가를 방위하다
失魂落魄	shī hún luò pò	혼비백산하다, 넋을 잃다

宇	宙	乾	坤	久
yǔ[위] 집, 공간, 세계	zhòu[조우] 시간	qián[치엔] 건, 하늘	kūn[쿤] 곤, 땅	jiǔ[지우] 오래다
丶丶宀宀宇宇	丶丶宀宀宀宙宙	十 古 占 直 卓 乾乾	十 圠 圠 圢 坤坤坤	丿 夂 久

宇	宇			宇宙	yǔzhòu	[위조우]	우주
				宇航	yǔháng	[위항]	우주 비행

宙	宙	宇宙飞船	yǔzhòu fēichuán	[위조우페이추안]	우주선

宇宙观　yǔzhòuguān　[위조우꾸안]　우주관, 세계관

乾	乾	乾坤	qiánkūn	[치엔쿤]	건곤, 천지, 남녀

乾宅　qiánzhái　[치엔자이]　(혼인 중의) 신랑집
乾隆　Qiánlóng　[치엔룽]　청나라 건륭황제

坤	坤	坤车	kūnchē	[쿤처]	여자용 자전거

坤角儿　kūnjuér　[쿤죄얼]　구극의 여배우
경극의 여자 역할

久	久	长久	chángjiǔ	[창지우]	장구(하다)

永久　yǒngjiǔ　[용지우]　영구하다
久仰　jiǔyǎng　[지우양]　말씀 많이 들었습니다

활용 예문

宇宙无限大。	Yǔzhòu wúxiàn dà.	우주는 무한히 크다
宇航事业发展快。	Yǔháng shìyè fāzhǎn kuài.	우주 항공 사업의 발전이 빠르다
现在有了宇宙飞船。	Xiànzài yǒu le yǔzhòu fēichuán.	지금은 우주선이 있다
乾坤无限大。	Qiánkūn wúxiàn dà.	천지가 무한히 크다
乾隆皇帝	Qiánlóng Huángdì	건륭황제
买辆坤车。	Mǎi liàng kūnchē.	여자용 자전거를 사다
坤角儿男扮。	Kūn juér nán bàn.	여자 역할을 남자가 분장하다
他长久生病。	Tā chángjiǔ shēng bìng.	그는 오래 병을 앓았다
这是永久的事业。	Zhè shì yǒngjiǔ de shìyè.	이것은 영원한 사업이다

成语	扭转乾坤	niǔ zhuǎn qián kūn	천하의 대세를 반전시키다
	年深日久	nián shēn rì jiǔ	세월이 오래 되다, 오랜 기간이 흐르다

天	地	載	沉	浮
tiān[티엔] 하늘	dì[띠] 땅	zài[자이] 싣다, 해	chén[천] 잠기다	fú[푸] 뜨다
一 二 于 天	一 十 土 圹 圳 地	十 吉 吉 吏 載 載 載	` ` 氵 氵 沪 沪 沉	氵 氵 氵 氵 浮 浮 浮

天	天	天下	tiānxià	[티엔샤]	천하

한자	연습	단어	병음	발음	뜻
天	天	天下 / 天地 / 前天	tiānxià / tiāndì / qiántiān	[티엔샤] / [티엔띠] / [치엔티엔]	천하 / 천지 / 그제
地	地	土地 / 地下 / 种地	tǔdì / dìxià / zhòngdì	[투띠] / [띠샤] / [종띠]	토지 / 지하 / 농사짓다
載	載	运载 / 载货 / 载重	yùnzài / zài huò / zàizhòng	[윈자이] / [자이휘] / [자이쫑]	실어나르다 / 화물을 적재하다 / 짐을 싣다
沉	沉	深沉 / 沉下去 / 沉淀	shēnchén / chén xiàqu / chéndiàn	[선천] / [천샤취] / [천디엔]	(정도가) 깊다 / 가라앉다 / 침전하다
浮	浮	浮沉 / 浮燥 / 轻浮	fúchén / fúzào / qīngfú	[푸치] / [푸자오] / [칭푸]	부침, 흥망 성쇠 / 경솔하다 / 방정맞다

활용 예문

天下太平。	Tiānxià tàipíng.	천하가 태평하다.
前天下雨了。	Qiántiān xià yǔ le.	그저께는 비가 왔다.
这土地属于谁？	Zhè tǔdì shǔyú shéi?	이땅은 누구의 것이냐?
农民种地忙。	Nóngmín zhòngdì máng.	농민들은 땅을 일구느라 바쁘다
运载工具	yùnzài gōngjù	운반도구
载重汽车	zàizhòng qìchē	트럭
他性格深沉。	Tā xìnggé shēnchén.	그는 속이 깊은 사람이다
他沉下海去了。	Tā chénxià hǎi qù le.	그는 바다에 가라앉았다
他性情浮躁。	Tā xìngqíng fúzào.	그는 성격이 경솔하다
她是一个轻浮女子。	Tā shì yí ge qīngfú nǚzi.	그녀는 경박스러운 여자이다

成语		
天长地久	tiān cháng dì jiǔ	하늘과 땅처럼 영원하다, 영원히 변치 않다
大地回春	dà dì huí chūn	대지에 봄이 오다

阳	光	永	普	照
yáng[양] 양, 태양	guāng[꽝] 빛, 광	yǒng[용] 오래다	pǔ[푸] 전면적(으로)	zhào[자오] 비추다
ᄀ ᄀ 阝 阴 阳 阳	ᆝ ᆝ ᆝ ᅶ ᅶ 光	` ᄀ ᅱ 永 永	ᅶ ᅶ ᅶ ᅶ 普 普	ᄆ 日 ᄆ 日ᄆ 照 照 照

阳	阳			太阳	tàiyáng	[타이양]	태양
				阳光	yángguāng	[양꽝]	태양 빛
				阴阳	yīnyáng	[인양]	음양
光	光			光明	guāngmíng	[꽝밍]	광명, 밝다
				光亮	guāngliàng	[꽝량]	밝다
				灯光	dēngguāng	[떵꽝]	불빛, 조명
永	永			永远	yǒngyuǎn	[용위엔]	영원하다
				永久	yǒngjiǔ	[용지우]	영원하다
普	普			普通	pǔtōng	[푸통]	일반적이다
				普遍	pǔbiàn	[푸비엔]	보편적이다
				普及	pǔjí	[푸지]	보급되다
照	照			照旧	zhàojiù	[자오지우]	예전대로 따르다
				按照	ānzhào	[안자오]	…따라, …대로
				照常	zhàocháng	[자오창]	평소대로 하다

활용 예문

太阳永恒发光。	Tàiyáng yǒnghéng fāguāng.	태양은 영원히 빛을 낸다
阳光灿烂。	Yángguāng cànlàn.	태양빛이 찬란하다
光明前途	guāngmíng qiántú.	밝은 앞날[앞길]
灯光灰暗。	Dēngguāng huī'àn	조명이 어둑어둑하다
他永远是我的朋友。	Tā yǒngyuǎn shì wǒ de péngyou.	그는 영원히 나의 친구이다
我们的友谊日久天长。	Wǒmen de yǒuyì rìjiǔ tiāncháng.	우리의 우의는 영원하다
我是一个普通的人。	Wǒ shì yí ge pǔtōng de rén.	나는 보통사람이다
普通话普及了。	Pǔtōnghuà pǔ jí le.	보통화[표준어]를 보급했다
按照规定放假三天。	Ànzhào guīdìng fàng jià sān tiān.	규정에 따라 3일을 쉰다
明天照常工作。	Míngtiān zhàocháng gōngzuò.	내일은 평소대로 일한다

成语	光明正大	guāng míng zhèng dà	광명정대 하다
	永垂不朽	yǒng chuí bù xiǔ	(이름·공훈·정신 따위가) 길이 빛나다

鬼	魅	奈	何	如
guǐ[궤이] 귀신	mèi[메이] 혹하게 하다	nài[나이] 참다, 견디다	hé[허] 왜, 어디	rú[루] …와 같다
ﾉ 冂 白 由 甶 鬼 鬼	冂 由 鬼 鬼 魁 魅 魅	一 ナ 大 杏 杏 夲 奈	ﾉ 亻 亻 仃 何 何 何	く タ 女 如 如 如

鬼	鬼			鬼子	guǐzi	[궤이즈]	놈[욕하는 말]
				鬼戏	guǐxì	[궤이씨]	이상한 행동
				闹鬼	nàoguǐ	[나오궤이]	도깨비가 나오다
魅	魅			鬼魅	guǐmèi	[궤이메이]	도깨비, 유령
				魅力	mèilì	[메이리]	매력
奈	奈			奈何	nàihé	[나이허]	어찌하다
				无奈	wúnài	[우나이]	어찌할 도리 없다
何	何			如何	rúhé	[루허]	어떻게, 어째서
				何不	hé bù	[허뿌]	어찌 …하지 않느냐
				何况	hékuàng	[허쾅]	하물며, 더군다나
如	如			如果	rúguǒ	[루궈]	만일, 만약
				如今	rú jīn	[루찐]	지금, 오늘날
				比如	bǐrú	[비루]	예컨데, 예를 들다

활용 예문

鬼子来了。	Guǐzi lái le.	놈이 온다
这里闹鬼了。	Zhèlǐ nàoguǐ le.	여기에 도깨비가 나타났다
鬼魅无影。	Guǐmèi wú yǐng.	도깨비는 그림자가 없다
富有魅力。	Fúyǒu mèilì	매력이 풍부하다
无可奈何。	Wú kě nàihé	어찌할 도리가 없다
百般无奈。	Bǎi bān wú nài.	어떻게 해도 도리가 없다
你如何处理？	Nǐ rúhé chǔlǐ?	당신은 어떻게 처리합니까?
你何不去一趟？	Nǐ hé bù qù yī tàng?	당신은 어찌 한 번 가지 않습니까?
如果有事，请找我。	Rúguǒ yǒu shì, qǐng zhǎo wǒ.	만일 일이 있으면 저를 찾으세요

成语 心中有鬼	xīn zhōng yǒu guǐ	심중에 꿍꿍이가 있다
何去何从	hé qù hé cóng	어느 것을 버리고 어느 것을 따를 것인가

干 戈 化 玉 帛

gān, gàn[깐] 방패	gē[거] 창	huà[화] 변화하다	yù[위] 옥	bó[보] 비단, 견직물
一 二 干	一 弋 戈 戈	ノ イ 亻 化	一 二 干 玉 玉	ノ 宀 白 白 臽 帛 帛

		干活	gànhuó	[깐훠]	일을 하다
干	干	干事	gànshi	[깐스]	일을 처리하다
		干吗	gànmá	[깐마]	무엇 때문에, 왜
戈	戈	干戈	gāngē	[깐거]	방패와 창, 전쟁
		兵戈	bīnggē	[빙거]	병기, 무기
		戈壁	Gēbì	[꺼삐]	고비사막, 사막
化	化	文化	wénhuà	[원화]	문화
		变化	biànhuà	[삐엔화]	변화(하다)
玉	玉	玉石	yùshí	[위스]	옥, 옥돌
		金玉	jīnyù	[찐위]	금과 옥, 진귀한 것
		玉米	yùmǐ	[위미]	옥수수
帛	帛	玉帛	yùbó	[위보]	옥백, 옥과 비단
		帛画	bóhuà	[보화]	비단에 그린 그림

활용 예문

他会干活。	Tā huì gànhuó.	그는 일을 할 줄 안다
他干事利落。	Tā gànshi lìluò.	그는 일처리가 재빠르다
大动干戈。	Dà dòng gāngē.	전쟁을 일으키다
戈壁荒凉	Gēbì huāngliáng.	고비사막은 황량하고 적막하다
他文化水平很高。	Tā wénhuà shuǐpíng hěn gāo.	그는 문화[교양] 수준이 매우 높다
他的工作有变化。	Tā de gōngzuò yǒu biànhuà.	그의 일에 변화가 있다
多么昂贵的玉石！	Duōme ángguì de yùshí!	얼마나 귀한 옥인가!
金玉满堂	jīn yù mǎn táng	재능과 학식이 풍부하다
干戈化玉帛。	Gāngē huà yùbó.	방패와 창이 옥백이 되다
他帛画画得很好。	Tā bóhuà huà de hěn hǎo.	그는 비단에 그림을 매우 잘 그린다

成语	精明强干	jīng míng qiáng gàn	똑똑하고 빈틈없다
	潜移默化	qián yí mò huà	모르는 사이에 은연중에 감화(感化)하다

世	界	变	通	途
shì[스] 생애, 세상	jiè[지에] 지경, 경계	biàn[비엔] 변하다	tōng[통] 통하다	tú[투] 길
一十十世世	口日田田田界界	丶一亠亣亦变变	一了月月甬通通	八今全余余涂途途

世	世		世界 shìjiè [스지에] 세계, 세상 世道 shìdào [스따오] 세상 형편 世事 shìshì [스스] 세상사, 세상일		
界	界		界限 jièxiàn [지에시엔] 한계, 한도, 격의 各界 gèjiè [꺼지에] 각계 界线 jièxiàn [지에시엔] 경계선		
变	变		变化 biànhuà [삐엔화] 변화하다 改变 gǎibiàn [가이삐엔] 변하다, 바꾸다 变成 biànchéng [삐엔청] 변하여 …이되다		
通	通		通过 tōngguò [통궈] …를 통하여 交通 jiāotōng [쟈오통] 교통 通顺 tōngshùn [통쉰] 매끄럽다		
途	途		长途 chángtú [창투] 장거리 路途 lùtú [루투] 도로, 길 前途 qiántú [치엔투] 전도, 미래		

활용 예문

世界杯足球赛	Shìjièbēi Zúqiúsài	월드컵 축구대회
谈论世事	tánlùn shìjiè.	세상사를 이야기하다
界限分明。	Jièxiàn fēnmíng.	한계가 분명하다
划清界线。	huà qīng jièxiàn.	명백히 한계를 긋다
他的性格变化太大。	Tā de xìnggé biànhuà tài dà.	그의 성격변화가 너무 크다
要改变他真难。	Yào gǎibiàn tā zhēn nán.	그를 변화시키는 것은 정말 어렵다
通过了考试。	Tōngguò le kǎoshì.	시험에 통과했다
交通四通八达。	Jiāotōng sì tōng bā dá.	교통이 사통팔달이다
打长途电话。	Dǎ chángtú diànhuà.	장거리 전화를 걸다
前途光明。	Qiántú guāngmíng.	전도가 밝다

成语	四通八达	sì tōng bā dá	사통팔달
	道听途说	dào tīng tú shuō	길에서 주워들은 말, 근거없는 풍문

仁 义 礼 智 信

仁	义	礼	智	信
rén[런] 인, 어질다	yì[이] 의, 정의	lǐ[리] 예, 예식	zhì[쯔] 지혜(롭다)	xìn[씬] 믿음, 편지
ノイ仁仁	丶ノ义	丶ラ礼礼礼	⺍⺌矢知智智智	亻亻广信信信信

仁 仁		仁义	rényì	[런이]	인의, 인정있다
		仁慈	réncí	[런츠]	인자(하다)
义 义		义气	yìqì	[이치]	의기, 의협심(있다)
		义兄	yìxiōng	[이시옹]	의로 맺은 형
		义务	yìwù	[이우]	의무, 봉사(의)
礼 礼		礼貌	lǐmào	[리마오]	예의(바르다)
		礼仪	lǐyí	[리이]	예의, 예절과 의식
		礼物	lǐwù	[리우]	선물, 예물
智 智		智慧	zhìhuì	[쯔훼이]	지혜(롭다)
		智力	zhìlì	[쯔리]	지력
		智谋	zhìmóu	[쯔모우]	지모, 지혜와 계략
信 信		写信	xiěxìn	[씨에씬]	편지를 쓰다
		信件	xìnjiàn	[씬지엔]	우편물
		信息	xìnxī	[씬씨]	소식, 뉴스, 정보

활용 예문

他很仁义。	Tā hěn rényì.	그는 인의가 있다
她是个仁慈的母亲。	Tā shì ge réncí de mǔqin.	그녀는 인자한 어머니이다
他是我的义兄。	Tā shì wǒ de yìxiōng.	그는 나의 의형이다
义务劳动	yìwù láodòng	의무 노동
懂礼貌。	Dǒng lǐmào.	예의를 알다
给朋友送礼物。	Gěi péngyou sòng lǐwù.	친구에게 선물을 주다
他有智慧。	Tā yǒu zhīhuì.	그는 지혜롭다
智力过人。	zhìlì guòrén.	지력이 뛰어나다
他给朋友写信。	Tā gěi péngyou xiě xìn.	그는 친구에게 편지를 쓴다
来往信件不断。	Láiwǎng xìnjiàn búduàn.	우편물[서신]의 왕래가 끊이지 않는다

成语

义无返顾	yì wú fǎn gù	정의를 위해 뒤를 돌아보지 않고 용감하게 나아가다
足智多谋	zú zhì duō móu	지혜가 풍부하고 계략이 많다

<table>
<tr><td colspan="5" align="center">

传　　统　　育　　宏　　儒

</td></tr>
<tr>
<td>chuán[추안] 전하다</td>
<td>tǒng[통] 덥다</td>
<td>yù[위] 양육하다</td>
<td>hóng[홍] 광대하다</td>
<td>rú[루] 유학(자)</td>
</tr>
<tr>
<td>ノ イ イ 仁 仁 传 传</td>
<td>ㄥ ㄠ ㄠ 纟 纟 纩 纩 统</td>
<td>亠 ㄊ 云 ㄊ 育 育 育</td>
<td>丶 宀 宀 宀 宏 宏</td>
<td>亻 仁 仵 仵 儒 儒 儒</td>
</tr>
</table>

传 传		传统	chuántǒng	[추안통]	전통
		传染	chuánrǎn	[추안란]	전염하다
		传递	chuándì	[추안띠]	(차례로)전달하다
统 统		统一	tǒngyī	[통이]	통일
		统筹	tǒngchóu	[통초우]	총괄하다
		统计	tǒngjì	[통찌]	통계, 합산(하다)
育 育		教育	jiàoyù	[쟈오위]	교육
		育人	yùrén	[위런]	인재를 양성하다
		体育	tǐyù	[티위]	체육
宏 宏		宏大	hóngdà	[홍따]	웅대하다
		宏伟	hóngwěi	[홍웨이]	위대하다
		宏图	hóngtú	[홍투]	원대한 계획
儒 儒		儒家	rújiā	[루쟈]	유가
		儒学	rúxué	[루쉬에]	유학
		儒子	rúzǐ	[루즈]	유학자

传染疾病。	chuánrǎn jíbìng.	질병이 전염되다
把知识传递给后代。	Bǎ zhīshi chuándì gěi hòudài.	지식을 후대에 전하다
统一祖国。	Tǒngyī zǔguó.	조국을 통일하다
统计数字。	Tǒngjì shùzì.	숫자를 합산하다
育人是百年大计。	Yùrén shì bǎinián dàjì.	인재양성은 백년의 큰 계획이다
上体育课。	Shàng tǐyùkè.	체육수업을 하다
宏大的计划	hóngdà de jìhuà	웅대한 계획
宏图难以实现。	Hóngtú nányǐ shíxiàn.	원대한 계획은 실현하기 어렵다
研究儒学。	Yánjiū rúxué.	유학을 연구하다
他是信仰孔孟之道的儒子。	Tā shì xìnyǎng Kǒng Mèng zhī dào de rúzǐ.	그는 공맹지도를 따르는 유학자이다

成语	言传身教	yán chuán shēn jiào	말과 행동으로 모범을 보이다
	统筹兼顾	tǒng chóu jiān gù	여러 방면의 일을 통일적으로 계획하고 돌보다

继	承	沿	孔	孟
jì[찌] 지속하다	chéng[청] 받다	yán[옌] 따르다	kǒng[콩] 공자	mèng[멍] 맹자
ㄑ ㄠ ㄠ 纟 纠 绊 继 继	ㄱ 了 了 手 孑 承 承 承	ㄟ ㄟ ㄟ 氵 沂 沿 沿 沿	ㄱ 了 孑 孔	ㄱ 了 孑 舌 舌 孟 孟

继 继		继承 jìchéng [찌청] 계승하다 继续 jìxù [찌쉬] 계속(하다)		
承 承		承认 chéngrèn [청런] 승인하다 承接 chéngjiē [청지에] 이어받다 承受 chéngshòu [청쇼우] 계승하다		
沿 沿		沿海 yánhǎi [옌하이] 바다에 연하다 沿道 yándào [옌따오] 길을 따르다 沿着 yánzhe [옌저] …을 따라서		
孔 孔		孔子 Kǒngzǐ [콩즈] 공자 孔洞 kǒngdòng [콩똥] 구멍		
孟 孟		孟子 Mèngzǐ [멍즈] 맹자 孔孟之道 Kǒng Mèng zhī dào [콩멍즈따오] 공맹지도, 유학		

활용 예문

遗产由他继承。	Yíchǎn yóu tā jìchéng.	유산은 그가 상속한다
他继续在这儿工作。	Tā jìxù zài zhèr gōngzuò.	그는 계속 여기서 일한다
他承认有错。	Tā chéngrèn yǒu cuò.	그는 잘못이 있음을 시인했다
他承接了这项工作。	Tā chéngjiē le zhè xiàng gōngzuò.	그는 이 업무를 이어받았다
沿海城市发达。	Yánhǎi chéngshì fādá.	연해도시가 발달하다
沿道有很多树。	Yándào yǒu hěn duō shù.	연도에 매우 많은 나무가 있다
孔子是儒家创始人。	Kǒngzǐ shì rǔjiā chuàngshǐrén.	공자는 유가의 창시자이다
孔洞漏水了。	Kǒngdòng lòushuǐ le.	구멍으로 물이 샌다
孟子学说。	Mèngzǐ xuéshuō.	맹자의 학설
孔孟精神是中华民族的魂。	Kǒng Mèng jīngshen shì zhōnghuá mínzú de hún.	공맹정신은 중화민족의 혼이다

成语

继往开来	jì wǎng kāi lái	지난 날의 사업을 계승하여 앞길을 개척하다
承先启后	chéng xiān qǐ hòu	(학문·사업 등에서) 선대를 계승 발전시키다

<table>
<tr><td colspan="2" align="center">秦</td><td colspan="2" align="center">皇</td><td align="center">续</td><td align="center">汉</td><td align="center">武</td></tr>
<tr><td colspan="2" align="center">Qín[친] 진나라</td><td colspan="2" align="center">huáng[황] 황제</td><td align="center">xù[쉬] 계승하다</td><td align="center">Hàn[한] 한나라</td><td align="center">wǔ[우] 무력, 무제</td></tr>
<tr><td colspan="2" align="center">三丰夫丢奉奉秦秦</td><td colspan="2" align="center">白白白自阜阜皇</td><td align="center">纟纟纟纩纩续续</td><td align="center">丶丶氵汉汉</td><td align="center">一二于五正武武</td></tr>
</table>

秦 秦	秦朝	Qíncháo	[친차오]	진나라
	秦代	Qíndài	[친따이]	진나라 시대
	秦始皇	Qín Shǐhuáng	[친스황]	진시황
皇 皇	皇上	huángshang	[황샹]	황상, 폐하
	皇族	huángzú	[황주]	황족
	皇帝	huángdì	[황띠]	황제
续 续	继续	jìxù	[찌쉬]	계속하다
	续编	xùbiān	[쉬피엔]	속편
	续弦	xùxián	[쉬시엔]	연속하다
汉 汉	汉朝	Hàncháo	[한차오]	한대
	汉代	Hàndài	[한따이]	한대
	汉语	Hànyǔ	[한위]	한어
武 武	武力	wǔlì	[우리]	무력
	武功	wǔgōng	[우꽁]	무공, 무술(수련)
	武术	wǔshù	[우슈]	무술

秦代强盛无比。	Qíndài qiángshèng wú bǐ.	진나라 시대의 강성함에 비할 바가 없다
秦始皇的功过。	Qín Shǐhuáng de gōngguò.	진시황의 공적과 과실
皇族尊贵。	Huángzú zūnguì.	황족은 존귀하다
皇帝难当。	Huángdì nán dāng.	황제가 되는 것은 어렵다
他继续学韩语。	Tā jìxù xué Hányǔ.	그는 계속 한국어를 공부한다
这是一个续篇。	Zhè shì yī ge xùpiān.	이것은 속편이다
我喜欢学德语。	Wǒ xǐhuan xué Déyǔ.	그는 독일어 공부를 좋아한다
汉语是中国的语言。	Hànyǔ shì Zhōngguó de yǔyán.	한어는 중국의 언어이다
武力高强。	Wǔlì gāoqiáng.	무력이 고강하다
武术精采	Wǔshù jīngcǎi	무술이 뛰어나다
成语 秦晋之好	Qín Jìn zhī hǎo	혼인을 하는 친밀한 관계
文修武备	wén xiū wǔ bèi	문무가 잘 갖추어져 있다

唐	宋	元	明	清
Táng[탕] 당나라	Sòng[쏭] 송나라	Yuán[위엔] 원나라	Míng[밍] 명나라	Qīng[칭] 청나라
丶广广户户庐唐	丶丶宋宋宋宋宋	一二テ元	丨冂日日明明明明	氵氵氵洼洼清清清

唐 唐		唐朝	Tángcháo	[팅차오]	당나라
		唐突	tángtū	[탕투]	당돌하다
宋 宋		宋朝	Sōngcháo	[쏭차오]	송나라
		吕宋烟	lǚsōngyān	[뤼쏭옌]	여송연, 궐련담배
元 元		元朝	Yuáncháo	[위엔차오]	원나라
		元月	yuányuè	[위엔웨]	정월
明 明		明朝	Míngcháo	[밍차오]	명나라
		明天	míngtiān	[밍티엔]	내일
		光明	guāngmíng	[꽝밍]	광명, 밝다
清 清		清朝	Qīngcháo	[칭차오]	청나라
		清洁	qīngjié	[칭지에]	깨끗하다
		清醒	qīngxǐng	[칭씽]	맑고 깨끗하다

활용 예문

他做事太唐突。	Tā zuò shì tài tángtū.	그는 일처리가 매우 당돌하다
宋朝辞赋有名。	Sōngcháo cí fù yǒumíng.	송나라의 사와 부가 유명하다
吕宋烟好抽。	Lǚsōngyān hǎochōu.	여송연은 피우기 좋다[담배 맛이 좋다]
元月即一月。	Yuányuè jí yīyuè.	정월이 곧 1월이다
明天休息。	Míngtiān xiūxi.	내일은 쉰다
前途光明	qiántú guāngmíng	앞길이[전도가] 밝다
他喜欢清洁。	Tā xǐhuan qīngjié.	그는 깨끗한 것을 좋아한다
他头脑十分清醒。	Tā tóunǎo shífēn qīngxǐng.	그의 두뇌는 매우 맑고 깨끗하다

成语 元气旺盛	yuán qì wàng shèng	원기 왕성하다
一清二白	yī qīng èr bái	아주 순결하며 오점이 없다

炎	黄	称	宗	祖
yán[옌] 불꽃, 염제	huáng[황] 노란, 황제	chēng[청] 일컫다	zōng[종] 조상, 선조	zǔ[주] 조상, 시조
丶丶少火灲炏炎	一艹艹芒芒黄黄	二千禾禾 利称称	丶丶宀宀宇宗宗	二千禾利利 祖祖祖

		炎帝	Yándì	[옌띠]	염제
炎	炎	发炎	fāyán	[파옌]	염증을 일으키다
		炎症	yánzhèng	[옌쩡]	염증
		黄帝	Huángdì	[황띠]	황제
黄	黄	黄色	huángsè	[황써]	노란색
		黄种人	huángzhǒngrén	[황종런]	황인종
		称呼	chēnghu	[청후]	호칭, 부르다
称	称	称道	chēngdào	[청따오]	찬양하다
		称为	chēngwéi	[청웨이]	…로 불리우다
		祖宗	zǔzong	[주종]	선조, 조상
宗	宗	大宗	dàzōng	[따종]	대종, 대량의
		宗旨	zōngzhǐ	[종즈]	종지, 주지(主旨)
		祖父	zǔfù	[주푸]	할아버지
祖	祖	鼻祖	bízǔ	[비주]	비조, 창시자
		祖国	zǔguó	[주궈]	조국

활용 예문

他的手发炎了。	Tā de shǒu fāyán le.	그의 손은 염증이 났다
他有炎症了。	Tā yǒu yánzhèng le.	그는 염증이 있다
她喜欢黄颜色。	Tā xǐhuan huáng yánsè.	그는 노란색을 좋아한다
我们都是黄种人。	Wǒmen dōu shì huángzhǒngrén.	우리는 모두 황인종이다
怎么称呼您？	Zěnme chēnghu nín?	당신을 어떻게 불러야 합니까?
这部书值得称道。	Zhè bù shū zhíde chēngdào.	이 책은 칭찬할 만하다
不要忘记老祖宗。	Bú yào wàngjì lǎo zǔzong.	옛 선조를 잊지 말아라
大宗的生意	dàzōng de shēngyì	거액의[대량의] 장사
祖父热爱祖国。	Zǔfù rè'ài zǔguó.	할아버지는 조국을 열렬히 사랑하신다

成语

青黄不接	qīng huáng bù jiē	보릿고개, 춘궁기, 인력·물자 등의 공백상태
称说称道	chēng shuō chēng dào	사람들의 입에 오르다, 이름을 날리다

신천자문
부록

● 기타 감탄사 · 동사 · 대명사 · 조사

啊吗着了过 · 只者什以乎 · 你我他她它 · 虽但因尚孰
极其最太很 · 那哪这几否 · 您既怎么样 · 咱们再特勿
的得仅就按 · 而且然没不 · 横竖撇捺提 · 点面线勾弧
边角直拐弯 · 偏旁部首熟 · 拿放接送给 · 跟随到藏铺
寄回邮递归 · 滚打摔倒柱

<table>
<tr><td>啊</td><td>吗</td><td>着</td><td>了</td><td>过</td></tr>
<tr><td>ā[아] 감탄의 어기조사</td><td>ma[마] 의문의 표시</td><td>zhe[저] 동작의 지속</td><td>le[러] 동작의 완료</td><td>guò[궈] 과거의 경험</td></tr>
</table>

啊	문장의 끝에 쓰여 감탄·찬탄 따위의 어세를 돕거나 문장에 감정을 더해주는 역할을 한다	多好的天气啊！ Duō hǎo de tiānqì a!	얼마나 좋은 날씨인가!
吗	① 문장의 끝에서 의문을 나타낸다 ② 확실한 긍정의 어기를 나타낸다	你好吗? Nǐ hǎo ma?	안녕하십니까?
着	① …하고 있다 [동작의 지속] ② …한 채로 있다 [동작이 끝난 정지상태의 지속]	她看着书。 Tā kànzhe shū.	그녀는 책을 보고 있다
了	동사, 형용사 뒤에서 동작, 변화가 완료되었음을 나타내거나 문장의 끝에서 변화를 나타낸다	他走了。 Tā zǒu le.	그는 갔다
过	① 동사 뒤에 쓰여 과거의 경험을 나타낸다 ② 동사 뒤에서 동작이 과거에 일어났음을 표시한다	我去过北京。 Wǒ qùguo Běijīng.	나는 북경에 가 보았다

<table>
<tr><td>只</td><td>者</td><td>什</td><td>以</td><td>乎</td></tr>
<tr><td>zhǐ[즈] 단지</td><td>zhě[저] 자, 것</td><td>shén[션] 무슨</td><td>yǐ[이] …으로써</td><td>hū[후] 의문의 표시</td></tr>
</table>

只	① 다만, 단지, 오직, 겨우 ② 오직[단지] …밖에 없다, 오직 …하여야만	只有一个。 zhǐ yǒu yī ge.	오직 하나 있다.
者	자, 것[형용사, 동사 뒤에 쓰여 그러한 성질을 가지고 있거나 동작을 하는 사람이나 사물을 가리킨다]	读者, 民主主义者 dúzhě, mínzhǔzhǔyìzhě	독자, 민주주의자
什	'무슨, 무엇'의 의미로 주로 '么'와 함께 쓰여 의문을 나타낸다	这是什么? Zhè shì shénme?	이것은 무엇이냐?
以	① …(으)로(써), …에 의해서, …때문에 ② (以… 为 …형식으로) …을 …(으)로 하다	以北京为中国的首都。 yǐ Běijīng wèi Zhōngguó de shǒudū.	북경을 중국의 수도로 하다
乎	① 문어체에서 의문 또는 반문을 나타냄 ② 문어체로 구어의 '啊'에 해당함	伤人乎? Shāng rén hū?	사람이 다쳤느냐?

你	我	他	她	它
nǐ[니] 너, 당신	wǒ[워] 나, 우리	tā[타] 그, 그 사람	tā[타] 그 여자	tā[타] 그, 저

你	① 너, 자네, 당신, ② 너희들, 당신들	你是谁? Nǐ shì shéi?	너는 누구냐?
我	① 나, 저 ② 우리(들), 자기, 자신	我们是朋友。 Wǒmen shì péngyou.	우리들은 친구이다
他	① 그, 그 사람 ② 다른, 다른 곳, 다른 방면	他是老师。 Tā shì lǎoshī.	그는 선생님이다
她	그 여자, 그녀 *대상이 모두 여성인 경우에만 '她们'을 쓴다	她们是护士。 Tāmen shì hùshi.	그녀들은 간호사이다
它	그, 저, 그것, 저것[사물이나 동물을 가리킬 때 쓰임]	它们 tāmen	그것들

虽	但	因	尚	孰
suī[쒜이] 비록	dàn[딴] 다만	yīn[인] 이유	shàng[샹] 존중하다	shú[슈] 누구

虽	① 비록 …이지만, 설사 …이더라도 ② 단지, 오직	事情虽小, 意义却很大。 비록 일은 작지만 의의는 크다 Shìqíng suī xiǎo, yìyì què hěn dà.
但	① 다만, 오직, 다만 …만 한다면, 그러나, 그렇지만 ② 기탄없이, 거리낌없이	但愿如此 dànyuàn rúcǐ	다만 그러기를 바라다
因	① 연유, 까닭, 원인, 이유, ② …때문에, …으로 인하여	因病请假 yīn bìng qǐng jià	병으로 휴가를 얻다[결근하다]
尚	① 존중하다, 숭상하다 ② '尚且'로 쓰여 '…조차, …뿐 아니라'의 의미로 쓰임	时尚 shíshàng	시대의 유행[풍조]
孰	① 누구, 어느, 어느 것, 무엇 ② 과일이나 곡물이 성숙하다	孰取孰舍?　어느 것을 취하고 어느 것을 버릴 것인가? shú qǔ shú shě

极	其	最	太	很
jí[지] 지극히	qí[치] 그(의)	zuì[쭈에이] 제일	tài[타이] 몹시, 매우	hěn[헌] 매우

极	① 절정, 최고도, 극도, 절정에 이르다 ② 최고의, 아주, 지극히, 몹시	极重要 jí zhòngyào	매우 중요하다
其	① 그(의), 그들(의), 그덧들(의) ② 그러한 것, 저려한 것	其中一个 qízhōng yí gè	그 중 하나
最	가장, 제일, 아주, 매우	速度最快 sùdù zuì kuài	속도가 제일 빠르다
太	① 지나치게, 몹시, 너무 [정도가 일정한 한도를 지나친 것을 나타냄] ② 아주, 매우, 대단히, 극히	人太多了 rén tài duō le	사람이 너무 많다
很	매우, 아주, 대단히 [형용사가 가키는 성질이나 상태의 정도를 나타냄]	我身体很好 Wo shēntǐ hěn hǎo	나는 매우 건강합니다

那	哪	这	几	否
nà[나] 그것	nǎ[나] 어느	zhè[쩌] 이것	jǐ[지] 몇	fǒu[포우] 부정하다

那	① 저것, 그것, 저것들 ② 그러면, 그렇다면	那是我的 nà shì wǒ de	그것은 내것이다
哪	① 어느, 어떤, 어디, 어느 것 ② 어찌하여, 왜, 어떻게	哪天来的? nǎ tiān lái de?	어느 날 오셨습니까?
这	① 이, 이것, 이때, 이제, 지금 ② 이렇게, 그렇게	这叫什么? zhè jiào shénme?	이것은 무어라고 하는가?
几	'몇'의 의미로 주로 10이하의 확실하지 않은 수를 물을 때 쓴다	你要几个? nǐ yào jǐ ge?	몇 개를 원하세요?
否	'부정하다'의 의미를 가지고 있으며 주로 '是, 能' 따위의 뒤에 붙어서 '是不是, 能不能'의 의미를 나타냄	这牌子是否真的? zhè páizi shìfǒu zhēn de?	이 상표는 진짜인가?

			么	
nín[닌] 당신, 귀하	jì[지] 이미, 벌써	zěn[쩐] 왜, 어째서	me[머] 접미사	yàng[양] 모양

您	당신, 선생님, 귀하 ['你'를 높혀 부르는 말]	老师, **您**早! Lǎoshī, nín zǎo!	선생님, 안녕하십니까?
既	① '且, 又, 也' 등과 호응하여 두 개의 성질이 병존함을 나타냄 ② 이미, 벌써	**既**方便又安全 jì fāngbiàn yòu ānquán	편리하고도 안전하다
怎	'왜, 어째서'의 의미로 주로 '么'와 함께 쓰여 '怎么'로 사용된다.	这是**怎么**回事? Zhè shì zěnme huí shì?	이 일은 어떻게 된 것이지?
么	접미사의 하나로 '怎, 什, 这, 那, 多' 등과 결합하여 단어를 이룬다.	**怎么, 这么, 那么, 多么** zěnme, zhème, nàme, duōme	어떻게, 이렇게, 그렇게, 얼마나
样	① 모양, 형상, 종류, 형태 ② 본보기, 견본, 견본	**怎么样** zěnmeyàng	어떻게 하다

咱	们			
zán[잔] 우리(들)	men[먼] 들, 2	zài[짜이] 다시	tè[터] 특히	wù[우] …하지 말라

咱	우리(들) [상대방을 포함함]	**咱们**是一家人 Zánmen shì yì jiā rén.	우리들은 한 집안 사람이다
们	…들[사람을 지칭하는 명사나 대명사의 뒤에 놓여 복수를 나타냄]	朋友**们** péngyoumen	친구들
再	① 재차, 다시 (한번), 그 위에, 더 ② 이 이상 …한다면, …한 뒤에	雨住了**再**走 Yǔ zhù le zài zǒu.	비가 갠 뒤에 가자
特	특히, 아주, 일부러, 특별히	能力**特**强 nénglì tè qiáng	능력이 특히 뛰어나다
勿	…하지 말라, …해서는 안된다[금지의 뜻을 나타냄]	请**勿**吸烟 qǐng wù xī yān.	담배를 피우지 마시오

的	得	仅	就	按
de[더] 수식의 역할	de[더] 가능의 표시	jǐn[진] 단지	jiù[지우] 곧, 즉시	àn[안] …에 따라서

的	① 한정어의 뒤에서 한정어를 수식하는 역할을 함 ② 중심어가 없는 '的'자 구조를 이루어 명사화 함	我的妹妹 Wǒ de mèimei	나의 여동생
得	① 동사 뒤나 동사와 보어의 사이에 쓰여 가능을 나타냄 ② 'děi' 필요하다 ③ 'dé' 얻다	办得到 bàn de dào	처리할 수 있다
仅	① 겨우, 가까스로 ② 다만, 단지	仅仅说了几句话就完了 jǐnjǐn shuō le jǐ jùhuà jiù wán le.	단지 몇 마디 말하고는 끝냈다
就	① 곧, 즉시, 바로 ② 접근하다, 종사하다, 완성하다	她就要结婚了 Tā jiù yào jiéhūn le	그녀는 곧 결혼한다
按	① 누르다, 제쳐 놓다, 억누르다, 잡다, 장악하다 ② 의거하다, …에 따라서, …에 비추어	按我的意思说… àn wǒ de yìsi shuō…	내 견해로 말하자면…

而	且	然	没	不
ér[얼] 접속사	qiě[치에] 잠시	rán[란] 그러한	méi [메이] 없다	bù[뿌] 아니다

而	'…(하)고(도)'의 의미로 같은 종류의 단어나 문장을 접속하며 '…지만'과 같이 역접의 의미로 쓰기도 함	有其名而无其实 yǒu qí míng ér wú qí shí	이름은 있으나 내용은 없다
且	① 잠깐, 잠시, 당분간 ② "과 함께 쓰여 '게다가, 또'의 의미로 사용된다	而且东西也好 érqiě dōngxi yě hǎo	게다가 물건도 좋다
然	① 맞다, 그렇다 ② 이와 같은, 그러한, 이러한	然而 rán'ér	그렇지만, 그러나, 그런데
没	① '没有', 없다, 가지고 있지 않다[소유, 존재의 부정] ② 않다, 아직 …않다, …만 못하다	我没有钱 Wǒ méiyǒu qián	나는 돈이 없다
不	동사·형용사와 다른 부사의 앞에 쓰여 부정을 표시한다	我不是学生 Wǒ bú shì xuésheng	나는 학생이 아니다

横	竖	撇	捺	提
héng[헝] 가로의	shù[슈] 세로(의)	piě[피에] 삐침 모양	nà[나] 누르다	tí[티] 앞당기다

横	① 가로의, 횡의, 가로로 하다 ② 종횡으로 난잡하다, 난폭하다	人行**横**道 rénxíng héngdào	횡단보도
竖	① 수직(의), 세로(의), 직립(의) ② 세로로 하다, (똑바로) 세우다	**竖**着写, 还是横着写? shùzhe xiě, háishì héngzhe xiě?	세로로 쓸까 아니면 가로로 쓸까?
撇	① 던지다, 뿌리다, 내던지다, 내팽개치다 ② 한자의 필획인 왼쪽 삐침 [丿], 입을 삐쭉거리다	把嘴一**撇** bě zuǐ yì piě	입을 삐쭉하다
捺	① 손으로 (힘있게) 누르다, 억제하다, 삭이다 ② 한자의 오른쪽으로 삐친 획	**捺**手印 nà shǒuyīn	손도장을 찍다
提	① (손에) 들다, 쥐다, 높이다, 앞당기다, 제시하다 ② 한자 필획중 좌에서 우로 비껴 올라간 획	**提**前举行 tíqián jǔxíng	앞당겨 거행하다

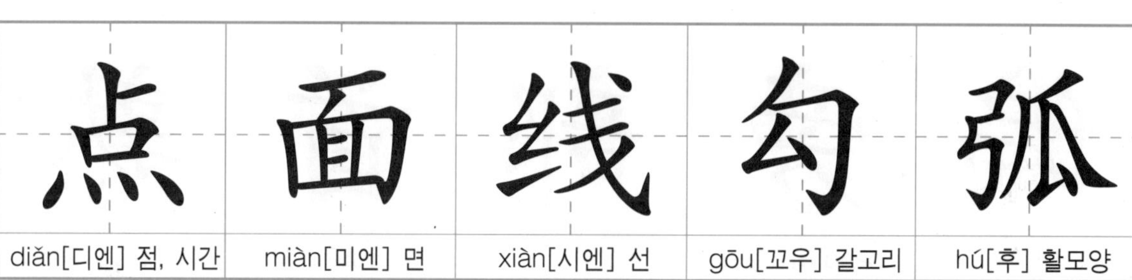

点	面	线	勾	弧
diǎn[디엔] 점, 시간	miàn[미엔] 면	xiàn[시엔] 선	gōu[꼬우] 갈고리	hú[후] 활모양

点	① 방울, 점, 약간, 조금, 가지(量) ② 시간의 단위, 시(時), 가벼운 식사	一**点**儿小事 yìdiǎnr xiǎo shì	사소한 일
面	① 얼굴, 향하다, 전체, 방면, 면, 표면 ② 곡물의 가루, 분말, (밀) 국수	书**面**破了。 shūmiàn pò le.	책 표지가 찢어졌다
线	① 실, 선, 줄, 경계선, 선과 같이 가늘고 긴 것 ② 교통 노선, 사상적 노선, 실마리	海岸**线** hǎi'ānxiàn	해안선
勾	① (선을 그어) 지우다, 그어 버리다, 삭제하다 ② 윤곽을 그리다, 갈고리, 한자 필획의 갈고리 궐	把那个字**勾**去。 Bǎ nà ge zì gōu qù.	그 글자를 지워버리다
弧	① 호, 나무로 만든 활, 활모양 ② 괄호	括**弧** kuòhú	괄호

边	角	直	拐	弯
biān[비엔] 변	jiǎo[쟈오] 뿔, 각도	zhí[즈] 곧다	guǎi[과이] 모서리	wān[완] 굽어진 곳

边	① 변, 가장자리, 변경(邊境), 한계, 주위, 방면, ② …하면서 …하다	四边形 sìbiānxíng	사변형
角	① 뿔, 각이 진 모양의 물건, 모서리, 구석 ② 각, 각도, 약 4분의 1, 중국의 화폐단위	测量角度 cèliàng jiǎodù	각도를 측량하다
直	① 곧다, 똑바르다, 세로의 ② 바르다, 솔직하다, 곧장, 바로, 줄곧, 완전히	街道又宽又直。 jiēdào yòu kuān yòu zhí	길이 넓고 곧다
拐	① 방향을 바꾸다, 모서리, 모퉁이 ② 다리를 절룩거리다	拐进胡同里去了。 guǎi jìn hútong lǐ qù le.	골목 안으로 꺾어 들어가다
弯	① 굽다, 구불구불하다, 굽히다, 구부리다 ② 굽어진 곳, 모퉁이	弯着身子 wānzhe shēnzi	몸을 굽히고 있다

偏	旁	部	首	熟
piān[피엔] 치우치다	páng[팡] 편방	bù[뿌] 양사	shǒu[쇼우] 양사	shú[슈] 익숙하다

偏	① 치우치다, 쏠리다, 편향되다, 비정규의 ② 기어코, 일부러, 마침, 뜻밖에	偏旁 piānpáng	(한자의) 편방
旁	① 옆, 가, 곁, 다른, 별개의 ② 한자의 편방	立人旁 lì rén páng	사람인 변
部	① 부분, 부, 기관의 명칭이나업무에 따라 나누어진 단위 ② 서적, 영화 따위에 쓰는 양사	一部电影 yī bù diànyǐng	영화 한 편
首	① 머리, 지도자, 최초의 ② 시(時), 사(詞), 노래따위를 세는 양사	部首 bùshǒu	(한자의) 부수
熟	① (과일·곡식 따위가) 여물다, 익다, (음식이) 익다 ② 잘 알다, 익숙하다, 숙련하다, 상세히, 면밀하게	这地方我很熟 zhè dìfang wǒ hěn shú	나는 이 지역에 익숙하다

拿	放	接	送	给
ná[나] 가지다	fàng[팡] 놓다	jiē[지에] 맞다	sòng[쏭] 보내다	gěi[게이] 주다

拿	① (손으로) 잡다, 가지다, 장악하다, 얻다, 부담하다 ② …(으)로(써), …을[를]	把这这个东西**拿**走 bǎ zhè ge dōngxi ná zǒu	이 물건을 가지고 가시오
放	놓다, 놓아 주다, 놀다, 쉬다, (집어) 넣다, 타다	把书**放**在桌子上 bǎ shū fàng zài zhuōzi shàng	책을 책상 위에 두다
接	접근하다, 닿다, 연결하다, 잡다, 접수하다, 맞이하다	谁**接**的电话? shéi jiē de diànhuà?	누가 전화를 받았지요?
送	보내다, 배달하다, 증정하다, 주다, 배웅하다, 버리다	**送**到火车站上去 sòng dào huǒchēzhàn shàng qù	기차역까지 배웅하다
给	① 주다, 동사 뒤에 쓰여 '주다, 바치다'의 뜻을 나타냄 ② …에게, (…에게) …을 시키다	这是她**给**我买的 zhè shì tā gěi wǒ mǎi de	이것은 그녀가 내게 사준것이다

跟	随	到	藏	铺
gēn[껀] …와/과	suí[쉐이] 따라 가다	dào[따오] 도달하다	cáng[창] 저장하다	pū[푸] 깔다

跟	① …와/과, …에게 ② (발·구두·양말 따위의) 뒤꿈치	我**跟**他没关系 wǒ gēn tā méi guānxi	나는 그와는 관계 없다
随	① 마음대로 하게 하다, …하는 김에 ② (…의뒤를) 따르다, 따라 가다, 순응하다	**随**便 suí biàn	마음대로 하다, 좋을대로 하다
到	① 도착하다, 도달하다, …에 이르다 ② …에, …로, …까지	**到**北京去 dào běijīng qù	북경으로 가다
藏	① 숨다, 감추다, 저장하다, 간수하다 ② 'zàng' 창고, 불교나 도교 경전의 총칭	把东西**藏**起来 bǎ dōngxi cáng qǐ lái	물건을 저장해 두어라
铺	(물긴을) 낄다, (자리를) 펴다	**铺**平道路 pū píng dàolù	펑탄한 길을 깔나

寄	回	邮	递	归
jì[찌] 부치다	huí[훼이] 돌아오다	yóu[요우] 우편의	dì[띠] 건네다	guī[꿰이] 돌아가다

寄	① (우편으로) 부치다, 보내다, 송달하다 ② 맡기다, 신세를 지다	**寄**往上海的一封信 jì wǎng Shànghǎi de yì fēng xìn	상해로 붙이는 편지 한 통
回	① 돌다, 회전하다, 돌아오다 ② 대답하다, 회답하다	他昨天**回**国了。 Tā zuótiān huí guó le.	그는 어제 귀국했다
邮	우편으로 부치다, 우편(업무)의	**邮**政编码 yóuzhèng biānmǎ	우편번호
递	① 넘겨주다, 전해주다 ② 차례대로, 순서대로, 차츰차츰	把报**递**给我。 bǎ bào dì gěi wo.	신문을 제게 건네주세요
归	① 돌아가다[오다], 돌려주다, 한 곳으로 모이다 ② …으로 귀착하다	香港回**归**中国 Xiānggǎng huíguī Zhōngguó.	홍콩이 중국에 반환되다

滚	打	摔	倒	柱
gǔn[군] 굴리다	dǎ[다] 때리다	shuāi[슈아이] 넘어지다	dào[따오] 거꾸로	zhù[쭈] 기둥

滚	① 구르다, 굴리다, 나가다, 떠나다 ② 소용돌이치다, 물이 펄펄 끓다	**滚**铁环 gǔn tiěhuán	굴렁쇠를 돌리다
打	① 때리다, 치다, 두드리다 ② 공격하다, 만들다, 제조하다, 보내다	**打**电话 dǎ diànhuà	전화를 걸다
摔	① (몸에 균형을 잃어) 넘어지다, 내리꽂히다 ② 떨어뜨려 부수다, 내던지다	把碗**摔**了 bǎ wǎn shuāi le	사발을 떨어뜨려 깨뜨렸다
倒	① 거꾸로 되다, 거꾸로, 후퇴하다, 따르다, 붓다 ② 넘어지다(dǎo)	**倒**一杯茶 dào yì bēi chá	차 한 잔을 따르다
柱	기둥, 기둥처럼 생긴 물건	冰**柱** bīngzhù	고드름

■ 편저 / 왕 쩐리 王振禮

    저자 왕쩐리 선생은 북경어언문화대학(北京語言文化大學) 교수로 지난 40여 년간 줄곧 외국인에
게 중국어를 가르쳐 왔다.
    왕 쩐리 선생은 중국에서 뿐만 아니라 아프리카 기니, 프랑스 파리, 캐나다 몬트리올, 서울 등 해외
의 여러 대학에서 다년간 중국어를 가르쳤으며 풍부한 중국어 교학 경험을 바탕으로 많은 중국어 교
재와 중국어 교수법 이론에 대한 책들을 저술하였다.
    유학생들에게 환영받는 선생님인 그는 현재 북경어언문화대학에서 세계 각국에서 온 외국인 학생
들에게 중국어를 가르치고 있다.

□ 서문 / 장 칭창 張淸常

    장 칭창 선생은 1915년 귀주성 안순현에서 태어났다. 1934년 북경사범대학 중문과를 졸업한 뒤
청화대학 대학원에 입학하여 자오 위엔런(趙元任), 루오 창페이(罗常培), 주 즈칭(朱自清) 등 당대
의 대학자들에게 가르침을 받았다. 졸업 후 절강대학에서 교편을 잡기 시작하여 1940년부터 1981
년까지 서남연합대학·남개대학(청화대학, 북경사범대학 교수 겸임)·내봉고대학의 중문과 교수,
학과장을 지냈다. 1981년 북경어언학원(현북경어언문화대학)으로 학교를 옮긴 장 칭창 선생은 여
러 해 동안 학교와 언어학계에서 교직과 학술직무를 담당하며 많은 업적을 남겼다.

✻ 원어민 녹음

    쉬 징 許京 : 중국 길림성 출생, 중국 동북사범대학교 졸업. LEX상사 중국어 강사, 광운대학교
                 중국어회화 강사
    리우 미아오 刘森 : 중국 길림성 출생, 중국 연변대학교 졸업

中國語 新千字文

지은이 王振禮
펴낸이 박해성
펴낸곳 정진출판사

초판 1쇄 인쇄 2004년 1월 15일
초판 1쇄 발행 2004년 1월 20일

출판등록 1989년 12월 20일 제6-95호
 136-152 서울시 성북구 석관2동 341-48
 Tel. (02)969-8561   Fax. (02)969-8592
 www.jeongjinpub.co.kr   jj1461@chol.com

 ISBN 89-5700-011-9 *13720

정가 11,000원(녹음 테이프 2개 포함)

*파본은 교환해 드립니다